장자의 인간학

장자의 인간학

무위와 무용지용의 삶을 살아라

송두헌 지음

풀잎 모시는사람들

내 삶이 안락하다고 느끼는 사람이 얼마나 될까? 필자도 '힘들다', '고생스럽다', '어렵다'와 같은 부정적인 말을 쉼 없이 내뱉으며 살아가고 있다. 이러한 감정은 언제까지 지속될까.

사람은 한정된 세상에서 무한을 추구한다. 하지만 무한하게 보이는 자연조차도 자세히 보면 사실은 한정되어 있음을 알게 된다. 한계를 만드는 주체는 인간이다. 이는 인간이 자연속에서 유용한 것들만 선택하여 이용하려는 태도에서 비롯된다. 인간의 감정 역시 비슷한 경향을 보인다.

사람의 마음은 고정되지 않고 수시로 변하며, 이러한 변화 때문에 스스로 혼란을 겪고 있다. 흔히 말하는 '마음을 비워라'라는 조언은 본래의 자기 마음을 회복하고 지키라는 의미로 이해된다. 따라서 물건이든 사람의 마음이든 그 한계를 인정하는 것이 문제 해결의 출발점이다. 마음에서의 무소유는 어느 정도 실현할 수 있지만, 물리적인 존재 차원에서의 무소유는 원천적으로 그 경계를 넘어서는 영역이다. 왜냐하면 몸이라는 존재 자체가 무소유를 부정하기 때문이다. 그래서 소유의 필연성을 인정하고 이를 초월할 방법을 찾는 것이 진정한 무소유를 추구하는 올바른 길이다.

자본주의 사회에서는 자기실현을 최우선 가치로 삼고 다른 사람들과 경쟁해야 하기 때문에, 실제로 소유하지 않으면서 경쟁에 대해 이야기하는 것은 불가능하다. 그래서 사람들은 물질적 자산이나 지식 면에서 남보다 더 많이 소유하기 위해 노력하고 있다. 하지만 무한한 경쟁 속에서 살아 남았다고 해서 자신을 잘 관리했다고 확신할 수 있을까? 이에 대해 생각해 보면 쉽게 고개를 끄덕일 수 없다. 특히, 어려움을 극복하는 데 사회적 또는 윤리적으로 올바른 방법을 사용하지 않았다면 그가 이룬 성공은 결코 완전한 것이라고 할 수 없다. 그렇다면 힘든 현실을 극복하고 자신의 성공을 완성하기 위해서는 어떤 지혜가 필요할까? 이 책에서는 그에 대한 답을 장자의 이야기 속에서 찾아보려고 한다.

오늘의 고난을 이겨 나갈 지혜를 구하기 위해서는 이전 세대의 지혜를 배우고자 하는 태도가 필요하다. 특히, 혼란의 시기인 중국의 전국戰國 시대에 살았던 장자莊子(B.C.369경-B.C.286)의 이야기는 탁월한 귀감이 된다.

우리는 항상 덕德과 지혜가 뛰어난 사람을 존경해 왔다. 그러한 사람은 사리를 잘 알고 있어 모두가 따를 만한 지도자로 여겨진다. 그중에서도 최고의 덕과 지혜를 갖춘 이가 바로 '성인聖人'이라 할 수 있다. 지금처럼 어려운 시대에 자신의 이익만을 챙기지 않고 다른 사람들을 위해 헌신하는 사람이 진정한 현대의 성인이라 할 수 있다. 지금 이 글을 읽는 여러분은 과연 성인이라고 할 수 있을까? 이러한 물음에 대하여 전국시대 장자의 이야기는 유의미한 인문적 지식을 제공해 줄 것이라고 믿는다.

장자는 중국 철학의 전통적인 '하늘' 개념 이해에서 벗어나 '자연' 개념을 통해 새롭게 하늘을 해석한 인물이다. 그가 말하는 성인은 실존에 대해 깊은 깨달음을 얻고 도를 스승으로 삼아 도와 함께하는 존재이다. 그래서 장자는 성인의 위치를 하늘과 같은 자리에 두었다. 장자는 구속에서 벗어나 정신적인 자유를 되찾은 존재만이 참된 지혜를 가질 수 있다고 여겼다. 따라서 성인은 어떠한 것에도 구속받지 않고 자유롭게 살며, 깨달음을 통해 진리를 얻었기에 도道라는 참된 지혜를 가지고 살아가는 존재이다. 성인은 세상의 새로운 측면을 보여줄 수 있으며, 더 높은 수준으로 인식의 지평을 확장할 수 있는 존재이다. 이러한 정신적 저변을 이룩한 이를 『장자』에서는 성인 이외에 진인眞人·지인至人·신인神人·천인天人·성인聖人·전인全人·대인大人·덕인德人 등으로 부른다.

이들은 하늘과 같은 위치에 도달한 존재로, 자연 속에서 마음껏 자유로운 삶을 누리며 자신과 우주 간의 거리를 탐색하고, 타인과의 거리도 허용한다. 장자가 말하는 성인은 특별한 사람만이 도달할 수 있는 존재가 아니라, 평범한 사람도 누구나 도달할 수 있는 상태라고 간주한다는 점에서 누구나 성인이 될 수 있다는 자신감과 희망을 갖게 한다.

유가의 성인은 한편으로는 가장 고귀한 인격자를 의미하며, 다른 한편으로는 권력을 가진 자를 인격적으로도 우월한 자로 간주하는 뜻도 내포되어 있다. 따라서 일반 대중은 인격이 낮은 것으로 간주하는 함의가 있으며, 어느 정도 종교적인 성격도 포함되어 있다는 점을 인정해야 한다. 『장자』의 여러 부분에는 이러한 유가의 이념을 풍자하는 내용이 들어 있다. 이처럼 성인이라는 용어는 같지만 『장자』의 이상적인 인간상인 성인과 유가의 이상적인 인간상인 성인 개념 사이에는 차이가 있다.

유학은 관료들의 시각에서 정립된 학문이기 때문에 인간의 본성을 온전히 설명하는 데 한계가 있다. 하지만 장자가 말하는 성인은 모든 것이 하나이며, 옳고 그름이 없고, 귀함과 천함이 따로 없으며, 구별하는 마음도 존재하지 않는 세계를 살아간다. 진정한 지혜를 얻어서 모든 것이 하나라는 진리를 체험하여 소소한 옳고 그름의 구분 없이 더 높은 수준으로 인간적 경지를 확장해야 한다고 요구한다.

『장자』에 소개된 성인은 내면이 충실한 존재지만, 비인간적인 초월 세계로 도망치지 않으며, 항상 인간세계 속에서 살아가면서도, 현실에 얽매이지 않는 주체성을 지니고 있다. 이들은 수행을 통해 자신의 본래 마음을 찾고, 자신의 자아를 돌아볼 수 있도록 항상 평온한 마음을 유지하며, 우리와 함께 살아가는 보통 사람이다. 다시 말해 장자의 성인은 인간세계로부터 고립되지 않고 사람들과 함께 생활하며, 하늘의 진리를 세상에 드러내는 가까운 이웃이다. 도리를 충분히 이해하고 실천함으로써 성인은 도와 하나가 되어 일상을 살아가므로, 외부적으로는 잘 드러나지 않지만 만물의 생성과 변화를 이끄는 주체로서 그 행동이 자연스럽다.

장자를 언급하면 노자老子를 함께 떠올리곤 한다. 노자와 장자의 공통점은 수양修養을 통해 본래의 성품으로 돌아가는 것이고, 차이점은 노자가 특별히 강조하는 '반反'이라는 도의 법칙과 무위無爲, 부정否定, 유약柔弱, 처후處厚, 겸하謙下 등의 특성을 장자는 모두 버렸다는 것이다. 또한 장자는 노자에게 있어 우주론 및 본체론적 의미였던 도를 주관적인 경지의 의미로 전용하였다. 그러므로 노자의 도는 치세적 경향이 있고, 장자의 도는 형식에 구애받지 않고 오로지 인간의 자유성과 자제력을 발휘하는 데 초점을 맞추고 있다는 점에 그 특징이 있다. 이를 치세론적으로 정의한다면 '무치주의無治主義'라고 할 수 있다.

『장자』에서 드러나는 도의 정체성은 노자가 고려하지 못한 이론에서 출발한다. 이는 장자만의 특별한 인식 체계를 만든다. 즉, 노자의 우주론과 본체론적인 의미를 장자만의 고유한 방식으로 주관적인 경지로 끌어올렸다. 그 결과, 장자는 자연의 문제를 넘어 인간의 자유와 자율성을 깊이 있게 드러냈다. 이것이 노자와의 뚜렷한 차이점이다.

노자와 장자는 정치적 관점에서도 서로 견해와 태도가 다르다. 노자는 사회에 참여하는 것은 백성들에게 도덕성과 정치적 힘을 강요하는 것으로 보고, 이러한 힘은 오히려 자율성과 자유를 추구하기 위해 요구된다고 주장했다. 반면, 장자는 고난이 계속되는 전국시대의 상황 속에서 세상을 피해 자연 속으로 은둔하려는 태도를 가지고 이를 통해 그 시기의 지식인들이 공유한 이상과 꿈을 나타낸 인물로 보인다.

　　장자의 상황은 노자 시대보다 훨씬 어려웠기 때문에, 그는 지식인의 처지에 대해 더 깊은 고민을 하였다. 장자 시대의 지식인들은 인간 사회 현실과 어느 정도 거리를 두고 자유롭게 살아가며 예술적인 추구에 치중하는 태도를 지니고 있었다. 그들은 업적을 세워 이름을 알리려 하지 않았으며, 이익 추구나 관직의 권력에 대한 욕심을 버리고, 우주적인 관점에서 인간 존재의 의미를 탐구했으며, 강한 의지와 맑은 정신으로 살아가고자 했다. 결국 장자는 인식의 혼란을 해결하는 방법을 찾고 사물의 진리를 깨닫는 방법으로 내적 수양, 즉 '마음'의 수련을 중요시하게 되었다.

　　『장자』에서는 성인이 되는 방법으로 두 가지 수양법을 중요하게 다룬다. 즉 수양을 육체적 수양인 좌망坐忘, 정신 수양인 심재心齊로 나누어 체계적이고 단계적으로 과정을 설명한다. 좌망은 자신을 잊고, 지식을 내려놓으며, 본래 상태로 돌아가는 수양법이다. 육체적 욕구를 절제하고 수행을 통해 숨겨진 지혜를 드러낸다면 자연의 진리를 깨닫게 되고, 마음과 몸의 수양을 완성하는 길이 될 것이다. 심재는 마음을 비우는 수행으로, 마음을 수양하고 기氣를 기르는 방법이다. 외부와의 만남은 내 몸을 통해 이루어지는데, 그 몸을 다스리는 것은 내 마음이다. 따라서 마음이 거칠고 왜곡되면 그만큼 고통을 느끼게 된다. 그러나 마음을 비우고 맑게 유지하면 정신도 편안해진다. 이런 수양을 통해 성인에 가까워질 수 있다.

성인이 깨달은 도의 신비로운 전개는 전체 우주의 변치 않는 진리를 비추어, 자연을 아름답고 조화롭게 만들 수 있다. 성인은 자연 만물과 하나가 되고 통합해 가는 물아일체적인 존재이다. 물아일체가 되기 위해서는 마음을 비워 도를 따를 수 있는 허허로운 상태가 되어야 하며, 편협하고 변덕스러운 마음이나 분별심에 사로잡히지 않고, 모든 일을 조화롭고 자연스럽게 수용해야 한다. 이러한 자연스러운 태도를 통해 자아를 잊고[忘我] 만물의 흐름에 따라 자유롭게 살며, 중심의 힘을 기르는 데 힘쓰면 내면에 큰 변화가 일어난다. 이것이 바로 자아의 변화다. 흐르는 물에서는 자기 모습을 비추기 어렵듯이, 혼란스럽고 흔들리는 상황에서 자신의 본래 모습을 들여다보는 것은 불가능하다. 혼란스러운 자신을 온전히 비추어볼 수 있으려면 마음이 고요함을 회복해야 한다.

마음은 정신 활동의 중심이며, 생각이나 감정의 근원이기 때문에 정신적 평온을 유지하는 자세가 필요하다. 아무런 삿된 생각 없이 마음을 가라앉히고 차분한 상태로 이끄는 주체는 나 자신이다. 내 마음은 오직 나만이 다룰 수 있다. 외부 대상을 인지하는 주체 역시 나이다. 흔들리는 대상을 평온한 마음으로 바라보면 그 흔들림이 차분해진다. 즉, 내 마음과 외부 대상이 하나가 되는 상태를 지속적으로 인식해야 한다.

오늘날 세계에서 크고 작은 갈등이 끊이지 않는 이유는 극심한 자기중심적인 태도 때문이다. 정치인들은 자기 의견을 절대적 진리로 간주하고, 타인의 의견에 귀 기울이지 않기 때문에 권력 다툼을 계속한다. 이러한 상태를 해결하기 위해 장자는 상대적 편견이 없는 무차별적 사고방식으로 타인의 말을 경청하는 자세를 보편적인 삶의 태도로 삼기를 제안한다.

장자는 언제나 상대주의적인 입장을 고수한다. 나를 알기 위해서 타인을 먼저 이해해야 한다는 것이다. 평소 친했던 사람도 전시 상황에서 적이 되는 것처럼, 대상의 입장은 늘 상황에 따라 달라질 수 있다. 현대사회에서도 화목하던 가족이 금전 문제로 원수가 되는 경우가 종종 발생한다. 가장 안락하고 즐거워야 할 공동체가 가장 힘들고 괴로운 지옥이 되는 것을 그냥 두고 볼 수는 없다. 내가 다른 사람을 나와 동등한 존재로 여긴다면, 그들 역시 나를 그렇게 대할 것이다. 내가 그들을 사랑하면 그들도 나를 사랑하게 된다. 내가 그들을 싫어하면 그들도 나를 싫어하게 된다.

현대인은 여러 가지 고정관념에 사로잡혀 자신의 의견이 절대적인 진리라고 믿으며 살아간다. 그러므로 진리라고 믿는 것이 실제로 진리인지, 아니면 세뇌된 결과인지에 대해 성찰해 볼 수 있어야 한다. 그렇다면 우리가 처해 있는 무지와 오해, 그리고 잘못을 지적해 주고 깨닫게 해 줄 사람은 누구인가? 그가 바로 장자가 언급한 성인이다.

이 책에서는 장자의 성인관에 대한 전통적인 이해를 재검토하고, 성인이 어떤 수행을 통해 이루어지며, 그들이 세상을 위해 어떤 방식으로 기여하는지를 새롭게 규명하는 데 초점을 맞추고 있다. 인간의 마음은 사고와 감정의 원천인 만큼, 허심과 고요의 중요성이 한층 부각되고 있다.

장자는 상대적 관점에서 진리를 인식하고, 현실의 다양성과 변화를 받아들였다. 또한 장자는 궁극적으로 난세를 극복하기 위한 출발점을 허기虛己와 무용지용無用之用으로 밝혔다. 『장자』「산목」 편에서는 '빈 배' 이야기를 통해 자신을 비우고 세상에 노닐 수 있다면 그 누가 그를 해칠 수 있는지를 묻고 있다. 아울러 무용지용론을 통해 현실의 근심과 재난을 극복하기 위한 길로 스스로를 비우고 천지자연과 사세에 순응하는 지혜를 가르쳐 주었다. 이와 같이 장자는 자기 중심의 편협한 지식 추구를 거부하고 절대적 진지眞知를 통해 사물들의 고유 가치를 왜곡하지 않고, 있는 그대로 바라볼 것을 강조한다. 결국 평등의 논리는 현실 극복의 의지를 담보한다. 또한 장자는 적극적으로 현실을 개척하자는 의도를 피력했다.

이 책이 나오기까지 많은 이들의 도움이 있었다. 한 사람 한 사람 이름을 불러 고마움을 전하는 것이 마땅하지만, 모두가 장자라는 위대한 인물보다 위에 설 수는 없기에 언급을 자제하고자 한다. 단지, 지금의 나라는 존재를 있게 해 준 부모님과 형제들, 그리고 앞으로 나의 신념을 후세에까지 전해 줄 것으로 기대되는 아들 송호와 송결, 손자 송시호의 이름을 남기고 싶다. 이들에게 진정한 감사를 표한다.

우리 모두 장자의 마음으로 빈 배를 저어 저 강을 건너 보자.

2025년 5월
송두헌 근서

차례

서문 / 4
프롤로그 / 15

제1부 유가와 도가는 인간을 어떻게 보는가?

1. 공자의 인간 이해 ───────────────────────── 37
   춘추시대와 인간 이해 / 38 공자 사상의 형성과 천자 / 42
   정명사상과 수기치인 / 49

2. 맹자의 인간 이해 ───────────────────────── 55
   맹자의 성선설 / 56 사단의 발현과 선악 / 60 왕도정치와 인간의 존엄 / 65

3. 노자의 인간 이해 ───────────────────────── 67
   무위자연의 도와 음양 / 68 인간의 욕망과 문화의 최소화 / 72
   영아嬰兒와 적자赤子 / 78

4. 장자의 인간 이해 ───────────────────────── 83
   인간과 우주 / 90 부정적 인간 / 97 긍정적 인간 / 111 초탈적 인간 / 121

제2부 유가와 도가는 성인을 어떻게 보는가?

1. 공자의 성인관 ────────────────────────── 137
   정명正名과 인치仁治 / 138 성인에 이르는 길 / 142

2. 맹자의 성인관 ────────────────────────── 145
   인의예지의 성인관 / 146 맹자와 인격 완성의 길 / 150 왕도정치와 성인 / 154

3. 노자의 성인관 ────────────────────────── 159
   무위자연의 성인 / 160 성인과 허虛 / 167 성인과 정치 / 174

4. 장자의 성인 실현 방법 ───────────────────── 183
   허정虛靜의 양생 / 184 득도得道의 인가 / 191 소요유逍遙遊의 삶 / 196
   제물齊物과 달관 / 202 천인합일天人合一 / 206 무위無爲와 도락道樂 / 212

장자의 인간학

제3부 장자가 본 이상적 인간상은 무엇인가?

1. 지인至人 ——————————————————— 221
   지인의 수행과 역할 / 223   지인의 특징 / 231

2. 진인眞人 ——————————————————— 235
   진인의 수행과 역할 / 236   진인의 특징 / 244

3. 대인大人 ——————————————————— 249
   대인의 수행과 역할 / 250   대인의 특징 / 257

4. 신인神人 ——————————————————— 261
   신인의 수행과 역할 / 262   신인의 특징 / 270

5. 성인聖人 ——————————————————— 275
   성인의 수행과 역할 / 276   성인의 특징 / 288

6. 전인全人 · 덕인德人 · 천인天人 ——————————— 293
   전인 / 294   덕인 / 296   천인 / 299

7. 기인畸人 ——————————————————— 309
   장자가 인식한 '기인' / 311   '기인'의 유형 / 317

제4부 난세를 극복하는 방법은 무엇인가?

1. 허기虛己 ——————————————————— 339

2. 무용지용無用之用 ——————————————— 353

에필로그 / 364
참고문헌 / 372   찾아보기 / 378

프롤로그

　오늘날 생태계 파괴로 말미암은 전 지구적 기후 위기 문제는 우리가 사는 지구의 지속가능성에 심각한 위기가 닥쳤음을 경고하고 있다. 기후 위기는 어느덧 학문 현장에서도 담론의 중요 주제가 되었고, 그에 따라 동양 사상에 대한 관심과 열의도 증폭되고 있다. 특히 무위자연無爲自然을 특징으로 하는 도가철학道家哲學은 앞으로 더욱 각광받을 것으로 기대된다.

　우리는 현재와 같은 문명의 위기를 해결할 수 있는 이상적인 인간을 성인으로 간주한다. 따라서 우리는 후손들에게 안전한 지구 공동체를 물려주기 위해 이 이상적인 인간상을 지속적으로 탐구할 필요가 있다.

　노자는 무위자연 사상을 중심으로, '자유로운 삶'을 살아가는 것을 중시하였다. 그는 유교와 같은 인위적 질서 체계를 거부하고, 자연과 합일된 삶을 살아가는 존재를 성인이라고 보았다. 노자가 무위자연으로 인간의 인위성을 완벽히 배제하는 것을 중시한 것에 비해 장자는 인간의 삶과 죽음을 '기氣'가 모이고 흩어지는 취산聚散으로 보면서 천지신명의 정기를 받아 천리에 순응하는 인간, 그리하여 천지자연과 더불어 살아가는 진인眞人 · 천인天人을 지향하였다.[1] 이 책에서는 '성인관'이라는 거대 담

1　류성태,『중국철학사』, 원광대학교출판국, 2000, pp. 139-140.

론 중에서 장자의 성인관에 주목하였다. 중국 철학에서 성인은 인간이 도달할 수 있는 최고 인격의 경지에 도달한 사람을 의미한다. 특히 동양에서는 고대로부터 성인을 존숭하는 것은 물론이고 성인이 되기 위한 수련에 큰 관심을 가져 왔다. 성인은 유교와 도교에서 공히 가장 이상적인 인간으로 간주되며, 사람들은 성인이 세상을 이끌어 주기를 열망한다. 특히 전쟁이 난무하는 춘추전국시대에 군주들은 자신의 나라를 강대국으로 만들기 위해 전쟁을 일으켜 영토와 국민을 확보하려 했다. 이러한 상황에서 백성들은 기아와 질병은 물론이고 가혹한 정치와 세금에 시달렸고, 학자들은 그 비극적인 현실을 지켜보며 참혹한 현실을 어떻게 극복하고 모든 사람이 하늘이 부여한 본성을 온전히 드러내어 인간답게 살아갈 수 있을지를 고민하였다. 그리고 그 궁극의 해결자로 성인을 상정하였다.

그중에서 장자는 대다수 학자(지식인)들이 지향하는 부국강병의 목표 대신 사고의 새로운 전환점을 제시하였다. 그는 인간의 자유를 중시하며, 사람들이 지금껏 목표로 삼았던 세속적인 명예와 부, 권력, 지위를 과감히 포기하라고 주장했다. 그렇게 해서 도달할 수 있는 인간 최고의 경지인 성인이 어떤 존재인지 그리고 성인이 세상을 다스린다면 어떤 세상이 될지를 말하였고, 그의 사상에 따르는 여러 수행법은 천자부터 일반 백성에 이르기까지 보편화되어 서서히 민중에게 퍼졌다. 그렇게 해서 장자의 사상과 문화적 맥락은 현대 중국에도 전통 생활 방식 속에 자연스럽게 이어지고 있다. 또한, 『장자』에서 언급되는 이상적인 인간상은 현실 세계의 한계와 장벽을 허물고자 하는 이들에게 희망의 메시지를 전하고 있다.

장자의 성인은 개인, 사회, 정치 등 여러 면에서 원만무결한 인격을 갖춘 존재이다. 유가의 성인은 주로 통치자의 이미지로 여겨지지만, 도가의 성인은 그 이상의 존재로 설명된다. 용어는 같아도 함의는 다른 것이다.

중국철학사에서 '성인'이라는 개념은 『논어』에서는 네 번, 『맹자』에서는 스물아홉 번, 『도덕경(노자)』에서는 서른두 번 언급된다. 하지만 『장자』에서는 백 번 넘게 등장한다. 이것은 장자가 얼마나 성인에 대해 깊이 천착하였는지를 보여준다. 그런 점에서 『장자』는 성인이 되는 완벽한 지침서라고 기대할 수 있지 않을까? 장자는 성인을 인간의 완전한 형태로 보았으며, 동시에 그런 성인이 통치하는 세상이 도래하기를 간절히 바랐다.

'성인'이 『장자』에서 두드러지는 또 한 가지 이유는 전국시대에 전쟁이 확대되면서 백성들의 삶이 극도로 어렵고 심각한 사회적 상황에 놓여 있었기 때문이다. 그 시기에 지식인들의 사고는 제한된 가치관과 단편적인 지식에 묶여 있어 자신의 학설만이 옳다고 주장하는 경향이 있었다. 더욱이 철학은 주요 과제에 대한 논쟁을 위한 논쟁에 그치며 현실은 개선될 여지가 보이지 않았다. 이로 인해 발생한 치명적인 문제는 인간 삶의 세계에서 도道가 상실되고 진리의 객관성 및 사람들의 순수함이 파괴되었다는 점이다.

이처럼 철학이 편협한 지식에 갇힌 시대에 장자는 어떤 방법으로 지식인들의 가치관을 깨울 수 있을지를 고민했을 것이다. 이 책은 그렇게 해서 장자가 찾은 해결책은 무엇인지 살펴보고자 하는 것이다. 결과적으로 장자의 노력은 의미가 있었다. 그는 다양한 학파 간의 이론적 갈등을 해결하고, 자기중심적인 철학의 한계를 극복하며 더욱 넓혀 가는 데 기여하였다. 장자의 철학은 현재 중국인, 동아시아인을 포함한 많은 사람들에게 현실에 얽매이지 않고 인생을 더 넓게 바라보는 시각을 제공한다.

장자의 사유는 현실적인 제약과 세속적인 사고의 한계를 벗어난 자유로운 삶을 지향하며, 종교적 관점에도 의문을 제기한다. 그는 중국 문화의 단조로움과 현실주의, 반복적인 순환, 그리고 소극적인 체념을 초월한 자유의 정신을 인간의 삶에 불어넣었다. 그러므로 그가 제시한 '이상적인 인간상'이 현대에서도 적용될 수 있을지 고민해 볼 필요가 있다.

또한 장자는 개방적인 정치와 사회 구조를 만들기 위해, 먼저 무치주의無治主義를 체득한 성인들이 세상을 이끌어야 한다고 생각하였다. 정치에서 지배자가 존재하면 권력이 형성되고, 그로 인해 서로 권력을 뺏고 빼앗기는 다툼과 사리사욕이 끊이지 않게 된다. 장자의 무치주의는 기득권에 반발하는 문화전통으로 발전하여, 백성들의 강한 주체성을 함양하였다. 만약 통치자와 모든 백성(국민)이 장자의 사상을 공유하게 된다면, 장자가 말한 이상적인 사회가 결국 현실화될 수 있을 것이다.

장자는 춘추전국시대의 혼란의 원인을 도덕적 타락이라고 보았고, 이를 극복하기 위해 도덕성을 회복해야 한다고 믿었다. 그는 유가의 인의仁義와 예지禮智를 사회적 활동을 제약하는 처벌로 여겼다. 유가의 이러한 사고가 인간이 자유롭게 사고하고 행동하는 것을 막아 결국 만물과 조화를 이루지 못하게 한다고 생각했기 때문이다.

장자의 대인과 대의는 윤리적으로 제지하는 것이 아니라 인간의 마음을 우주적인 차원으로 끌어올리는 것을 의미한다. 이처럼 장자는 억제 없이 자유롭게 변화에 순응하는 인간을 '이상적 인간'으로 간주하였다. 『장자』 본문에는 이러한 이상적인 인간상을 표현하는 다양한 용어가 사용되며, 이를 크게 두 가지 유형으로 나눌 수 있다.

첫째, 군자君子의 부류다. 성인聖人·지인至人·진인眞人·신인神人·고지인古之人·현인賢人·대인大人·전인全人·전덕지인全德之人·인인

仁人 · 천인天人 · 선인善人 · 도인道人이 이에 속한다.

둘째, 중인衆人의 부류다. 중인衆人 외에 서인庶人 · 금지인수之人 · 세지인世之人 · 세인世人 · 세속지인世俗之人 · 소인小人 · 세인細人 · 산인散人 · 상인常人 · 일곡지인一曲之人 · 악인惡人 · 민인民人 등이 이에 속한다.

『장자』에서 거론되는 이상적 인간상 관련 용어는 성인聖人 111회, 군자君子 36회, 지인至人 28회가 발견된다. 이 책에서는 이러한 『장자』 속의 인간상을 두루 살피되, 특히 진인 · 지인 · 신인 · 천인 · 대인 · 전덕지인 · 성인의 특징을 상세히 살펴보고자 한다. 이와 함께 『장자』의 인간관과 대비되는 선진 유학의 인간관을 통해, 장자의 성인관의 특성을 더욱 선명하게 제시해 볼 것이다.

또한 장자의 개방된 사고방식을 통해 일반인들이 현실에서 겪는 관념적 구속에서 벗어나서 본연의 순수한 마음으로 돌아가 고요함에 이를 수 있는 통로를 찾아보고, 그 가르침을 통해 편협한 인간 사고를 개선하는 방법을 모색해 볼 것이다. 따라서 가식적 외형을 벗어나 정신의 획기적인 해방을 통해 대자유를 누릴 방법을 찾아 자유로운 성인이 세상 속에서 중인衆人들과 함께 살면서도 '무하유지향無何有之鄕'에서 노닐 수 있는 삶의 방식을 모색하는 데 초점을 맞추어 글을 써 내려간다.

이 책이 오늘날 인간소외의 문제와 문화지체 현상이 일반화된 상황을 이해하고 해결할 수 있는 기본적인 토대가 되기를 희망한다. 그런 점에서 장자의 성인관은 고전 속의 죽은 개념이 아니라, 이 시대를 평가하고 이 시대가 나아갈 지표를 살펴보는 데 유용한 자료가 될 것이다.

이 책을 집필함에 있어 전반적으로 도가사상의 근본적 토대를 이루는 선진시대의 경전을 주로 참고하였다. 즉, 같은 시대를 공유하면서 다른 방식으로 당시의 문제를 해결하고자 했던 유학의 경전을 근간으로 하고, 장자의 인간관을 알기 위해서 장자의 사상적 토대를 제공한 노자의 인간관을 살펴보고자 한다. 또한 이러한 사유 방식이 어떠한 시대적 배경에서 탄생했는지를 검토해 보고자 한다. 왜냐하면 사상은 시대적 상황을 통해 형성되고 체계화되기 때문이다.

다음은 장자의 이상적 인간관에 대한 직접적으로 또는 간적접으로 언급하거나 연구한 선행 연구의 경향과 성과, 그 한계를 짚어 보기로 한다. 도가의 이상적 인간관인 성인관 자체에 대한 담론[2]도 적지만, 특히 장자의 성인관에 대한 탐색은 그동안 매우 소홀한 분야였다.

장자의 성인관에 대해서는 정세근의 「불구의 성인: 장자의 성인관」[3]이 최초의 연구라고 할 수 있다. 그는 성인聖人이 동양에서 최고의 이상적 인간이며, 동시에 『장자』에 보이는 성인은 모두 불구자의 모습으로 나타난다고 본다. 또 유학에서는 성인 이외에 선왕을 이상적인 인간으로 인식하는 데 반해, 도가에서의 이들에 대한 인식은 냉소적이라고 분석한다. 이를 통해 장자의 성인은 당시 엄격한 법치와 패도 정치로 인해 형벌을 받는 이들을 따뜻한 시선으로 바라보며 사회적 냉대와 편견을 제거하기 위해 덕

---

2 오일훈, 「화신 관념을 통해 본 곽상의 성인관」, 『횡단인문학』7-1, 숙명여자대학교 숙명인문학연구소, 2021; 오일훈, 「聖人可學과 玄學의 聖人觀: 아즈마 쥬지(吾妻重二)의 성인가학 연구에 대한 비판을 중심으로」, 『도교문화연구』55, 한국도교문화학회, 2021; 유지원, 「회남자 성인관 연구」, 『중국학논총』73, 한국중국문화학회, 2022; 유지원, 「〈황제사경〉의 도생법적 성인관」, 『탐라문화』73, 제주대학교 탐라문화연구원, 2023.
3 정세근, 「불구의 성인: 장자의 성인관」, 『범한철학』17, 범한철학회, 1998, p. 396.

을 베푸는 존재로 묘사한 듯하다. 그런 점에서 장자의 인간관은 인간 존엄성과 평등성을 강조한 것이라 볼 수 있다.

범위를 조금 넓혀 고대 중국의 성인관을 살펴보면, 최두진은 「고대 중국의 성인관 연구」[4]를 통해 공자는 스스로 자신이 성인에 이르지 못하고 있지만 끊임없이 노력하는 존재로 평가하고 있다고 보며, 맹자는 성인을 선인善人·신인信人·미인美人·대인大人·성인聖人·신인神人 등으로 분류하고, 개인도 노력하면 성인에 도달할 수 있다는 점을 강조한다고 보았다. 성인을 인간이 주체적으로 노력하여 달성할 수 있는 존재로 평가한 점은 도가의 성인관과 일맥상통한다고 볼 수 있다.

성인관의 외연을 확장한 연구에서 장자의 수양론과 유가의 수양론을 비교 분석한 류성태는 「맹자, 장자의 수양론 비교연구」[5]에서 도가, 특히 장자에서는 불구자도 스스로의 노력으로 덕을 갖춘 이가 될 수 있고, 매미 잡는 노인도 자기 일에 집중함으로써 달인의 경지에 이를 수 있다고 말하였다는 점에 주목하였다. 여기서 인간은 누구나 성인이 될 수 있음을 강조한 것은 운명론적 시각에서 벗어나 인간의 주체적 자율성을 강조한다는 점에서 장자 인간관 이해에 유용한 지침을 제공한다.

배병삼은 「공자의 정치적 이상주의: 수기안인修己安人과 성인관聖人觀을 중심으로」[6]에서 성인을 정명正名을 토대로 정치에 임하는 사람으로 표

4 최두진, 「고대 중국의 성인관 연구」, 『교사교육연구』 57, 부산대과학교육연구소, 2018, p. 148.
5 류성태, 「맹자, 장자의 수양론 비교연구」, 원광대 박사논문, 1989.
6 배병삼, 「공자의 정치적 이상주의: 修己安人과 聖人觀중심으로」, 『사회과학연구』 19, 경희대사회과학연구원, 1993, p. 187.

현한다. 공자는 요순을 성인으로 보면서 그는 "정자정야政者正也"를 실천한 사람이라 인식하고 있다. 이들이 실현한 정치가 곧 성인의 정치라는 것이다. 동시에 정자정야는 곧 인仁이라고 파악하고 있다. 여기서는 정명과 정치를 일치시키려 한 사람을 공자라고 보면서, 바르지 못한 것을 바르게 하는 사람을 성인이라 표현한다. 공자는 혼란한 세상을 바로잡기 위해 정명이 필요하다고 보며, 그 임무를 실현할 사람이 성인이라 본 것이다.

정병석은 「역전의 도기道器 결합적 성인관」[7]에서 도기 결합은 공자의 성인관을 가장 잘 표현한 것이라 했다. 그는 성인의 일은 『논어』에서 말한 "백성들에게 은혜를 베풀어 많은 사람을 구제하는 것"이라고 주장하면서 백성들을 구제하기 위해서는 형이상학적인 도道와 함께 형이하학적인 기器도 고려해야 한다고 보았다. 특히 그는 성인이 현실과 동떨어진 존재가 아니라 도덕과 현실을 조화시키는 존재라고 보는 것이 유학, 특히 공자의 성인관이라 파악했다. 또한 성인은 정치에 참여하는 사람이고 동시에 그것은 개인의 이익이 아니라 만인의 이익을 실현하는 정치가 되어야 한다는 점을 지적했다. 그래서 현실적인 이익을 무시할 수 없다고 본다. 공자의 현실적 개념과 현실 참여에 대한 열망이 왜 그렇게 강하게 작용했는지를 설명할 수 있다는 점에서 긍정적이라 할 수 있다.

오진은 「중국사상사에서의 '성인聖人' 개념」[8]에서 성인의 개념부터 다시 정립하여 제시했다. 그는 성인의 본래적 의미는 총명예지聰明叡智한 사람이라는 것이었는데, 춘추전국시대에 와서는 '도덕적으로 이미 완미

7 정병석, 「易傳의 道器結合的 聖人觀」, 『유교사상연구』 28, 한국유교학회, 2007, p. 51.
8 오진, 「중국사상사에서의 '聖人' 개념」, 『퇴계학보』 10, 퇴계학연구원, 2012, p. 3.

完美한 인격자'와 '정치적으로 걸출한 인물'로 정의되었다고 보았다. 즉, 성인은 도덕적으로 완성되어 정치에서 그 도덕성을 토대로 세상을 이끌어 가는 존재라고 이해한 것이다. 성인은 그저 고매한 인격의 소유자가 아니라 그 인격을 토대로 정치에 참여하는 존재임을 강조한다는 점에서 다른 연구자들과 일치된 견해를 보이고 있다.

백승도는 「『장자』에서의 진인의 담론 방식 연구」[9]에서 진인을 장자가 제시하는 가장 이상적인 인간으로 꼽으면서 참사람(眞人)으로 부르며, 참사람이 되어야 비로소 현실에 참여할 수 있다고 하였다. 그는 현실 정치에 적극 참여하는 유학의 성인과 달리 진인은 인간 자체의 변화에 중점을 둔다고 주장한다. 당시의 혼란한 사회상을 극복하기 위해서는 무엇보다 먼저 인간의 변화가 실마리가 된다고 보면서, 세속의 자신을 초극한 인간이 세상을 변화시킬 수 있다고 했다. 이와 같이 백승도의 연구에서는 장자에서 제시된 여러 인간 유형 중에서 특별히 진인을 참사람으로 부르며 가장 이상적 인물로 표현하였다.

반승현은 「장자의 철학방법론 연구」[10]에서 진인은 일상인의 일반적 삶의 방식과 정반대의 맥락에서 삶을 영위하는 인물이라고 설명한다. 즉 진인은 세속적인 사회성을 부정하는 사회적 특성을 보이는 사람이라 분석하였다. 진인의 사회적 특성 안에서는 자연성의 범주가 항상 왕성하게 작동한다고 보면서 그런 점에서 현실 비판적이고 또는 사회 비판적인 삶의

9 백승도, 「『장자』에서의 진인의 담론방식연구」, 연세대 박사논문, 2005, p. 62.
10 반승현, 「장자의 철학방법론연구: 우화적 화법을 중심으로」, 충남대 박사논문, 2017, p. 49.

방식을 취하는 특징이 있다고 주장한다. 반승현의 연구에서는 진인이 일반적인 사람들과 다른 사회적 특성을 지닌다고 했는데, 장자는 지극히 자연적인 사람이라 할 수 있다고 보았다. 그렇기에 당시 객관적으로 발전하는 사회 구조와 제도에 반대했다. 즉 장자가 반자연적인 사유에 반기를 들었음을 주목한 점에서 보면 반승현의 연구는 일견 의미가 있어 보인다.

천병돈은 「장자의 이상적 삶」[11]에서 가장 이상적인 최고의 인생 경지를 실현한 사람이 진인이라 했다. 그러한 경지는 무분별하고 무차별적인 삶의 태도를 가지고 살아가는 사람에 의해 실현된다고 본다. 천병돈의 연구에서는 『장자』 전체의 맥락에서 일관되게 강조되는 무차별과 무지, 즉 시비분별을 도를 가로막는 장애라고 규정하기에 그것을 초월하여 자신의 사유 구조를 전개하는 사람이 진인이고, 그가 최고의 인생 경지를 실현한 사람이라 했다. 그러나 그의 연구에서는 그러한 무분별한 진인이 자신의 지식 체계를 강조하는데, 기타 연구에서 보듯이 진인은 사회에 참여하는 존재라는 점이 반영되지 못한 점이 아쉽다.

정세근은 「장자의 정신론」[12]에서 성인을 정신과 연계하여 연구하였다. 즉 "물이 고요하면 맑아지고 정신도 그러하며 성인도 그러하다."라는 장자의 말을 인용하면서 성인의 마음과 본래 정신을 동격으로 보았다. 물이 고요하니 맑은 것처럼 성인의 마음도 그러하다는 것이다. 그는 노자에 있어서는 정精과 신神이 분리되어 사용되었는데 장자에 이르러 정과 신이 결합되어 사용되기 시작했다고 한다. 그러한 정신은 곧 도이고, 도의 속

---

11 천병돈, 「장자의 이상적 삶」, 『동양철학』 25, 동양철학회, 2006, p. 186.
12 정세근, 「장자의 정신론」, 『동서철학연구』 64, 동서철학회, 2012, p. 171.

성은 고요함이기에 그 고요한 마음을 유지하는 자가 곧 성인이라고 한다. 이 연구는 장자의 정신 개념을 잘 드러내고 있으며 본래 정신과 성인의 마음을 동일시한다는 점이 큰 특징이라 할 수 있다. 또한 범부凡夫와 지인至人은 각각 다른 정신 체계를 지니고 있다고 본다. 범부는 도에서 생겨난 정신을 올곧게 쓰지 못하는 사람이다. 즉 정신을 바로 드러내지 못하는 자이다. 그에 반해 지인은 정신을 시작도 끝도 없는 시원의 곳으로 돌아가도록 하는 사람이다. 시작도 끝도 없는 곳은 곧 도의 영역이다. 도와 합일된 사람이 지인이다. 이러한 주장은 장자의 원전에 충실한 해석이라 할 수 있다.

백소향은 「장자의 생명론적 예술정신에 관한 연구」[13]에서 신인神人은 쓸모없음으로써 자신의 생명을 보존한 사람이라고 인식한다. 또한 가장 이상적인 인간은 진인·지인·신인·성인으로 보며, 이와 반대인 사람은 중인衆人·서인庶人·세인世人·소인小人으로 구분한다. 그는 가장 인간적이며 궁극적인 인간을 진인으로 보며 이를 달리 지인·신인·성인이라 한다고 파악했다. 성인은 세속적인 일에 종사하지 않으며 세속적인 이익을 추구하지 않는다. 성인은 모든 구속에서 벗어나 두루 만물과 하나되어 일체가 되는 도의 세계에 머문다고 주장하는데, 이 또한 장자의 진면목을 놓친 것으로 보인다. 장자는 세속과 도의 세계를 분리하지 않았다. 도는 어디에든지 있기 때문이다. 따라서 도를 체득한 자에게는 세속과 도의 세계가 분리되지 않는다. 모든 것이 통일적으로 존재하는 도의

---

13 백소향, 「장자의 생명론적 예술정신에 관한 연구」, 대구한의대 박사논문, 2022, p. 124.

본질을 살피지 않아서 이러한 주장을 전개한 것으로 보인다.

신민정은 「장자의 자유정신」[14]에서 "성인은 시비를 조화시키며 천균天鈞에 머문다."고 하는 장자의 말을 인용하면서, 천균을 자연의 균형으로 파악하고 시비를 선택하지 않은 그대로를 인정하는 것을 양행兩行으로 파악한다. 또한 요임금과 무명인無名人이 만나는 장면을 예로 들면서 무명인은 망명亡名하여 이름 같은 것과 상관없이 살아가는 사람이고 이들은 세상을 초탈한 성인이나 진인이라고 말한다. 성인은 세상과 등지고 유유자적하게 살아가는 존재가 아니다. 자신이 체득한 도를 세상에 펼쳐 내고자 하는 사람이 대인이고 성인이다. 따라서 단지 이름을 숨기고 숲속에서 은거하는 은자를 도를 체득한 성인이라고 묘사하는 것은 장자의 입장과는 관계가 먼 것이다.

임수무는 「장자의 공부론」[15]에서 이상적 인간의 자유자재한 경지를 무한한 절대 세계에서 소요逍遙하는 것으로 묘사하고, 그러한 이상적 경지에 들어간 사람들을 지인至人·신인神人·진인眞人이라고 말했다. 이러한 경지에 들어가기 위해서는 무기無己의 공부가 필요하다고 보았다. 또한 이상적인 인간을 실현하기 위해서는 가장 먼저 성심成心을 버려야 한다고 보았다. 그는 성심을 선입견이라고 보았다. 그의 주장은 『장자』에서 제시되는 이상적인 인물을 세밀하게 구분하여 분석하기보다는 전체적으로 보고 연구한 결과라고 판단된다. 왜냐하면 장자는 지인은 무기無己이고, 신인은 무공無功이며, 성인은 무명無名이라고 언급하는데 임수무는

---

14 신민정, 「장자의 자유정신」, 『한국철학논집』 14, 한국철학사연구회, 2004, p. 255.
15 임수무, 「장자의 공부론」, 『동서문화』 29, 동서문화사, 1997, p. 323.

이것을 모두 무기로 보고 있기 때문이다.

곽소현은 「장자의 놀이(遊) 연구」[16]에서 진인은 덕에 노닌다고 보았다. 특히 그는 기존의 연구에서는 장자의 이상적 인간 유형을 구체적으로 드러내지 못했다고 주장하면서, 장자의 이상적 인간상을 제시하였다. 또한 이상적 경지에 이른 사람들의 공통점과 차이점을 부각하면서 지인, 신인, 성인을 대표적 진인으로 표상했다. 그는 진인이라는 말이 『장자』에서 대표성을 지니는 이유를 세 가지로 제시했다. 첫째, 진인이 장자만의 고유한 용어라고 본다. 성인은 장자·묵자·유학에서 모두 강조하지만, 진인은 『장자』에서만 발견되는 용어라는 것이다. 둘째, 진眞은 박樸과 더불어 장자가 인간의 본래적 자연성이나 타고난 자연적 성품을 나타낼 때 쓰는 용어임을 들고 있다. 셋째, 진인은 「대종사」 편에서 별도로 중요하게 다룬다. 이러한 논거를 들어 장자에게 가장 이상적인 인간은 진인이라고 주장한 것이다. 그의 연구는 기존 연구와 달리 『장자』에서 제시되는 인물들을 심도 있게 분석했다는 점이 특징이다. 그런 점에서 이 책에서 필자가 제시하고자 하는 것에 가장 근접해 있다고 볼 수 있다.

김상희는 「『장자』 혼돈으로의 전환과 독유의 세계」[17]에서 장자는 이상적 인격을 성인무명聖人無名·지인무기至人無己·신인무공神人無功으로 표현한다고 보며, 진인·천인의 개념도 사용한다고 보았다. 또한 성인·지인·신인이 혼용된 「내편」만을 보아도 이들은 차별적인 인물이 아니고, 한 인물의 각각 다른 차원도 아니라고 주장한다. 김상희의 연구는 범

---

16 곽소현, 「장자의 놀이(遊)연구」, 서강대 박사논문, 2016, p. 122.
17 김상희, 「『장자』 혼돈으로의 전환과 독유의 세계」, 이화여대 박사논문, 2008, p. 15.

위를 너무 좁게 보고 연구한 것이라 생각된다.

장자는 이상적인 인물들을 제시하면서 동시에 사회 참여적 성격을 강조한다. 대표적으로 대인大人이 있다. 성인이나 대인은 모두 사회 참여적인 인물상이다. 동시에 장자의 저술로 알려진 「내편」의 제목에서 볼 수 있듯이 수행으로 인격자가 된 다음에는 응당 왕[應帝王]이 되어야 한다고 강조한다. 이는 당시 저술된 책의 제목들과 다른 면이 있다. 예컨대 『논어』에서는 첫 문장을 제목으로 정했다. 「학이學而」 편은 "학이시습지 불역열호學而時習之不亦說乎"의 첫 단어가 제목으로 정해진 것이다. 이에 반해 『장자』의 「내편」의 제목은 첫 문장의 단어가 아니다. 그런 점에서 '내편'이라는 제목에는 장자의 의도가 담겨 있다고 볼 수 있다. 장자가 의도적으로 자신의 저술에 사회 참여적인 의미를 지닌 제목을 붙인 것으로 볼 때, 그가 은둔적인 삶을 지향한 것으로 보기 힘들다. 그런 점에서 김상희의 연구는 이 부분을 간과한 것으로 생각된다.

손태호는 「장자와 순자의 인간관에 대한 연구」[18]에서 장자는 은둔자나 사회의 밑바닥에 묻혀 있는 사람들을 높은 경지의 성인으로 보는 관점을 확실하게 세웠다고 주장한다. 동시에 유가에서 통용되던 성인의 외적인 자격 요건을 제거해 버린 사람이 장자라고 본다. 즉 성인은 위대한 통치자라고 본 유학과 달리 정치와 무관하고, 사회에서 핍박받는 자 중에도 성인이 있다고 봄으로써 유학의 성인관을 탈피한 사람이 장자라는 것이다.

그는 진인을 무아無我의 정신을 지닌 사람으로 파악했다. 그리고 장자

---

18 손태호, 「장자와 순자의 인간관에 대한 연구」, 부산대 박사논문, 2011, p. 62.

의 무아가 불교의 무아와 다른 점도 제시한다. 그는 불교에서 자유인은 자신의 행위를 맘대로 하는 사람이라 규정한다. 그래서 삼독과 번뇌·망상·오욕으로 점철된 사람으로 파악한다. 그러나 장자의 진인은 세속의 모든 것을 떠난 자유인으로 본다. 또한 '소요유逍遙遊'를 체득한 사람을 자유인으로 묘사하면서 이상적 인물이라고 보았다. 이러한 장자의 인물에 관한 연구는 유학의 성인관의 관점을 탈피했다는 점에서 의미가 있다. 그렇지만 진인을 세속의 모든 것을 떠난 자유인으로 본 것은 장자의 겉모습만 본 것이다. 앞서 보았듯이 장자의 이상적 인간은 결코 세속을 떠나지 않는다. 그는 세속에서도 자유를 누리는 자이기 때문이다.

이영주는 「장자의 수양론 연구」[19]에서 심재心齋와 좌망坐忘의 수행을 통해 이상적 인간으로 거듭날 수 있다고 주장한다. 그는 노자에게 있어 성인은 지식과 욕망을 끊임없이 떨쳐 내어 무위에 이르러 단순하고 담박한 상태로 복귀한 사람이라고 정의한다. 그는 이러한 상태를 내성외왕內聖外王의 실현으로 보면서 수기修己가 이루어지면 치인治人은 자연스럽게 달성된다고 주장했다. 나아가 장자에 있어서는 심재와 좌망을 통해서만 이상적인 인간으로 거듭날 수 있음을 강조한다고 보았다.

마음이 아무런 저해 없이 활짝 열려 어디에도 얽매임이 없이 자유롭고 이는 소아小我에서 대아大我로의 변화라 본다. 대아가 되어야 대통大通의 경지에 들어 대도大道와 하나가 될 수 있다. 그는 이상적 인격의 형태를 대아·대통·대도와 하나가 되는 경지라고 주장한다. 이러한 연구는 장

---

19 이영주, 「장자의 수양론 연구」, 원광대 박사논문, 2022, p. 160.

자를 심도 있게 연구한 것으로 파악된다. 즉 장자는 이상적인 인간은 은 둔자가 아니라 내성외왕을 실현하는 인간이라고 파악하여, 수기와 치인 을 동시에 행하는 존재로 본다는 점에서 의미 있는 연구라 할 수 있다.

김권환은 「『논어論語』와 『장자莊子』에서의 노년인식 연구老年認識研 究」[20]에서 이상적 인간을 지인·진인·천인·성인으로 제시한다고 주장 했다. 그러면서 이들의 분류는 존재론적 의미 차이는 없고, 다만 최고 경 지를 묘사하는 초점을 어디에 맞췄는가에서 차이가 난다고 주장하였다. 예컨대 지인은 더 이상 이를 곳이 없는 상태에 도달한 사람이고, 신인은 변화를 일으키는 특별한 능력을 지닌 사람이며, 성인은 완전한 지식을 가 지고 있어서 세계의 전개 과정을 훤히 꿰뚫고 있는 사람이라는 것이다. 또 진인은 외물의 영향에서 벗어난 참사람, 천인은 하늘, 즉 자연의 도를 체득하고 노니는 사람을 강조한 표현이라고 본다. 그러면서 장자에서 더 이상 도달할 데가 없는 지인을 이상적 인간을 대표하는 존재로 규정한다. 그의 연구에서는 장자의 이상적 인간상들은 특별히 구분할 필요성이 없 다고 본 것이다. 단지 그들이 성취한 부분이 어떠한 경지인지에 따라 이 름만 다를 뿐이라는 주장에는 타당한 면이 있다. 많은 연구자가 진인을 이상적인 인간으로 제시하는 데 반해 김권환은 더 이상 이를 데가 없는 지인을 이상적 인간으로 제시한 것도 하나의 특징으로 볼 수 있다.

최진석은 「노장老莊에게서 인간은 어떠한 존재인가? - 공맹孔孟과 비교 를 통하여」[21]에서 유학의 인간은 도덕적 가능성과 도덕적 정서로 이해되

---

20 김권환, 「『論語』와 『莊子』에서의 老年認識研究」, 성균관대 박사논문, 2015, p. 115.
21 최진석, 「노장에게서 인간은 어떠한 존재인가? - 공맹과 비교를 통하여」, 『인간연구』6,

는 도덕력이라는 본질을 근거로 존재하는 것으로 인식하였다. 도덕력을 본질로 하기에 인간에게는 도덕성을 실현하는 데 노력이 요구된다고 파악한다. 그러나 노장사상에서는 도덕적 본성을 확장하는 목적하에 형성된 무화 체계로 모든 인간을 집중 통일시키려는 기획 자체를 부정한다. 그런 점에서 노장의 인간관은 해체적 인간이 된다고 주장하였다. 그는 노자의 철학적 주제는 혼란한 사회의 자연적인 상태로의 복귀이고, 장자의 철학적 주제는 개인의 절대적 자유라고 말할 수 있다고 규정한다. 노자는 지극히 수행적인 관점에서 자신의 이론을 전개했다. 그는 자신의 수행을 통해 얻은 도를 세상에 펼치려고 한 실천적 지성인이다. 동시에 장자도 내성외왕이라는 말에서 보듯이 자신의 수행과 타인과 세상을 이끄는 것이 분리되지 않는다. 또한 내성외왕이라는 단어도 장자에서 맨 처음 등장한 표현이다. 그런 점에서 장자를 개인의 절대적 자유만을 추구하는 존재로 규정한 최진석의 연구는 아쉬움을 남긴다.

　권광호는 「도가 허정虛靜사상의 수련 전통과 그 발전적 전개」[22]에서 도를 체득하는 전제로 허정설을 제출하여 대도의 일체 장해를 제거해야 한다고 주장하였다. 노장사상은 허무를 근본으로 삼는데 그 근본이 곧 허정 관념이라고 한다. 장자는 좌망과 심재 수련으로 최고의 경지를 실현한다고 말했다. 좌망의 좌坐는 마음을 수련하는 심양心養으로 규정한다. 이처럼 노장의 수련 체계를 정리하여 제시하고 있지만, 좌망의 수행을 '마음을

　가톨릭대학교 인간학연구소, 2004, p. 156.
22 권광호·손영삼, 「도가 虛靜사상의 수련전통과 그 발전적 전개」, 『동서철학연구』 45, 동서철학연구회, 2007, p. 16.

기른다'고 표현한 것은 오히려 유가적 수행법을 떠올리게 할 수 있다. 그런 점에서 장자의 수행론에 명확하게 접근했다고 볼 수 없다.

장자는 마음을 기르는 것이 아니라 정신 그 자체를 중시한다. 정신은 도에서 생겨난 것이다. 좌망은 자신의 마음속에 들어오는 온갖 외물에 대한 것을 잊는 것이다. 즉 마음속에서 도를 가로막는 일체의 요소를 제거하는 수행이다. 그것은 마음을 기르는 것이 아니라 본래 마음을 가리는 일체의 요소를 소멸시키는 수행이라고 보는 것이 타당하다.

어느 누구나 어려운 현실에 직면하면 '회피'의 방법을 취하거나, 반대로 적극적으로 문제를 해결하기 위해 노력한다. 회피를 하면 마음은 편하겠지만 정작 또 다른 어려움에 처했을 때 똑같은 방식으로 회피할 수 없는 상황에 직면할 수 있다. 따라서 현실을 극복하기 위한 지혜를 선험적 삶을 살다 간 선현의 철학에서 찾는 적극적 자세가 필요하다. 수많은 지혜를 발견할 수 있겠지만, 이 책에서는 기존의 질서가 무너지고 새로운 질서가 요구되던 전국시대라고 하는 혼란의 시대에 자신의 철학을 적극적으로 개발한 장자의 이야기를 연구의 대상으로 삼았다. 여기서 고대의 지혜가 현대에도 유의미할 것인지 의문을 제기할 수도 있겠지만, 인간의 삶에 대한 태도는 고금을 막론하고 크게 바뀌지 않았기 때문에 우리가 고전에서 발견하는 지혜는 지금도 유용하다고 생각된다.

장자는 자연의 변화에 순응하고 인위적 간섭을 최소화하는 삶을 강조하였다. 또한 장자는 상대적 관점에서 진리를 인식하고, 현실의 다양성과 변화를 받아들이는 태도를 중시했다. 현실의 위기나 근심 등을 극복하기 위해서는 인간이 자연의 흐름에 순응하고 자아를 해방함으로써 내면적 자유와 평화를 경험할 수 있다는 것이 장자 철학의 특징이다.

장자에게 중요한 것은 현실 및 인간과 관련이 있는 삶이자 최상의 삶을 가능하게 하는 '앎'이다. 주변의 상황, 환경, 자연, 현실의 모습, 인간과 동떨어져 있는 앎을 지각할 수 있는 문제는 전국시대의 모순을 해결해 줄 수 없기 때문에 장자는 사변적 인지의 문제에 관심을 두지 않았다. 장자의 입장에서 진정한 앎을 위해 좀 더 주목해야 하는 것은 궁극적으로 난세를 극복하기 위한 출발점이 어디인가 하는 점이다.

제1부

유가와 도가는 인간을 어떻게 보는가?

1. 공자의 인간 이해

공자가 바라본 인간은 불균형한 존재이며, 계급 질서
를 따라야 한다는 압박을 받는 존재였다. 그는 모든 사
람이 동등한 것이 아니라 지배하는 계층과 지배를 받
는 계층이 존재함을 명확히 하였고, 특히 권력을 가진
자들의 인격 수양의 중요성을 강조했다.

춘추시대와 인간 이해

공자孔子(B.C.551-B.C.479)는 춘추시대春秋時代(B.C.770-B.C.403)를 살다 간 인물이다. 춘추시대부터 한나라 초에 이르기까지는 중국 역사상 일대 해방의 시대였다. 당시의 정치제도, 사회조직, 경제제도에 모두 근본적인 변화가 일어났다.[1] 이 시기에 주周나라 왕실의 힘이 약해졌지만, 여전히 천자를 모시는 전통적인 봉건사회 구조는 서주시대(B.C.1046-B.C.771)와 유사하게 유지되고 있었다. 주 왕실에서 독립한 노나라는 춘추시대에 접어들면서 은공·환공·장공(B.C.722-B.C.662) 시기 동안 제나라와 송나라 등 여러 강력한 제후국과 전투를 벌였고, 인근의 소규모 국가들을 흡수하거나 조공을 요구하면서 강국의 지위를 강화해 나갔다.

그러나 춘추 중엽 이후, 권력이 특정인에게 장악되면서 변화의 시기가 도래하게 된다. 이 시기에 권력을 차지한 장공의 동생 이우季友·숙아叔牙·경부慶父는 각각 계손씨·숙손씨·맹손씨로 불리게 되었다. 노나라는 서주시대의 전통과 제도가 비교적 잘 유지된 국가였지만, 동시에 선공·성공·애공 시기와 양공·소공 시기 동안에는 개혁을 추진하여 변

---

1   풍우란 저, 박성규 옮김, 『중국철학사』 상, 까치, 2001, p. 29.

화하는 시대에 제도적으로 적응하기 위해 노력을 기울였다. 이러한 과정 속에서도 혼란은 계속해서 심화되어 갔다.

전국시대 원공(재위 B.C.436-B.C.416) 시기에는 노나라의 권력이 약화되었고, 목공(재위 B.C.415-B.C.383) 시기에 다시 군주에게 정권이 돌아갔다. 노나라는 월, 한, 위와 함께 제나라와의 세력 다툼을 지속하였다.

전국시대 말기에는 초나라가 진나라의 압박으로 인해 노나라와 충돌하게 되었고, 결국 노나라는 초나라에 의해 멸망하게 된다. 이 사건은 36대 경공(재위 B.C.280-B.C.256) 때 발생하였다. 이로 인해 노나라의 역사는 백금佰禽이 노국공魯國公에 봉해진 이후 36대 경공에 이르기까지 800년 이상 이어지다가 끝을 맺게 된다.

춘추시대는 왕의 권위를 존중하고 외세를 물리친다는 명분 아래 전쟁이 자주 발생한 시기였다. 전쟁의 배경에는 황제의 권위가 약해지고 제후들이 국가를 발전시키고 군비를 강화하려고 한 사정이 있었다. 즉, 춘추시대는 주나라의 봉건 체제가 점차 무너져 가는 격변의 시기였다. 정치적으로는 봉건 체제가 흔들리고, 경제적으로는 농업이 성장하기 시작했다. 공자보다도 앞서서 권력의 중심에서 활동한 관자管子(管仲, B.C.725?-B.C.645)는 경제정책에 특히 큰 가치를 둔 인물이었다.

당시 농업의 보호장려, 소금·철·금과 그 밖의 주요 물자의 생산관리, 균형재정의 유지, 유통 물가의 조정, 세제稅制 및 병부兵賦의 정비[2] 등의 경제정책을 시행하고 있음을 볼 때, 공자 당시에는 이보다 훨씬 진보된

---

2 이상옥 譯解, 『管子』, 명문당, 1985, p. 27.

경제정책을 시행했을 것이다.

춘추시대에는 정책 담당자가 물가 관리에 골몰할 정도로 유통이 발달하였다. 이런 유통의 증가는 시장의 존재를 기반으로 하며, 이는 새로운 시장이 생기고 규모가 확대되었다는 것을 나타낸다. 대규모 시장은 인구가 집중되게 하고, 인구 집중은 도시 형성을 촉진시켜 이에 따라 도시의 질서를 관리할 사람들이 필요하게 되었다. 따라서 공자는 자신의 제자들을 관리자로 키우고자 하여 3,000명의 제자들이 모이게 되었다.

경제적으로 보면, 생산과 유통의 증가가 사회와 정치에 변화의 물결을 일으키는 원동력이 되었다. 이러한 변화는 경제 주체들, 즉 생산과 유통에 종사하는 사람들의 부를 늘려 주었다. 새로운 부유층은 부의 증가에 따라 이를 배경으로 정치 참여를 갈망하게 되었으며, 이는 전통적인 지배계층이 기존 정치체제 내에서 영지를 기반으로 권력에 참여하는 것과 큰 대조를 이룬다. 경제구조와 사회의 변화에 발맞춰 경제적 권력을 배경으로 정치 참여를 원하게 된 것이다. 하지만 기존의 정치 지배자들은 이들의 정치적 참여를 강하게 억압했다. 너무 많은 사람이 정치에 참여하게 된다면 생산에 참여할 사람이 줄어들 것이라고 우려했기 때문이다.

춘추시대 이전 사람들은 평등한 대우를 받지 못했다. 분업이 이미 자리하고 있었고 '선왕은 사농공상士農工商으로 하여금 그 기능과 생산물을 교역하게 함으로써'[3] 통치자는 그들을 활용하여 경제적 측면에서 이익이 발생할 수 있도록 해야 한다고 보았다. 분업 체제가 발달하면서 각 분야

---

3 "故先王使士農商工四民 交易易作.",『管子』「治國」.

에서 부를 모은 새로운 계층이 나타나고, 이들은 점차 정치 참여를 원하게 되었다. 그러나 공자는 이렇게 부를 소유한 사람들을 '소인'이라고 지칭하며, 소인은 군자의 지배를 받아야 한다고 주장하였다. 이 경우 군자는 도덕적으로 소인을 이끌어야 하며, 이것이 작동할 때 '덕치'로 불린다.

경제의 변화로 신흥 부유층이 형성되었지만, 동시에 제후들은 더 많은 인구와 땅을 차지하기 위해 전쟁을 벌였다. 부유하고 강한 나라를 만들기 위한 정책 때문에 백성들은 고통받았고 전투 중에 많은 사람들이 희생되었다. 공자는 이러한 시대적 문제를 해결하기 위해 주나라의 봉건제도를 다시 세우는 것이 가장 중요하다고 보았다. 그래서 그의 사상은 주례를 복원하는 데 초점을 맞추고 있으며, 이를 위해 일생을 헌신하였다.

전쟁과 경제적 발전으로 인한 사회구조의 변화 등과 맞물려 사상적으로도 엄청난 발전이 일어났다. 제후들은 부국강병을 실현하기 위해 다양한 사상을 정책적으로 도입하여 실험했다. 이런 배경하에서, 제자백가諸子百家(Hundred Schools of Thought)가 출현하게 된 것이다. 제자백가라는 말은 한나라 시대의 사마천司馬遷이 처음으로 사용하였다.

제자백가는 농사를 중시한 농가農家(許行), 법을 통해 강력한 국가를 실현할 수 있다고 본 법가法家(韓非子), 음양의 조화를 추구하여야 한다는 음양가陰陽家(鄒衍, 鄒奭), 여러 나라를 돌아다니며 독특한 변설로 책략을 도모한 종횡가縱橫家(鬼谷子), 무위자연을 강조한 도가道家(老子·莊子), 도덕적 실천을 중시한 유가儒家(孔子·孟子), 이후 유가와 반대 관점에 선 묵가墨家(墨子), 논리적 설명을 강조한 명가名家(鄧析), 제자백가의 주장과 이론을 절충하고 해설하여 집대성한 잡가雜家(呂不韋·劉安) 등이 대표적이다. 이와 같이 춘추시대는 전쟁으로 점철되었지만 동시에 경제적 변화가 컸고 사상적으로 다양성이 실험된 시대였다.

공자 사상의 형성과 천자

객관적으로 사회와 정치의 구조, 그리고 이론적 측면의 변화를 혼란스러움으로 여긴 사람 중 하나가 공자이다. 그는 이러한 변혁과 혼란의 시기에 자신의 사명使命을 주나라의 봉건 체제를 다시 확립하는 것으로 정하고 그의 사상을 발전시켰다.

공자는 춘추시대의 사회와 정치가 변화하는 시기에 그의 독특한 사고를 발전시켰다. 보통 공자는 유교의 창시자로 알려져 있다. 장파[張法]는 "(儒는) 무당[巫]에게서 비롯되었다."[4]고 평한다. 무당은 제정이 일치하던 시기에 최고의 권력을 차지하고 있었다. 여기서 '무巫'는 하늘과 땅을 모두 아우르는 '공工'과 좌우로 사람 '인人'이 있는 글자로서, 하늘과 땅의 원리를 이해하고 이를 사람들에게 전하는 존재라는 의미로 해석할 수 있다. 이 능화는 무를 '춤으로 신을 내리게 하고, 노래로 신을 흥겹게 하며, 재앙을 피하고 복을 부르는 것을 비는 자'[5]라고 정의하였다. 즉, 무는 가무를 통해 신과의 소통을 중시하는 존재로 여겨졌다. 무의 주요 목표는 비정상을 정상으로 되돌리며, 원한이나 불화를 풀어 조화를 이루는 것이다.

이처럼 하늘과 땅의 원리를 이해하고 정상의 회복을 지향하는 무는 중

---

4 장파 저, 백승도 옮김, 『중국교수의 중국미학사』, 도서출판 푸른숲, 2012, p. 120.
5 "蓋舞以降神 歌以侑神爲人 祈禱避災趨福.", 『朝鮮巫俗考』第1章 朝鮮巫俗之由來 1. 巫覡起源歌舞降神.

국의 하늘 숭배 사상에서 그 뿌리가 형성되었다고 할 수 있다. 천天은 상제에 대한 신앙으로 표현된다. 고대와 농경 사회에서는 자연에 크게 의존하며 농사를 짓기 때문에 하늘이 숭배의 대상이 되어, 무는 인간의 삶 전반에 걸쳐 깊은 영향을 미쳤다. 따라서 자연은 숭배받는 존재로 취급되었고, 그중에서도 하늘이 가장 큰 힘을 가진 것으로 여겨졌다. 이러한 하늘 숭배의 사상은 이후 하늘과 인간을 같은 것으로 여기는 사고로 발전하게 된다.

인간과 하늘을 동일시[天人合一]하는 생각은 인간이 하늘에서 유래했다는 관점에서 시작된다. 사람의 얼굴에는 일곱 개의 구멍이 있는데, 이것은 북두칠성의 기운에 의해 생겨났다고 여겨진다. 둥근 머리는 하늘을, 네모난 몸은 땅을, 팔다리는 사계절을 나타내는 것으로 이해된다. 따라서 인간은 하늘의 축소판으로 여겨지며 이를 '소우주'라 부른다. 소우주인 인간은 큰 우주의 법칙을 따라야 하는 존재로 정의된다. 여기에서 경천사상이 비롯되어 하늘은 인간에게 행운과 불운을 주는 존재로 인식되었다. 다시 말해, 하늘이 인간의 길흉화복을 결정하며, 따라서 이러한 하늘의 뜻을 전달하는 사람이 필요하게 되었다. 그래서 하늘의 명을 지상에 나타내는 인물이 등장했고, 그가 바로 '천자'라는 것이다.

하늘과 인간 간의 생명적 관계를 바탕으로 한 고대 경천사상이 유교적으로 전달된 후 주로 군주의 운명이 하늘의 뜻에 따라 정해진다고 보는 유가의 독특한 정치적 천명사상과, 하늘을 인간 성품의 근원으로 이해하는 사상이 더욱 발전하게 되어[6] 도덕적 천명사상이 탄생되었다. 이후 유

---

6 韓國東西哲學硏究會編,『東洋哲學思想의 理解』, 文耕出版社, 1995, p. 20.

학은 도덕적인 인간을 바탕으로 한 사상을 발전시켰다. 그래서 인간의 본질을 이루는 기준은 도덕이며, 도덕의 근원은 하늘의 명령에 있다고 여겨졌는데, 도덕적 인간의 사상을 구체적으로 발전시킨 인물은 공자이다.

인仁과 예禮를 체득한 자를 군자君子라 규정할 만큼 공자에게 인은 그의 사상을 관통하고 사람됨의 근원적인 토대가 된다. 또한 공자는 "인仁이란 인간다움이다."[7]라고 하며 도덕성의 근본을 인과 예로써 제시한다. 인仁이란 인간에게 보편적인 도덕 감정인 애정을 기초로 하여 완성된 인격이며, 자신에 대한 충忠,[8] 즉 '충성스런 마음'과 타인에 대한 서恕 즉, '용서하는 마음'을 그 실천 경로로 한다.

원래 주나라의 봉건제는 장자상속을 근간으로 하는 대가족제도의 종법 질서를 바탕으로 하여 성립했으므로 그 지지자인 공자가 사상적 전개를 가족 도덕으로서 효제孝悌 도덕을 강조하는 데서 출발하고 있는 것은 당연한 귀결이다. 공자는 "효와 제는 인의 근본이 된다."[9]고 하여 인은 인간다움의 조건이 된다고 보았다. 효란 가정에서 이루어지는 것으로 부모와 자식 간의 도리이며, 제는 형제간의 우애이다. 여기서 형제는 좁게는 자신의 가족을, 좀 넓게는 마을 또는 지역사회 구성원을 의미한다. 예전 농업 사회에서는 씨족 중심으로 공동생활을 했기 때문에, 같은 성씨를 가진 집단이 특정 지역에 함께 사는 일이 흔했다. 이에 따라 동일한 성씨를

---

7 "仁者人也.", 『中庸』.
8 충은 원래 자기와 다른 사람에 대해 마음을 다하는 정신자세를 의미했으나, 중국 진·한(秦漢) 이후에는 군주에 대한 신하의 순종을 도덕적 의무로 규정하는 개념으로 사용되었다.
9 "孝悌也者 其爲仁之本與.", 『論語』 「學而」.

가진 이들은 모두 형제로 여겨졌다. 형제들과 좋은 관계를 유지하는 것이 바로 제이다. 따라서 '효제孝悌'는 가정과 지역사회를 배경으로 한 윤리 개념이라고 할 수 있다.

이처럼 가족과 지역을 배경으로 하는 효의 윤리가 인의 본질적인 기반이 된다면, 이는 한편으로 배타적이고 차별적인 윤리로 간주될 수 있다. 그 이유는 효가 가족의 윤리를 강조하기 때문에, 내 가족이나 부모가 다른 사람의 부모보다 더 중요하다는 의미가 전제되기 때문이다. 한편, 이러한 관점은 특정 지역의 공동체가 다른 지역 공동체보다 우위에 있다는 생각으로 이어진다. 또한 이 효제 사상은 혈연 중심의 사고방식과 지역 중심의 사고방식을 발생시킨다.

이렇게 해서 인이라는 보편적인 도덕 기준이 보편적이고 공정한 윤리가 아니라 본인의 부모와 거주 지역을 우선시하는 제한적이고 차별적인 윤리 사상으로 바뀌게 된다. 하지만 자신의 가족과 지역을 우선시하는 것은 분명히 폐쇄적인 태도이긴 하지만, 동시에 인은 공감의 기반에 의존한다. 그래서 나카지마 유치仲島陽一는 "공자의 인은 일종의 공감 혹은 적어도 공감과 중첩되는 말이다."[10]라고 하였다. 이와 같이 인은 조건 없는 사랑을 직접적으로 표현하지는 않는다.

인간은 보편적으로 자기 부모와 형제를 사랑한다. 이를 미루어 타인에게로 그 사랑을 확대해 나가야 한다고 본 것이다. 공자는 '자기를 이기고

---

10 仲島陽一, 「儒家思想における〈共感〉の問題」, 『國際地域學研究』第3号, 東洋大學學術情報, 2000, p. 40.

예로 돌아가는 것이 인'[11]이라 하여 이런 공감의 토대 위에서 인을 실천하기 위해서는 자신을 극복해야 한다고 보았다. 나아가 "사람이 어질지 못할진대 예를 어떻게 하며, 사람이 어질지 못할진대 악樂을 어떻게 할 수 있겠는가?"[12]라고 하여 인이 없이는 예와 악을 실현할 수 없다고 보았다.

여기서 예는 단순하게 예의범절만을 의미하는 것이 아니라 통치의 바탕이 되는 것이다. 『좌전左傳』에서는 "무릇 예란 백성을 다스리는 근거이다."[13]라고 하여 통치의 근본은 예에 있다고 보았다. 예란 기본적으로 정치 체계와 권력을 포함하면서 동시에 도덕적 규범으로 볼 수 있다. 마찬가지로 악 또한 정치적 신념과 깊은 연관이 있다. 공자는 나라가 도덕적으로 운영되고 실현될 때, 예와 악 혹은 전쟁 등의 일들이 천자의 명령에 따라 이루어지지만, 반대로 무도하고 패역이 지배하는 상황에서는 천자의 위상과 권세가 사라진다고 인식했다. 이런 상황이 발생하면 천자는 나라를 다스릴 수 없게 되고, 예와 악은 천자가 제어할 수 없는 상태로 떨어지게 된다. 그는 이것을 혼란의 원인으로 간주했다.

그 혼란을 극복하는 방법은 자신을 이기는 것이다. 이는 즉 자신의 욕망을 억제해야 하며, 그러한 욕망의 대상은 제후들이다. 제후들이 자신의 정치적 야망을 이루기 위해 국력을 강화하려고 하면 결국 전쟁이 발생하고, 그러한 전쟁은 사회 전반을 혼란에 빠뜨린다. 이와 같은 상황에서는 천자가 힘을 잃고 예에 기반한 체제를 유지할 수 없게 된다. 그러나 그

---

11 "克己復禮爲仁.", 『論語』 「顏淵」.
12 "人而不仁 如禮何 人而不仁 如樂何.", 『論語』 「八佾」.
13 "夫禮所以整民也.", 『左傳』 「莊公23年」.

렇다고 해서 제후들이 예와 악을 만들어 내면 사회의 질서는 일관성을 잃게 된다. 이것이 공자가 가장 걱정한 부분이다. 따라서 그는 제후들이 정치적 야망을 억누르는 것이 필요하며, 제후들과 천자가 관계를 회복해야 한다고 생각했다. 더불어 천자와 제후들이 함께 천자가 제시한 예와 악을 통일적으로 수용해야만 나라가 안정될 수 있다고 보았다.

이러한 통일된 수직적 관계의 형성은 인간 본성의 가장 근본적인 것으로 이해되었다. 그래서 공자는 "예에서 사람이 온전하게 설 수 있고 악에서 사람다움을 실현할 수 있다."[14]고 하였다. 예악이 인간의 본질을 실현하는 핵심이라는 것은 곧 천자가 정한 정치적 기준을 받아들이는 것을 의미한다. 천자와 제후 간의 주종 관계를 인정하는 것이 인간 본질의 기초라는 설명이다.

천자는 하늘의 명령을 받은 존재이기 때문에 제후는 천자에게 무조건적으로 복종해야 한다. 공자는 이를 '인간다움(humanity)'으로 간주하였다. 이 경우 인간은 수동적인 위치에 있게 된다. 그렇다고 천자가 주도적인 존재인 것은 아니며, 천자 또한 하늘의 명령에 따라 자신의 역할과 책임을 다하는 존재일 뿐이다. 이렇게 주종 관계는 계층적이며 상명하복을 근간으로 한다는 특성이 있다.

『중용中庸』에서는 "하늘이 명한 것을 성性이라 한다."[15]고 하였다. 하늘의 명을 '천명天命(Mandate of Heaven)'이라 하는데, 천명을 곧 '성'이라고 본 것이다. 인간은 하늘의 명을 받는 수동적 존재임을 밝힌 대목이다. 이

---

14 "禮於立 成於樂.", 『論語』「太白」.
15 "天命之謂性.", 『中庸』.

와는 달리 명을 명령으로 보기보다는 하늘의 섭리(divine providence)로도 볼 수 있다. 즉 하늘의 섭리를 명이라 한다는 의미이다. 이런 관점에서 보면 인간과 하늘은 동일한 존재가 된다.

이와 같은 여러 관점에서 보더라도, 천자는 하늘의 명령을 실현하는 존재로서 자신의 주장을 펼치는 것이 아니라 하늘을 대표하는 수동적인 역할을 한다. 공자는 천자가 자신의 사상을 드러내는 것이 아니라 하늘의 진리를 받아 이를 드러내는 존재로 이해했다. 그래서 그는 천자가 하늘과 같은 권위를 지니고 있다고 여겼고, 천자에게서 나오는 예와 악을 하늘의 예와 악으로 여겼다.

따라서 천명을 받지 않은 제후가 스스로 예악을 제정하는 것은 천명에 어긋난다고 여겼고, 천명이 사회 전반에 펼쳐지지 않으면 혼란이 생긴다고 주장했다. 공자는 천명을 부여받은 사람만이 예와 악을 창조하고 세상을 이끌어야 한다고 생각했다. 또한 그는 황제와 제후들 간의 관계에서 인仁이 실천되어야 한다고 보았다.

인의 기본은 자신의 욕심을 이기고 예를 회복하는 것이다. 이는 정치적 체계와 도덕적 체계를 확립하는 데 중점을 두고 있다. 여기서 예는 주나라의 예법을 포함하기도 한다. 공자는 주나라의 예를 회복시키기 위해 정명사상正名思想이라는 개념을 제시했다.

자로가 질문했다. "만약 위나라의 왕이 선생님을 초대해서 국가의 일을 맡긴다면 선생님은 무엇을 가장 먼저 하시겠습니까?" 공자는 "반드시 정명

을 하겠다"고 말했다.[16]

정명사상과 수기치인

정치의 가장 기본적이고 시급한 과제가 바로 명名을 바르게 한다는 정명正名(Rectification of Names)을 이루는 것이다.

공자는 정명사상을 통해 사회의 혼란을 바로잡고, 올바른 정치체제를 확립하고자 했다. 이름에 맞게 그 행위를 해야 한다는 것은 이름과 실재가 같은 명실상부名實相符를 중시하는 것이고, 이러한 '다움'을 강조한 것이 바로 정명이다. 누구나 그 이름에 맞는 역할을 다해야 한다.

여기에서 공자는 군주와 신하, 부모와 자식 간의 관계를 설명한다. 이는 정치적인 관점을 나타내는 것으로 해석될 수 있다. 씨족사회에서 가족의 규모는 상당하다. 농업 중심 사회의 특성상 노동력이 많이 필요하기 때문에 동일한 성을 가진 대규모 집단이 함께 거주하게 된다. 이러한 집단이 성장하면 국가로 발전하게 된다. 유교에서는 확대된 가족이 국가라고 여긴다. 이러한 국가는 각자의 역할이 체계적으로 수행되어야 질서와 평화가 유지되어 지속될 수 있다. 이를 위해서는 각자가 자신의 지위에 맞는 역할을 다함으로써 정명을 실천해야 한다.

정명사상에서 주목할 만한 점은 상호 간의 관계를 중요시했다는 사실이다. 즉, 부모와 자식 사이에서 일방적인 효도를 강조하는 것이 아니라

---

16 "子路曰 衛君 待子爲而政 子將奚先 子曰 必也正名乎.",『論語』「子路」.

서로 간의 관계인 부자자효父慈子孝라는 개념을 부각시켰다. 또한, 임금과 신하의 관계에서도 신하에게 무조건적인 충성을 요구하는 것이 아니라, 임금이 올바른 행동을 할 때에만 신하도 충성을 다해야 한다는 점을 강조했다. 이러한 생각은 맹자 시기에 더욱 구체화되어 역성혁명론의 기초가 되기도 했다. 맹자는 왕이 올바르지 않다면 혁명을 통해 왕을 교체할 수 있다는 저항권 개념을 제시했다.

인간은 하늘에서 도덕성을 부여받은 존재이다. 이러한 도덕성을 부여받은 덕분에 그 도덕성을 충실히 드러내고 따르는 것이 인간의 존엄성을 실현하는 길이라고 공자는 보았다. 동시에 그는 도덕성을 실현하기 위해 예와 악을 언급하며, 이러한 기준은 하늘의 명을 받은 천자만이 제시할 수 있다고 간주했다. 천자가 제시한 예와 악을 제대로 수행하는 사람이 군자와 선비이다. 선비는 백성을 예와 악으로 교화하는 존재가 되어야 한다. 모든 인간은 하늘로부터 주어진 도덕성을 지니고 있고, 그 도덕성을 실현하도록 이끄는 사람이 바로 선비이자 군자라는 것이다.

공자는 인간의 성性이 서로 비슷하다고 보았다. 즉, 공자는 "인간의 본성은 유사하지만, 배우는 과정에서 서로 멀어지게 된다."[17]고 하여 인간은 하늘로부터 부여받은 본성을 지니고 있기 때문에 유사한 공감 능력을 갖추고 있다고 설명했다. 그러나 동시에, 인간은 그들이 처한 환경이나 생활 습관, 교육의 차이에 의해 뚜렷한 차이를 나타낼 수 있다. 이런 관점에서 보면, 인간은 비슷한 본성을 가진 존재이기에 평등하다고 할 수 있으

---

17 "子曰性相近習相遠也.", 『論語』 「陽貨」.

나, 공자는 이에 반대하는 입장을 나타낸다.

하늘에서 주어진 본성, 즉 인간의 근본적인 특성은 평등하지만, 공자는 이를 구분하여 인간을 여러 종류로 나눈다. 다시 말해, 인간의 본성은 후천적인 학습과 개인의 노력에 따라 달라진다고 본 것이다. "인간존재의 근본이나 기초인 하늘의 존재를 인정하면서도, 인간을 평등한 시각에서 바라보는 것이 아니라 '군자'와 '소인'으로 나눈 것이다."[18] 이러한 분류에 따르면, 인간은 가장 이상적인 인격체인 성인, 현인, 군자, 그리고 소인 등으로 나누어진다. 여기서의 전제는 인간이 평등하고 동등한 권리를 가지고 있지 않다는 것이다.

공자보다 약 200년 전에 활동한 관자管子라는 인물은 사회가 사농공상의 분업과 계급 체계를 중시하고 있음을 이해했다. 공자 또한 사회에서의 분업이 필요하다는 점을 인정했다고 볼 수 있다. 동시에 공자는 "너는 군자의 유儒가 되어야지 소인의 유가 되어서는 안 된다."[19]고 하여 군자와 소인 간의 구분을 명확히 했다. 이처럼 그는 군자와 소인을 구분하고, 제자에게 군자가 될 것을 강조하였다.

군자와 소인은 배우는 방식이 달라 일상에서의 행동도 차별적이다. 군자는 인과 예를 익힌 도덕적인 사람인 반면, 소인은 개인의 이익을 우선시하여 행동하는 지식인이다. 공자의 관점에서 군자는 자기 수양과 타인의 안정을 동시에 추구하는 인물이라면, 소인은 타인을 배려하지 않고 물

---

18 橋本敬司, 「孔子の人間観と聖化: 王陽明の人間理解に向けて」, 『漢文教育 17号』, 漢文教育研究會, 1993, p. 90.
19 "女爲君子儒 無爲小人儒.", 『論語』 「雍也」.

질적인 관점에서만 생각하는 존재이다. 그래서 "군자는 화和의 입장을 취하고 동同의 상황을 공유하지 않으며, 소인은 동同의 입장을 취하지만 화和의 입장은 아니다."[20]라고 하였다. 이는 군자와 소인 간의 뚜렷한 차이를 보여준다. 화和는 조화를 의미하고, 조화는 함께 어울리는 것을 뜻한다. 동同은 동등함을 의미하며, 이는 곧 평등을 나타낸다.

그렇다면 군자는 왜 화의 입장을 견지하고 소인은 동의 입장을 주장하는가? 소인들은 군자들과 평등을 요구하면서 동의 입장을 취한다면 군자들은 그들의 무너져 가는 전통적 체제를 유지하기 위해 자기 내부 상하 간의 화, 즉 화합과 조화의 세계관을 펼친다.[21] 이와 같이 소인과 군자는 대치되는 존재로 인식된다. 소인들은 농업의 발전과 물류의 확장 덕분에 재산을 모으고 경제적 규모가 커짐에 따라 사회적 위치를 확보하게 되었다. 그러나 계급사회에서 발생하는 차별적인 상황을 피해 갈 수는 없었다. 이로 인해 소인들은 정치적 권력을 가진 군자들과 동등한 지위를 요구했다고 해석할 수 있다.

군자들은 사회의 안정성과 조화를 위해 계급 간의 질서를 지켜야 한다고 생각했다. 또한 이러한 안정성을 유지하기 위해서는 계층 간의 일치가 필요하다고 믿었다. 공자는 화합을 이루기 위해 인仁이라는 도덕적 가치를 중시하며, 예와 악의 개념도 강조했다. 이는 위계적인 질서를 세우기 위한 시도였다.

공자가 바라본 인간은 불균형한 존재이며, 계급 질서를 따라야 한다는

---

20 "君子和而不同 小人同而不和.", 『論語』 「子路」.
21 송영배, 『中國社會思想史』, 한길사, 1986, p. 92.

압박을 받는 존재였다. 그는 모든 사람이 동등한 것이 아니라 지배하는 계층과 지배를 받는 계층이 존재함을 명확히 하였고, 특히 권력을 가진 자들의 인격 수양의 중요성을 강조했다.

앞서 언급한 것처럼 이는 당시의 혼란스러운 상황과 관련이 있다. 사회, 경제, 정치적으로 변화가 일어나는 시점에서 이러한 변화를 어떻게 안정적으로 이끌어갈 것인지에 대해 공자는 주나라의 봉건 체제를 다시 확립해야 하며, 통치자는 자신의 인격을 바탕으로 민民에서 떨어진 계층 즉, 소인이라 불리는 사람들을 도덕적으로 이끌어야 한다고 보았다.

2. 맹자의 인간 이해

전국시대의 맹자는 사회의 분업과 경제 규모의
확대에 따라 이해관계가 충돌하는 인의 계층을
대인과 소인으로 나누고 대인의 지배 체제가 정
당함을 주장하면서, 동시에 대다수의 국가 구성
원인 민이 안정될 수 있도록 하는 사상을 일관
되게 전개하였다. 이러한 사상은 공자의 이념
과 유사하며, 봉건적 지배 질서를 유지함으로써
사회적 안정을 확보하고자 했다고 볼 수 있다.

맹자의 성선설

맹자孟子(B.C.372-B.C.289)의 시대는 전국시대(B.C.402-B.C.221)로 이때는 춘추시대보다 더욱 혼란한 시기로 평가된다. 춘추시대에는 존왕양이尊王攘夷라는 명분 아래 전투가 발생했다면, 전국시대는 힘이 약한 국가는 강한 국가에게 합병되는 것이 당연시될 만큼 혼란스러웠다. 전쟁은 대규모로 벌어지며, 종종 오랜 시간 동안 계속되기도 했다.

맹자는 이런 혼란의 시대를 끝내기 위해, 공자와 유사하게 여러 나라를 다니며 왕도정치 이론을 펼쳤다. 그 당시 유학과 경쟁하는 다른 사상도 많았는데, 주로 도가의 장자와 묵자가 유명했다.

성인인 왕이 나타나지 않자, 제후들은 방자하게 행동하고 초야의 선비들은 제멋대로 이야기하며 양주와 묵적의 학설이 세상을 가득 메우고 있어 세상의 주장은 양주로 향하거나 묵적에게 귀속되었다. 양주는 오직 자신을 위해 행동한다. 이는 군주가 없는 상황이다. 묵자는 겸애를 강조한다. 이는 부모가 없는 상황이다. 부모와 군주가 없는 것은 짐승과 큰 차이가

없다.[1]

맹자는 그 시대의 도가사상과 연관된 양주와 묵자를 강력하게 비판했다. 이는 그들의 사상이 국민들 사이에서 인기를 끌었다는 것을 나타내며, 맹자는 공자처럼 사회적 위계를 엄격히 지키고자 했다. 따라서 그는 군주제에 반대하는 양주와 묵자의 사상을 꾸준히 반대했다. 특히 서로를 사랑하고 이롭게 하는 '겸상애 교상리兼相愛交相利'라는 개념은 묵가의 주요 사상으로, 유학과 동등한 영향력이 있었다. 즉, 묵자는 보편적인 사랑과 인애를 추구하며 자신의 부모와 다른 사람의 부모에 대한 존경과 사랑에는 차별이 없어야 한다고 주장했다. 위에서 언급했듯이 인仁은 효와 제를 기초로 하고 있다. 효제는 자신의 가정과 공동체를 우선시하기 때문에 한정된 사랑의 형태를 띠게 된다. 맹자는 이러한 점에서 묵자와 겸애兼愛를 주장하는 이들을 부모가 없는 사람으로 간주했다. 이는 유학이 그 당시 경쟁적으로 존재한 사상에 의해 도전받고 있음을 보여준다.

이러한 철학적 경쟁에서 우위를 점하기 위해 제안된 인간에 대한 관점이 바로 맹자의 사상을 기반으로 하는 '성선설性善說'이다. 이 시기에는 공자의 시대와는 달리 인간의 본성에 대한 이론적 논의가 시작되어 활발하게 진행되었다. 맹자는 고자와의 논쟁에서 이 성선설을 강조하였다.

『시경』에는 이렇게 언급된 것이 있다. "하늘이 모든 백성을 낳았으니, 사

---

1 "聖王不作 諸侯放恣 處士橫議 楊朱墨翟之言盈天下 天下之言 不歸楊 則歸墨 楊氏爲我 是無君也 墨氏兼愛 是無父也 無父無君 是禽獸也.",『孟子』「藤文公 下」.

물이 존재하면 반드시 법칙이 따른다. 사람들은 본래의 순수한 마음을 지니고 있어 이 훌륭한 미덕을 좋아하게 된다."[2]

인간의 본성에 대한 고자와 맹자의 입장은 다르다. 고자는 인간의 본성이 선도 아니고 악도 아니며, 환경과 교육에 따라 달라진다고 주장하였다. 고자는 인간의 본성을 물에 비유하여, 물이 동쪽으로 흐르든 서쪽으로 흐르든 그것은 지형의 영향에 따른 것이지 그 자체로는 방향성이 없듯이, 인간의 본성도 선악의 구분이 없다고 본 것이다. 따라서 고자는 인간의 본성을 가치 중립적으로 파악하며, 도덕적 행위는 후천적인 교육과 환경의 영향으로 형성된다고 보았다.

맹자에 따르면 인간은 모두 하늘의 자손이다. 하늘은 사람에게 '이彝'의 본성을 인간에게 부여했다. 하늘의 덕성을 품부받은 인간은 아름다운 덕을 좋아하게 된다. 그러므로 인간은 선한 본성을 지닌 존재인 것이다.

맹자께서는 이렇게 말씀하셨다. "사람들의 감정을 말하자면 그들을 선하다고 표현할 수 있으니, 내가 이르는 바는 바로 이것이 선함이다. 측은한 마음은 모든 이에게 존재하며, 부끄러움을 느끼는 마음은 누구에게나 있으며, 공경하는 마음은 모두에게 있다는 것이다. 그리고 옳고 그름을 판단하는 마음 또한 모든 사람이 가지고 있으니, 측은한 마음은 인으로, 부끄러움을 느끼는 마음은 의로, 공경하는 마음은 예로, 옳고 그름을 판단하는 것

---

2 "詩曰 天生蒸民 有物有則 民之秉彝 好是懿德.",『孟子』「告子 上」.

은 지혜로 이어진다."[3]

인간은 하늘의 후손이기 때문에 모든 인간은 마음속에 사단과 사덕을 지니고 있다고 간주된다. 따라서 인간의 본성은 선하다고 할 수 있다. 맹자는 인간 본성이 후천적으로 형성되거나 변화할 수 없다고 믿었다. 그렇다면 인간은 맹자가 언급한 대인과 소인 모두 선천적으로 하늘로부터 받아들인 고귀한 본성을 갖춘 존재라고 할 수 있다. 맹자는 인간 본성이 선하다는 근거를 하늘에서 찾아 제시했다. 이는 자신의 주장을 가장 고귀한 하늘에 근거 지어 반론을 막고자 하는 것이며, 권위를 강조하는 의도가 뚜렷하게 드러난다.

이러한 성선설의 주장은 맹자 당시의 시대적 혼란상을 극복하고 민의 안녕한 생활이 보장되는 "봉건적 이상 사회의 실현을 위하여 제창된 것이기에 봉건적 요소를 탈피하지는 못한다."[4]고도 할 수 있다. 성선설이 봉건제의 역사적 배경 속에서 등장했지만, 모든 인간이 착한 존재임을 밝힌 것은 매우 소중한 주장이다. 그럼에도 불구하고 성선설은 "원래 착한데 악이 생기는 이유는 무엇인가?"라는 질문에 명확한 해답을 제시하지 못하는 한계가 있다.

무릇 내 안에 있는 사단을 키울 수 있다면, 이는 마치 불꽃이 번지는 모습

---

3 "孟子曰 乃若其情 則可以善矣 乃所謂善也 惻隱之心 人皆有之 羞惡之心 人皆有之 恭敬之心 人皆有之 是非之心 人皆有之 惻隱之心 仁也 羞惡之心 義也 恭敬之心 禮也 是非之心 智也.",『孟子』「告子 上」.
4 구본명, 외 3인,『新譯四書 孟子』, 현암사, 1965, p. 252.

이나 샘물이 흘러가는 모습처럼 보일 것이다. 진심으로 이것을 늘리고 채운다면 사해를 지킬 수 있을 것이고, 반대로 이를 확장하고 보충하지 못한다면 부모를 제대로 모실 수 없을 것이다.[5]

사단의 발현과 선악

하늘이 부여한 사단과 사덕은 모든 사람에게 존재하지만, 그 내용이 마음속에 완전히 채워지지 않는다. 그래서 악행이 발생할 수 있는 가능성이 존재한다. 이 때문에 맹자는 사람들에게 사단과 사덕을 끊임없이 마음에 확장하라고 강조한다. 만약 마음이 그것으로 가득 차게 되면 세상을 지키는 힘이 생기지만, 채워지지 않는다면 부모를 제대로 모시는 것도 어렵다고 생각한다. 이런 면에서 맹자의 성선설은 한계가 뚜렷하게 나타난다. 즉, 인간은 하늘에서 부여받은 본성이 있음에도 불구하고 악행이 나타나며, 동시에 후천적인 노력을 통해 사단을 늘려야만 선천적인 본성을 현실에서 구현할 수 있다는 것이다.

사람은 공부를 하지 않고도 선과 악을 구별할 수 있으며, 배우지 않아도 선한 행동을 할 수 있는 존재이다. 이러한 '양지良知와 양능良能'은 인간이 하늘로부터 착한 본성을 부여받았기 때문에 가능하다.

사람이 배우지 않고도 할 수 있는 것은 양능이라 하고, 생각하지 않고도 아

---

5 "凡有四端於我者 知皆擴而充之矣 若火之始然 泉之始達 苟能充之 足以保四海 苟不充之 不足以事父母.",『孟子』「公孫丑 上」.

는 것을 양지라 한다.[6]

인간은 본질적으로 도덕성을 이해하고 실행할 수 있기 때문에 고귀한 존재로 여겨진다고 볼 수 있다. 하지만 이러한 도덕적 능력만으로는 완벽한 윤리적 행동을 실현할 수 없다고 생각한다.

맹자는 "정성을 다하는 사람은 자신의 본질을 이해하게 되고, 본질을 이해하게 되면 천리도 깨닫게 된다. 이 마음을 지키고 본질을 계발하는 것은 하늘을 공경하는 것이다."라고 말했다.[7]

선한 본성을 이해하기 위해서는 자신의 감정을 자극하고 발전시키는 훈련이 필요하다. 본성은 하늘에서 주어진 것이므로, 본성을 이해하는 것은 결국 하늘을 이해하는 것과 밀접하게 연결된다. 그래서 맹자는 하늘이 준 마음을 지키면서, 본성을 키우는 존심양성存心養性의 중요성을 강조하며, 이를 하늘에서 부여받은 인간성을 드러내는 과정으로 간주했다.

비록 인간이 하늘로부터 선한 본성을 받았다고 하더라도, 후천적으로 부정적인 감정을 다스리며 본성을 기르는 수양을 해야만 하늘의 성향을 표현할 수 있다고 보았다.

맹자가 살던 시기는 철기 농업의 발달로 경제 규모가 이전보다 많이 성

---

6 "孟子曰 人之所不學而能者 其良能也 所不慮而知者 其良知也.",『孟子』「盡心 上」.
7 "孟子曰 盡其心者 知其性也 知其性則知天矣 存其心養其性 所以事天也.",『孟子』「盡心 上」.

장한 시기였다. 농업에서 철제 농기구와 소를 이용한 농법이 확산되면서 생산성이 비약적으로 향상되었다. 이러한 생산성의 향상으로 인해 교역과 판매를 위한 시장이 생겨났고, 이에 따라 이전에는 없었던 도시가 형성되었다. 도시에서는 자급자족의 경제 활동을 넘어 분업이 자리 잡기 시작했다. 그러나 맹자는 농업과 전쟁 무기의 발달로 사회가 불안해질 것을 염려하여 자신의 직업에 맞는 일의 중요성을 강조했다.

> 대인이 수행해야 할 일이 있고 소인이 해야 할 일이 있다. 어떤 이는 정성으로 노력하며, 또 다른 이는 육체적으로 힘을 다해 일하니, 정성으로 노력하는 사람은 낮은 지위의 사람을 통치하게 되고, 육체적으로 힘을 다하는 사람은 높은 지위의 사람에게 지배를 받게 된다.[8]

당시 사회에서는 사람들을 대인과 소인으로 나누고 각자 맡은 역할이 다르다고 여겼다. 어떤 이는 권력을 행사하는 위치에 있어야 하고, 다른 이는 그 권력을 따르는 위치에 있어야 한다고 생각했다. 맹자가 생각한 대인은 "생각하는 사람이다. 생각을 통해 외부 사물의 유혹에 넘어가지 않는다."[9] 이와 같이 대인이 인격적으로 뛰어난 사람이라면, "소인은 물욕의 만족을 삶의 목적으로 삼는다."[10]고 하여 물질적 욕구만을 추구하는 사

---

8 "有大人之事 有小人之事 惑勞心 惑勞力 勞心者治人 勞力者治於人.", 『孟子』 「藤文公上」.
9 김종미, 「맹자의 천인합일과 審美意識」, 『중국문학』 24, 한국중국어문학회, 1995, p. 128.
10 예수백, 「맹자의 성선설과 정치이론」, 울산대 박사논문, 2017, p. 125.

람을 소인으로 보았다. 또한 소인은 대인을 먹여 살려야 하는 의무를 진다고 보았다.

> "사士는 무슨 일을 전문적으로 합니까?" 맹자는 이렇게 말했다. "단지 인과 의를 따르는 것뿐이다. 한 명의 무고한 사람이라도 죽이는 것은 인에 반하는 일이며, 자신의 것이 아닌 것을 빼앗는 것은 의에 위배되는 행위이다. 인을 지키고 의를 따르는 것이라면 위대한 인물의 행동이 이미 갖춰진 것이라 할 수 있다."[11]

여기서 사士는 대인이다. 지배자 계층에 포함되는 인물이 바로 대인이다. 맹자는 무고한 사람의 생명을 빼앗거나 부패한 방법으로 재산을 욕심내는 사람은 대인이 될 수 없다고 생각했다. 이는 지배층이 도리와 정의에 기반하여 국민을 이끄는 것을 대인의 책무로 여겼기 때문이다.

물질적인 욕망만을 생각하는 소인은 그 당시 상업이 발전하면서 재산을 축적한 상인들을 의미한다. 이러한 상인들은 공자가 언급한 것처럼 동등한 가치를 추구한다. 소인은 재산을 바탕으로 대인과 맞먹는 사회적 지위를 원한다. 이런 일이 일어나면 신분 계급사회가 무너지게 되므로, 이를 염려하여 제안된 것이 바로 직업에 따른 신분 질서이다.

맹자가 제시하는 대인과 소인은 각각 다음과 같은 특성을 나타낸다. 대인은 도덕적이고 이성적인 삶을 추구한다. '대체大體'를 따른다. 여기서

---

11 "士何事 孟子曰 殺一無罪非仁也 非其有而取之 非義也 居仁由義 大人之事.", 『孟子』 「盡心 上」.

대체란 이성적이고 공정한 판단을 의미한다. 대인은 자신의 욕망을 절제하고, 공익을 우선시하며, 도덕적 원칙을 지키고, 타인의 이익을 고려하며 사회적 책임을 다하려고 노력한다. 이에 반해 소인은 자신의 이익과 욕망을 우선시한다. '소체小體'를 따른다. 여기서 소체란 감정적이고 자기중심적인 욕망을 의미한다. 소인은 개인의 만족을 최우선으로 하며, 도덕적 원칙보다는 자신의 이익을 추구하고 종종 타인의 이익을 무시하고, 사회적 책임을 회피하려고 한다.

서주시대 이후 전통적으로 권력을 가지고 있던 귀족은 군자라 불리며, 지배받는 일반 계층은 소인이나 민民으로 나타났다. 춘추시대가 시작되면서 철로 만든 농기구의 발전과 목축의 확대로 농업 생산 기술이 크게 향상되었고, 그로 인해 예전의 농노 신분에서 벗어난 계층은 일반 민民과 다르게 특별히 소인으로 불리게 되었다.[12] 따라서 소인은 춘추시대 이후 경제적 성장과 더불어 부를 축적한 신흥 지주계급이라 할 수 있다.

이들은 대인의 통치에 반발하고 끊임없이 동同의 위치를 요구하였다. 맹자는 이러한 소인의 저항을 사전에 차단하고자 하였다. 이것이 맹자가 국가를 인仁과 의義를 토대로 이끌어 나가야 한다는 것을 강조한 이유 중 하나이다. 즉, 무고한 소인을 무차별적으로 처벌하거나, 비도덕적인 방식으로 소인의 재산을 빼앗아서는 안 된다는 것이다. 이러한 행동은 소인들의 반발을 초래할 수 있으며 사회의 불안정 요소가 될 수 있기 때문이다.

---

12 송영배 저, 『中國社會思想史』, 한길사, 1986, p. 88.

왕도정치와 인간의 존엄

왕도정치를 강조한 맹자는 민民의 존재를 중시하였다. 위에서 언급한 것처럼 민은 인人과 다른 계층이다. 맹자는 "민이 가장 귀하고, 사직이 그 다음이고, 군왕은 가벼운 존재이다."[13]라고 하였다. 이와 같이 민을 가장 중시하기 때문에 맹자의 사상을 '민본주의'라고 한다. 민은 나라를 구성하는 절대다수의 계층이다. 이러한 계층을 가장 중시했다는 점에서 인본주의 사상을 내포한다고 볼 수 있다.

그럼에도 불구하고, 맹자는 민이 정치에 개입하는 것을 원하지 않는다는 점에서 한계가 있다. 정치는 인과 의의 원칙에 기반하여 대인이 이끌어야 하므로 민에게 정치 참여의 기회는 없다. 이로 인해 민은 사회적 책임에 대해서 어떤 자율성도 인정받지 못한다. 민은 항상 대인에 의해 수동적으로 다스려지는 객체일 뿐이다. 이런 관점에서 볼 때, 민본을 민주주의로 간주하기는 어렵다. 맹자의 민본주의와 현대 민주주의는 다음과 같은 차이를 지적할 수 있다.

첫째, 통치 주체의 측면에서 민본주의는 군주가 통치의 중심인 반면, 민주주의는 국민이 통치의 중심이다. 둘째, 정치 참여의 측면에서 민본주의에서는 군주가 백성을 위해 통치하지만, 민주주의에서는 국민이 직접 정치에 참여할 수 있다. 셋째, 역사적 배경으로 보면 민본주의는 동양의 전통적 정치 사상에 기반을 둔 반면, 민주주의는 서양의 근대 정치 사상

---

13 "孟子曰 民爲貴 社稷次之 君爲輕.",『孟子』,「盡心 上」.

에서 발전한 것이다.

민을 가장 귀한 존재로 여긴 것은 당시의 사회적 배경에서 정치적 안정을 추구한 결과였다. 대다수의 민이 안정되어야 사회가 평화롭게 지속될 수 있다고 여긴 것이다.

이와 같이 전국시대의 맹자는 사회의 분업과 경제 규모의 확대에 따라 이해관계가 충돌하는 인의 계층을 대인과 소인으로 나누고 대인의 지배 체제가 정당함을 주장하면서, 동시에 대다수의 국가 구성원인 민이 안정될 수 있도록 하는 사상을 일관되게 전개하였다. 이러한 사상은 공자의 이념과 유사하며, 봉건적 지배 질서를 유지함으로써 사회적 안정을 확보하고자 했다고 볼 수 있다.

3. 노자의 인간 이해

노자는 사람들이 복잡한 사회 속에서 자연스러움을 잃어버리고 인위적인 것에 집착하며 살아가는 것을 안타깝게 여겼다. 이에 '영아'와 '적자'라는 개념을 통해 인간이 본래 지니고 있는 순수한 마음과 자연스러운 상태로 돌아가야 한다고 강조했다. 즉, '영아'와 '적자'는 노자 철학의 핵심 개념으로, 인간이 추구해야 할 이상적인 삶의 모습을 보여준다.

무위자연의 도와 음양

노자는 인간을 포함해 모든 것은 도에서 생성되었다고 선포했다. 도는 생성의 주체이면서 자신을 분화시켜 나간다.

> 도는 하나로 변하고, 하나는 둘로 변화하며, 둘은 셋으로 전환되고, 셋은 모든 것으로 변화하며, 모든 것은 음을 뒤로하고 양을 받아들이며 힘을 통해 조화를 이룬다.[1]

노자의 도는 생성의 주체이다. 위에서 도道는 '하나로 변화한다'고 했는데, 하나는 도의 또 다른 명칭이다. 『도덕경』 22장 '혼이위일混而爲一', 39장 '포일抱一', 14장 '석지득일자昔之得一者'에서의 하나는 모두 도를 상징한다. 도는 만물이 분화되기 이전의 모습이고 하나는 도가 변화와 생성의 작용으로 표현된 것이다. 도는 형체가 없고 이름이 없어 개념화할 수 있는 대상이 아니다. 이를 개념화한 것이 하나이다. 따라서 하나는 도의 자기 전개 과정이면서 도의 개념화라고 할 수 있다.

---

1 "道生一 一生二 二生三 三生萬物 萬物負陰而抱陽 沖氣以爲和.",『道德經』42章.

"하나는 둘로 변화한다." 그렇다면 둘은 무엇인가? 둘이 무엇을 의미하는지를 알기 위해서는 하나를 알아야 한다. 『도덕경』에서는 도가 '있음'과 '없음'을 모두 포괄한다고 본다.

> 도를 언급하면 항상 완전한 도는 아니고, 이름을 정하면 항상 정확한 이름이 아니다. 무는 우주의 시작을 의미하는 것이고, 유는 모든 것의 어머니를 가리키는 표현이다. 이 두 가지는 본질상 동일한 것이며, 나타날 때 이름만 달라진 것이다.[2]

도는 무와 유를 모두 포괄하며 이것은 모두 도에서 나왔다. 따라서 둘은 유와 무를 의미한다. 이는 음양이 아니다. 음양은 있는 것, 즉 유의 의미를 지니기 때문이다. 있는 것만을 중시하면 없는 것, 즉 무는 포함되지 못한다. 따라서 둘은 있는 것과 없는 것의 총합이라 할 수 있다. 이러한 둘은 셋으로 화한다.

셋은 무와 유의 합인 둘에서 생성의 과정으로 변화한 것인데 유는 음과 양을 의미한다. 따라서 셋은 무와 음양을 의미한다. "기가 약동하여 음양의 이기가 생기고, 음양 기운의 작용으로부터 세상의 모든 것이 생겨난다."[3] 그러므로 음양은 서로 반대되는 특성을 나타낸다. 이 서로 다른 성격이 무의 기반 위에서 생명을 생성해 낸다. 노자는 현상 세계의 모든 것

---

2 "道可道非常道也 名可名非常名也 無名天地之始 有名萬物之母 此兩者同出異名.", 『道德經』 1章.
3 黒木賢一, 「東洋における氣の思想」, 『大阪経大論集』 第56巻 第6号, 2006, p. 93.

이 음과 양으로 이루어져 있다고 믿었다. 음양은 다른 방식으로 말하면 기라고 할 수 있다.

기의 흐름에 의해 음양이 나타나고, 이 서로 대립하는 특성 덕분에 세상의 모든 것이 생성된다. 인간 역시 음양의 작용으로 생성된 존재이다. 그래서 동양의 전통적인 사고에서는 인간이 음양의 상징인 하늘과 땅과 연결된 존재로 이해된다.

인간은 모든 존재 중에서 독특하게 능동적으로 활동할 수 있는 생명체로서, 자연의 변화에 따를 뿐만 아니라 그 변화를 이끌어 낼 수도 있는 존재이다. "인간은 천지 사이에 의거하고, 주체적 능동성을 갖추었다. 천지 화육에 참여할 수 있다."[4]는 말이다. 그런 점에서 인간은 천지와 동류의 기를 가진 존재이다.

만물은 음과 양의 조화를 이루어 가며, 이러한 조화를 만드는 것은 순수하고 깨끗한 기운인 충기沖氣이다. 여기서 충은 도와 관련이 있다. 충은 비어 있는 상태를 의미하며, 비워져 있기 때문에 모든 것을 받아들일 수 있으며, 이것이 도의 형태가 된다. 그러므로 도는 비어 있지만, 그것을 아무리 활용해도 결코 고갈되지 않는다. 이를 임채룡林采龍은 "충은 혼연일체가 되어 있다는 뜻이다. 즉 음과 양이 혼연일체가 되어 화합되었다."[5]고 표현하였다.

음양을 조화시키는 것을 충기라 했는데 이는 노자의 사유 체계를 명확

4　林安梧,「關於《老子道德經》「道, 一, 二, 三及天地萬物」的幾點討論」,『東華漢學』第7期, 2008, p. 13.

5　임채룡,「도연명의 작품에 나타난 노장사상」,『범한철학』9, 범한철학회, 1994, p. 408.

하게 보여주는 것이다. 유학에서는 음양이 만물을 생하게 하는 기운이라고 인식하는 데 반해, 노자는 음과 양만으로는 인간을 포함한 만물이 생겨날 수 없다고 주장한다. 그 음양을 조절하는 것이 요구되는데 이를 충기라 표현했다.

음양은 유有에 해당하는 것이다. 도는 유만 있는 것이 아니라 무無도 함께한다. 유와 무는 함께 도에서 나온 것이다. 그렇다면 만물은 유와 무가 함께해야 한다. 음양만 있다고 한다면 그것은 유만 있는 것이 되는데 노자는 그것만으로는 만물이 생성될 수 없다고 보았다. 음은 수축을 지향하고, 양은 팽창을 지향한다. 그렇다면 음과 양이 서로 만날 수 없다. 그러한 음과 양을 하나로 만나게 해서 만물을 생성하게 하는 기운이 충기인 것이다. 충기는 텅 비었기에 음양이 조화를 이룰 수 있고, 비었기에 부드러울 수 있다.

『도덕경』에서는 "기운을 모두 하나로 모으고 부드러움을 철저히 해서 아기처럼 될 수 있을까?"[6]라고 하였다. 기운을 모두 하나로 모은다는 것은 기운을 기운 그 자체에 맡긴다는 것이다. 즉 인위적으로 기운을 통제하지 않아야 기가 스스로의 힘을 발휘할 수 있게 된다는 것이다. 동시에 부드러움을 철저하게 한다는 것은 자율성을 부여한다는 것이다. 누구의 간섭과 통제가 없이 스스로가 주체가 되어 자율적으로 자신을 실현해 나가는 것이 부드러움의 극치에 이르는 것이며 그 대표적인 표상이 영아어린아이]이다.

---

6 "專氣致柔 能如嬰兒乎.", 『道德經』 10章.

영아는 노자에게 도를 상징한다. 영아는 무엇에 집착함이 없고 순수하고 소박하기 때문이다. 동시에 영아는 부드러움의 상징이기도 하다. 부드럽다는 것은 곧 생명성이 충실하다는 의미가 된다. 반대로 굳고 딱딱한 것은 죽음에 가까운 것이 된다. 노자는 부드러움과 유연함이 생명의 근원이라 보았다. 그렇게 된다는 것은 자신의 아집과 집착이 없는 상태이다. 즉 마음이 텅 비어 있어야 한다는 것이다. 텅 비었기에 음양의 생명 운동이 스스로 주체적이고 자율적으로 자신의 생명성을 실현해 나갈 수 있는 것이다. 인간도 이러한 도의 자기 전개 과정에서 생성된 존재이다.

인간의 욕망과 문화의 최소화

또한 노자는 인간이 창조하는 문화를 최소화할 것을 주장했다. 문화는 자연 상태에 인위적인 힘을 가하여 변화시키거나 새로운 것을 창출해 내는 것의 총칭이다. 그런 점에서 문화는 인위적이다. 인간은 끊임없이 자연과의 신진대사를 통해 생존하지만 좀 더 효율적으로 자연을 활용하기 위해 문화를 창출해 나가는 존재이다.

문화에는 물질문화와 비물질문화가 있다. 이들은 모두 인간이 자연의 제약을 극복하고 인간의 삶을 한 차원 높이려는 의도에서 만들어진다. 그러나 노자는 이러한 문화를 부정적으로 이해했다.

오색은 시각을 혼란스럽게 하고, 오음은 청각을 마비시키며, 오미는 미각을 상하게 한다. 말을 타고 질주하며 사냥하면 사람의 정신을 이상하게 만

들고, 구하기 힘든 소중한 재물은 사람의 행동을 왜곡시키게 된다.[7]

〈오행표〉

오행	木	火	土	金	水
방향	東	南	中央	西	北
계절	春	夏	四季	秋	冬
색	靑	赤	黃	白	黑
맛	신맛	쓴맛	단맛	매운맛	짠맛
성질	仁	禮	信	義	智
수리	3, 8	2, 7	5, 10	4, 9	1, 6
오장	肝	心	胃	肺	腎
동물	靑龍	朱雀	句陳, 騰蛇	白虎	玄武
오음	角	徵(치)	宮	商	羽

오색, 즉 다섯 가지의 빛깔은 오행에 근거하여 청·적·황·백·흑의 색을 의미한다. 오행은 인간이 자연계의 현상을 다섯 가지의 범주로 분류한 것이다. 인간이 인위적으로 자연을 구분하고 인간의 주관으로 설명을 가한 것이다. 색은 시각적인 현상과 관련되며 인간의 눈에 보이는 사물과 자연현상을 모두 포함한다.

오음, 즉 다섯 가지 소리는 각·치·궁·상·우의 음정을 의미한다. 세상에 존재하는 소리를 다섯 개의 범주로 구분하여 설명한 것이 오음이다. 이는 인간의 청각과 관련된 것으로, 인간은 이 오음을 기반으로 하여 음악을 만들어 듣는 존재이다.

---

7 "五色令人目盲 五音令人耳聾 五味令人口爽 馳騁田獵 令人發狂 難得之貨 令人行妨.", 『道德經』12章.

오미, 즉 다섯 가지의 맛은 신맛·쓴맛·단맛·매운맛·짠맛이다. 이는 인간의 미각과 관련된 것으로 인간은 자연에서 얻은 재료를 가공하여 음식을 만든다. 음식의 맛을 다섯 가지 범주로 분류하여 설명한 것이다.

이와 같이 오색과 오음, 오미는 인간의 감각과 관련된다. 입과 눈과 귀의 감각에 작용하여 인간을 구속한다. 인간의 감각은 좋고 나쁨이 있어 좋은 것은 더 취하려 하고 나쁜 것은 피하려 한다. 이 과정에서 더 좋은 것을 취하려는 욕구가 지속되면 욕망으로 전환된다. 욕망은 끊임없이 인간의 감각 활동을 작동시켜 채우려 한다.

노자는 바로 이 점을 우려했다. 인간의 욕망은 끊임없이 자극되어 결코 만족시킬 수 없기 때문에 만족하지 못한 욕망은 인간에게 괴로움과 고통을 줄 뿐이다. 예컨대, 한 가지 자기 눈에 드는 색을 본 경우 그보다 못한 나머지 수많은 색은 더 이상 눈에 기쁨을 줄 수 없다. 또한 한 가지 맛있는 음식을 맛본다면 그보다 못한 수많은 음식은 더 이상 맛있는 음식이 아니다. 하나의 훌륭한 음악을 듣고 나면 그보다 못한 수많은 음악은 더 이상 인간의 귀를 만족시킬 수 없다. 나아가 개인을 넘어서 만일 통치자가 자신의 욕망을 통제하지 못하면 더 많은 인구와 영토를 확보하기 위해서 전쟁도 불사할 것이다. 이러한 것은 인간에게 행복감을 주지 못한다. 하나의 만족이나 행복은 나머지 전부의 불행으로 돌아오는 것이다.

욕망이 인간의 본성의 발로라면 절제는 인간의 이성의 일이다. 만약 욕망이 충족의 내재적 근거라고 한다면 절제는 분별의 내재적 근거라고 할 수 있다.[8] 절제는 감성에 대한 이성의 우위와 감각기관에 대한 마음의 주도성을 보여준다. 욕망을 통제하지 못하면 인간이 이성에 의해 자기 주인으로 살지 못하고 감각의 지배에 종속되는 삶을 살아갈 수밖에 없다.

노자는 인간이 감각기관에 종속된 삶이 결코 행복한 삶이 될 수 없다고 말한다. 인간이 자연을 가공하여 감각적 욕망을 채우려는 것은 인간을 불행한 삶으로 이끌어 갈 수 있기에 이를 거부해야 한다고 본 것이다. 이런 맥락에서 생존과 무관한 쾌락 추구도 바람직하지 않다고 보았다.

인간은 태곳적부터 수렵을 해 왔다. 그러나 수렵으로는 대규모 인구가 생존할 수 없기에 농업으로 전환되었다. 노자 당시 농업 발달은 상당히 진전되었기 때문에 더 이상 수렵에 생존을 의존하지 않아도 되었다. 당시 말 타고 수렵하는 것은 귀족의 오락이었는데, 여기에 지나치게 탐닉하게 되면 사람의 마음이 발광한다는 것이다. 지나친 탐닉은 중독을 초래하고 중독되면 헤어 나오지 못하게 되어 결국 그 대상의 노예가 된다. 그렇게 되면 인간의 고귀함을 드러낼 수가 없다.

마찬가지로 노자는 얻기 힘든 보석이나 진귀한 것은 사람의 마음을 도에서 벗어나게 만든다고 보았다. 진귀한 재화는 누구나 원하는 것이기에 모두가 탐심을 내게 된다. 노자는 "획득하기 어려운 재화나 물건을 귀하게 여기지 않는다면 민중들이 도둑질하지 않을 수 있다."[9]고 하여 인간의 문화를 최소한으로 줄여야 한다고 강조했다.

---

8 장파 저, 백승도 옮김, 『중국미학사』, 도서출판 푸른숲, 2012, p. 186.
9 "不貴難得之貨 使民不爲盜.", 『道德經』 3章.

국가를 작게 유지하고 국민들을 소규모로 설정하라. 열 명이나 백 명의 군인들이 무기를 들고 있더라도 그것을 사용할 수 없게 만들고, 비록 배와 수레가 있더라도 그것에 대한 욕심을 없애라.[10]

이는 인간의 마음이 문화를 만들고 자연을 개조하여 인간의 삶을 개선한 것은 분명하지만 그와 동시에 인간을 오도하는 측면도 분명히 존재한다는 것을 말한 것이다.

노자는 문명 이전의 세상을 이상적인 세계로 제시한다. 소규모 원시공동체 사회가 바람직하고, 또 병기를 사용할 일이 없는 사회가 바람직하다고 하였다. 또한 배와 수레가 있더라도 그것을 쓸 일이 없도록 해야 한다고 했다. 수레와 배는 물자를 수송하는 것인데, 이를 하지 말아야 한다는 것이다. 자급자족이 이루어지면 배와 수레는 쓸 일이 없기 때문이다.

자급자족이 이루어진 원시공동체의 사회는 결승문자結繩文字[11]를 사용한다. 경제의 규모가 크지 않고 숫자를 사용할 필요가 거의 없다. 자기 노동력으로 자급자족이 이루어지다 보니 다른 지역의 음식이나 의복을 볼 수 있는 기회가 없다. 그러므로 자신이 섭취하는 음식이 가장 맛있는 음식이 되고, 자신이 입는 옷이 가장 멋진 옷이 되는 것이다. 그러한 사회를 유지하기 위해서는 개와 닭이 짖는 소리가 들리는 근접한 거리의 이웃 마

---

10 "小國寡民 使有什佰之器而不用 雖有舟輿 無所承之.",『道德經』80章.
11 결승문자의 사용에 대해『주역』에서는 다음과 같이 밝히고 있다; "아주 옛날에는 노끈을 묶어(결승문자) 다스렸는데, 후세의 성인이 글과 문서로 바꾸어 백관이 이것으로 다스리며 온 백성들이 이것으로 살피니 쾌괘에서 취하였다(上古 結繩以治 後世聖人 易之以書契 百官以治 萬民以察 蓋取諸夬).",『周易』「繫辭下傳」.

을과도 왕래하지 않아야 한다.

이렇듯 욕망을 철저하게 억제하면 인간은 감각적 욕망에서 해방될 수 있다. 즉 문화를 거부해야 인간이 행복해질 수 있다는 것이다. 그러므로 "스스로 충분함을 알면 세상에서 부끄러움이 없고, 욕망을 멈출 줄 알면 위태롭지 않다."[12]고 하여 '지족知足'과 '지지知止'를 말하였다. 물질적 욕망은 누구나 갖고 있지만 그것을 채우는 것은 불가능하다. 여기서 지족과 지지는 인간의 욕망을 부정하는 것이 아니라 절제함을 의미한다. 절제를 통해 이성이 감정을 지배할 수 있게 되고 동시에 자족自足함을 얻게 되어 자신이 사는 곳이 더 이상 불편하지도 않게 되고, 자신이 먹는 음식이 더 이상 맛이 없는 음식이 아니게 되며, 자신이 입고 있는 옷이 더 이상 누추하다고 생각하지 않게 된다.

일상에서 욕망으로부터의 해방은 물질문화의 확대가 아니라, 스스로의 충족과 지지를 통해 이루어진다는 것을 알게 되면 인간의 삶은 더 이상 괴롭지 않게 될 것이다. 그러므로 스스로를 만족시키는 것이 지족이며, 항상 만족하는 마음을 유지하는 것이 진정한 만족이다. 외부의 물질적 요소에 흔들리지 않고 항상 자신의 내면을 지키며 물질문명의 유혹에서 벗어나는 것이 진정한 만족이다. 항상 만족하는 마음을 가지면 불만족이 사라지게 된다.

도의 활동은 전개 과정과 수렴 과정을 반복한다. "도에서 만물로 나아감을 분화分化라고 하며 만물이 다시 도로 돌아감을 복귀라 한다."[13] 도는

---

12 "故知足不辱 知止不殆.", 『道德經』 44章.
13 김경수, 『老子譯註』, 도서출판 문사철, 2011, p. 535.

분화와 복귀를 반복하며 스스로 전개해 나간다. 인간을 포함하여 모든 것은 도의 전개 과정에서 생성되었지만 동시에 도로 돌아가는 존재이다.

> 웅雄을 알고서 자雌를 지키면 온 세상의 계곡물이 되고, 온 세상의 계곡물이 되면 항상 있던 덕이 떠나가지 않아 영아의 상태로 돌아간다. 무극으로 돌아간다. 순박함으로 돌아간다.[14]

여기서 우리는 도가 스스로 전개하는 모습을 볼 수 있다. 노자는 수컷과 암컷이 모두 필요하며, 그중에서도 암컷을 지켜야 한다고 말한다. 여자는 암컷에 비유되고, 음양에 비유하면 음이 된다. 수컷은 높이 솟은 산이 되고, 암컷은 계곡이 된다. 계곡을 보호해야 계곡물을 만들 수 있다. 낮은 위치에 있어야 높은 산에서 내려오는 물을 담을 수 있다. 바다는 가장 낮은 위치에 있기 때문에 모든 물을 수용할 수 있다. 이는 도의 자기 전개 과정과 일치한다고 보는 것이다.

영아嬰兒와 적자赤子

모든 것을 포용하는 것은 편견이 없는 상태이다. 좋고 나쁜 것이 없고, 유용함과 무용함의 구별이 없는 상황에서만 모든 것을 수용할 수 있다. 사람들은 유용한 것을 선호하고, 쓸모없는 것은 주저 없이 처리하려고 한다.

---

14 "知其雄 守其雌 爲天下谿 爲天下谿 常德不離 復歸於嬰兒 復歸於無極 復歸於樸.",『道德經』28章.

하지만 유용성과 무용성을 구분하는 것은 인간의 시각에 불과하다. 도의 관점에서는 어느 것이라도 쓸모가 없는 것이 없다. 도의 입장에 이르기 위해서는 시비분별의 마음을 벗어나야 한다. 노자는 그러한 상태를 지닌 인간을 '영아嬰兒'라고 부른다. 도의 전개 과정에서 인간이 태어났지만, 인간은 인위적인 문화와 문명을 창조하고 영위한다. 그것에는 시비분별이 존재하고, 그것은 인간을 도에서 멀어지게 한다. 도에서 멀어진 인간은 불만족스럽고 자신의 욕망을 충족시키기 위해 다른 사람과 갈등을 일으키게 된다. 이러한 상태를 극복하기 위해서는 도의 상태로 돌아가야 한다. 그 돌아간 상태가 바로 영아이다. 영아는 아직 시비분별을 모르고 '순수하게 무지무욕'[15]한 상태이다. 그래서 영아는 모든 것을 수용할 수 있다.

몸이 부드럽고 마음에 시비분별이 없는 영아는 모든 것을 있는 그대로 받아들인다. 그렇게 돌아가는 현상을 '무극'이라 하고, 동시에 '소박함을 회복했다'고 말한다.

> 두터운 덕을 품고 있는 사람은 갓난아이로 비유할 수 있다. 살무사·전갈·벌레·뱀이 독을 쏘지 못하고 사나운 맹금이나 사나운 짐승도 채가지 못한다. 뼈는 약하고 근육은 부드럽지만 움켜잡는 힘은 세다. 암컷과 수컷의 교합을 모르면서도 성기가 발기되는 까닭은 정력이 지극했기 때문이다. 종일토록 울어도 목쉬는 법이 없는 까닭은 조화로움이 지극하기 때문이다.[16]

---

15 홍석주 지음, 김학목 옮김, 『홍석주의 노자』, 예문서원, 2001, p. 58.
16 "含德之厚者 比於赤子 蜂蠆蟲蛇不螫 攫鳥猛獸弗搏 骨弱筋柔而握固 未知牝牡之合而

갓난아이는 덕을 품고 있기에 조화로움이 지극하다. 천지자연과 조화
로움을 이루었기에 생명성이 충만하고 모든 것과 더불어 하나가 되기에
무엇도 갓난아이를 해칠 수 없다. 성인이 갓난아이와 같은 덕을 지니기
위해서는 심성 수양이 필요하다.[17]

인간은 도의 전개 과정에서 태어났지만, 인위적인 문화로 인해 다시 도
에서 멀어지는 모순을 겪게 된다. 인간이 다시 도에 복귀하기 위해서는
심성의 수양이 필요하다. 수양을 통해 덕을 갖춘 사람을 노자는 '적자赤子
(갓난아이)'에 비유한다.

적자는 아직 탐욕이나 인위적인 것에 구애되지 않으며 시비분별의 마
음을 낼 줄 모른다. 그래서 자연스럽다. 자연스러운 것은 덕의 다른 표현
이다. 그래서 지극한 덕을 품고 있다는 것은 도에 따른다는 것을 의미한
다. 적자의 마음은 분산이 되지 않은 상태이다. 그래서 뼈와 근육이 약해
도 무엇을 잡겠다는 것에 마음이 가면 그 힘은 강하게 표출된다. 그것은
무엇을 잡겠다는 집착에 기초한 행위가 아니라 자연의 흐름에 따라 힘을
하나로 하였기 때문에 가능한 것이다.

도는 낳고, 덕은 기르고, 물物은 드러내고, 세勢는 이루게 한다.[18]

而朘怒 精之至也 終日號而不嗄 和之至也.",『道德經』55章.

17 蕭裕民,「論『莊子』的「德」字意涵: 個別殊異性」,『高雄師大學報』, 國立高雄師範大學,
2005.18, p. 159.

18 "道生之 德畜之 物形之 勢成之.",『道德經』51章.

덕을 함유하고 있다는 것은 곧 생명성을 확장하는 것임을 밝혀 주었다. 도는 자기 전개 과정을 통해 천지만물을 생성하게 하고 덕은 그것을 기르는 것이라 한 것이다. 여기서 덕은 도의 다른 표현이다. 즉 도가 생명성을 확장하게 하는 작용성을 표현한 것이다. 따라서 덕을 함유하고 있다는 것은 곧 생명이 자신의 가능성을 최대한 실현하는 토대가 될 수 있다.

영아의 상태로 복귀할 것을 강조한 노자는 문화를 창조하여 욕망을 채우려는 인간의 삶에 비판을 가한다. 욕망은 결코 채워질 수 없으면서 인간을 탐욕과 갈등의 상황으로 내몰게 된다. 노자는 이를 돌이켜 문화 이전의 순박한 상태로 돌아가야 생명성을 온전하게 발휘할 수 있다고 보았다. 그것은 자연으로의 복귀이며 인간다운 삶을 영위할 수 있는 근간이 된다고 주장했다.

영아는 아직 문화와 문명을 경험하지 않은 상태이다. 그래서 소박함을 지닌 채 온전하게 자기 삶을 살아 낼 수 있다. 그러한 영아 상태를 회복한다는 것은 당시 전쟁이 일상화되고 사회의 규모가 확대되는 상황에서는 쉽게 받아들이기 힘든 사유 방식일 수 있다. 그렇지만 인간이 행복해지기 위해서는 자신의 욕망을 멈춰야 한다. 개인이 욕망을 멈추면 자기 삶이 온전해지고, 제후들이 욕망을 멈추면 전쟁이 그쳐서 천하가 평화로워질 것이라 본 것이다. 노자는 평화로운 세상에서만이 모두가 자기 삶을 온전하게 살아 낼 수 있다고 보았다. 그래서 인간은 물질문명의 한계를 넘어서는 영아 상태로 돌아가야 한다고 강조하였다.

노자는 사람들이 복잡한 사회 속에서 자연스러움을 잃어버리고 인위적인 것에 집착하며 살아가는 것을 안타깝게 여겼다. 이에 '영아'와 '적자'라는 개념을 통해 인간이 본래 지니고 있는 순수한 마음과 자연스러운 상태로 돌아가야 한다고 강조했다. 즉, '영아'와 '적자'는 노자 철학의 핵심 개념으로, 인간이 추구해야 할 이상적인 삶의 모습을 보여준다.

노자가 제시하는 '영아'와 '적자'의 특징을 정리해 보면 다음과 같다. 먼저 영아嬰兒는 첫째, 순수하고 자연스러운 상태의 인간이다. 아직 세상의 번잡함에 물들지 않은 순수한 아기의 모습을 비유하여, 자연의 이치에 순응하고 인위적인 것을 멀리하는 이상적인 상태이다. 둘째, 무위자연 삶을을 살아가는 인간, 혹은 그 삶을 상징한다. 아기는 스스로 노력하지 않아도 자연스럽게 성장하듯이, 노자가 말하는 이상적인 삶은 별도의 노력 없이 자연스럽게 이루어지는 상태를 의미한다.

다음으로 적자赤子는 첫째, 순수한 마음을 잃지 않은 인간이다. 붉은 뺨을 가진 아기의 맑고 투명한 마음을 비유하여, 세상의 명예나 권력에 얽매이지 않고 순수한 마음을 유지하는 것을 의미한다. 둘째, 무욕의 인간을 상징한다. 아기는 욕심이 없고 오직 생존을 위한 본능적인 욕구만을 가지고 있듯이, 적자는 세상의 물질적인 것에 대한 욕심을 버리고 무욕하게 살아가는 사람을 의미한다.

영아와 적자는 둘 다 인위적인 것을 멀리하고 자연스러운 상태를 추구하며, 세상의 번잡함에서 벗어나 평화로운 삶을 살고자 하는 이상적인 인간상을 나타낸다는 점에서 서로 공통된다. 이에 반해 영아는 자연의 이치에 대한 순응을 강조하는 반면, 적자는 순수한 마음과 무욕을 강조한다는 점에 차이점이 있다 할 것이다.

4. 장자의 인간 이해

『장자』에는 초월적인 능력을 가진 인물이 여럿 등장한다. 이들은 처음에는 노력이나 학습을 통해 특정 기술을 배우지만, 나중에는 이를 내려놓고 도와 일체가 되는 과정을 통해 상상 이상으로 뛰어난 능력을 발휘하게 된다. 이는 직업뿐 아니라 국가를 운영하는 데에도 마찬가지로 적용되어야 한다는 주장을 내포하고 있다. 동시에 국가를 관리하든 개인의 직업으로 생계를 이어가든 간에, 자신의 마음을 가다듬어 도와 하나가 되어야 함을 보여준다. 또한 직업의 귀천을 떠나 모든 사람이 자신의 일을 통해 도를 깨닫고 도와 함께 나아갈 수 있다는 점을 강조한 것이다.

장자가 생각할 때 인간은 매우 연약한 존재로, 자연 속에서 제한된 공간을 차지하고, 짧은 생을 살아가고 있다. 이런 인간은 자신의 의지와는 상관없이 생명을 부여받아 원하지 않더라도 살아야 하며, 그의 욕망과는 무관하게 죽음을 맞이해야 한다.

인간은 자신이 어디서 와서 어디로 가는지와 어떻게 생성되었는지를 스스로 질문하고 답변을 얻고자 했는데, 장자에 따르면 인간의 정신은 도에서 비롯되고 육체는 정기에서 생긴다. 그는 인간의 정신이 도에서 발생한다고 믿었기에, 인간이 죽으면 본래의 자리로 돌아간다고 주장했다.

> 정신은 사방으로 트이고 흘러서 이르지 않는 곳이 없다. 위로는 하늘에 닿고, 아래로는 땅에 도사린 채 만물을 변화 육성하면서 그 모습은 보이지 않는다. 그 이름을 동제同帝라 한다.[1]

정신은 하늘과 땅에 모두 흘러 이르지 못하는 곳이 없고, 만물을 생하고 기르는 도와 함께하는 힘을 지니고 있다. 그래서 그 이름을 천제天帝와 같은 일을 한다고 하여 '동제同帝'라 한다. 이처럼 정신은 육체와 다른 성

---

[1] "精神四達並流 無所不極 上際於天 下蟠於地 化育萬物不可爲象 其名爲同帝.",『莊子』「刻意」.

질과 영향력을 지닌다고 본 것이다. 그래서 죽음이라는 현상은 정신과 육체가 분리되는 것이면서 도로 복귀하는 것으로 본다.

인간은 원하는 것을 쫓다가 그것을 얻지 못할 때 걱정과 두려움에 휩싸이게 된다. 이익을 둘러싼 분쟁과 갈등은 다른 사람은 물론 자신에게도 해를 끼친다. 장자는 이를 '외물'이라고 지칭했다. 몸과 마음이 어지럽게 어수선해지고 외부의 것에 사로잡혀 평생을 후회하며 살아간다면, 혹은 죽음에 이르러서도 후회만 한다면 정말 비참한 일이다. 장자는 목적을 알지 못하고 죽어 가는 존재에 대해 측은함을 느껴 왔다.

죽음은 육체의 소멸을 의미하며, 정신은 원래 자리로 돌아가는 것으로 이해되었다. '만물은 모두 흙에서 생성되어 흙으로 되돌아가는 것'[2]이라 하며, 『장자』에서는 육체의 구성 요소가 흙에서 출발하여 정기에 근원하여 생성된다고 보았다. 이와 같이 육체는 흙으로 구성된 것이며, 정신과 분리되면 다시 흙으로 돌아간다고 본 것이다. 육체가 흙으로 돌아간다고 해서 정신은 귀하고 육체는 천한 것이라는 것은 아니다. 육체는 정신을 담고 있는 도구이기에 정신이 온전하려면 육체도 온전해야 하고 정신이 귀한 만큼 육체도 소중하다.

정신과 육체는 생명 유지에 불가분의 관계에 있다. 따라서 이 둘은 대립적인 관계가 아니라 상호 의존적인 관계가 된다. 정신이 온전하려면 육체가 건강해야 한다. 육체가 적자赤子처럼 부드럽고 유연해야 정신이 온전하게 작용할 수 있는 토대가 마련된다. 육체가 긴장되고 굳으면 기氣가

---

2 "今夫百昌皆生於土而反於土.", 『莊子』 「在宥」.

잘 작동되지 않으며 이는 정신이 바르게 작동하지 않는 원인이 된다.

기가 흩어져 다시 돌아오지 않으면 마음이 불안정해진다. 올라간 상태에
서 내려오지 않으면 사람은 자주 화가 나고, 내려간 상태에서 올라가지 않
으면 쉽게 잊어버리게 된다.[3]

인간은 음과 양의 에너지로 이루어진 존재이며, 몸에서 기운의 흐름이
원활하지 않으면 정신이 흐릿해지거나 감정이 불안정해지며 기억력이
약해질 수 있다. 이는 육체가 인간의 심리적 상태에 영향을 미친다는 것
을 나타내며, 육체의 건강이 중요하다는 것을 의미한다. 건강한 육체라는
것은 경직된 상태가 아니라 어린아이처럼 부드럽고 유연한 상태를 의미
한다. 이렇게 해야 기의 흐름이 원활해지고 정신이 안정될 수 있다.

기는 음양을 말한다. 음양의 기가 뭉쳐서 인간과 만물을 생생하며, 삶
이란 기가 모이는 것이고 죽음이란 기가 흩어지는 것이다. 장자는 이를
"삶이란 일시적인 기의 모임에 지나지 않는다."[4]고 하였다. 기는 인간의
소유가 아니고 도의 작용으로 움직일 뿐이다. 그 말은 도에서 태어난 인
간의 삶은 인간의 것이 아니라 도의 것이라는 뜻이다. 그래서 장자는 "생
명은 당신의 것이 아니고 천지의 기가 화합하여 생긴 것이다."[5]라고 했다.

---

3 "夫忿滀之氣 散而不反 則爲不足 上而不下則使人善怒 下而不上 則使人善忘.",『莊子』
「達生」.
4 "生者暗醷物也.",『莊子』「知北遊」.
5 "生非汝有 是天地之委和也.",『莊子』「知北遊」.

인간은 음양의 조화로 인해 잠시 생명을 얻은 존재이다. 기가 몸 안에서 원활하게 흐르면 정신과 신체가 건강해져 삶을 누릴 수 있지만, 반대로 몸이 경직되면 기의 흐름이 막혀 불편함을 느낄 수 있다. 그러므로 몸을 소중히 여기고 잘 관리하는 것은 정신을 잘 유지하는 방법이다. 하지만 그렇다고 해서 신체와 정신의 관계에서 둘이 평등하다는 뜻은 아니다. 몸은 정신을 담고 있는 도구일 뿐이므로, 정신이 온전하게 발휘될 수 있도록 하는 것이 중요하다.

인간은 도에서 생겨 나온 정신과 육체로 구성된 생명체이기에 모든 인간은 평등하다. 『장자』에서는 인간뿐 아니라 만물까지 평등하다고 본다.

> 도 안에서는 모든 것이 연결되어 있다. 모든 존재는 완성이든 파괴든 결국 하나로 이어져 있다. 하지만 도에 도달한 이만이 이 모든 것이 하나임을 이해한다.[6]

> 우주의 깊음이 나와 함께 존재하며, 모든 것의 다양성도 나와 함께 하나로 연결된다.[7]

> 천지도 하나의 손가락이고 만물도 한 마리의 말이다.[8]

---

6 "道通爲一, 凡物無成與毀 復通爲一 唯達者 知通爲一.", 『莊子』「齊物論」.
7 "天地與我竝生 而萬物與我爲一.", 『莊子』「齊物論」.
8 "天地一指也 萬物一馬也.", 『莊子』「齊物論」.

모든 것은 도에서 생겨 나왔기 때문에 도 안에서는 하나가 된다. 그것을 알고 있는 자는 오직 도를 체득한 자이다. 천지만물 일체는 모두 도에 근거하므로 나와 천지가 함께 살아갈 수 있다. 그래서 모두가 하나로 연결된 구조가 된다. 오진탁吳進鐸은 이를 두고 '천지동근天地同根, 만물일체의 사상은 일체를 제일齊—함으로써 도달되는 결과'[9]라고 하였다.

『장자』에서는 인간을 포함하여 만물은 모두가 도에 근거하기에 인간관계만이 아니라 인간과 만물까지 포함하여 하나가 되는 경지라고 말한다. 장자는 모두가 하나로 연결되는 관계로서의 존재성은 이러한 물질적인 것뿐만 아니라 인간의 의식에도 적용해야 한다고 본다.

도는 공평하다. 그래서 갈등이 생기지 않는다. 갈등이 발생하는 것은 사람의 가치판단에 따른 것이기 때문에 도와는 관련이 없다. 그러므로 도의 관점에서는 갈등조차도 하나의 일로 여겨진다. 도의 관점에서 벗어나면 분열되고 대립할 수 있다고 생각된다. 따라서 도라는 명明의 입장으로 보면 시비분별의 끊임없는 논쟁은 인위적이라는 것을 알게 된다.

사물은 저것이 아니면서 동시에 이것이 아닐 수 없다. 저것은 이것에서 발생하고, 이것 역시 저것에서 유래한다. 자연을 통해 살펴본다.[10]

이 말은 모든 사물과 현상이 상호 의존하고 있다는 것을 나타낸 것으로 불교의 연기론과 유사한 개념이다. 불교의 연기론은 모든 존재와 현상이

---

9 오진탁, 「장자의 만물제동에 대한 불교적 해석」, 『철학』42, 한국철학회, 1994, p. 65.
10 "物無非彼 物無非是 彼出於是 是亦因彼 照之于天.", 『莊子』「齊物論」.

서로 의존하여 존재한다는 원리를 설명한다. 즉, 어떤 것도 독립적으로 존재하지 않으며, 모든 것은 다른 것들과의 관계 속에서 존재하고 변화한다. 이는 장자의 제물론에서 말하는 상호 의존성과 일맥상통한다. 두 개념 모두 세상의 모든 것이 서로 연결되어 있으며, 독립적으로 존재할 수 없다는 점을 강조한다. 이러한 관점은 우리가 세상을 바라보는 방식에 큰 영향을 미칠 수 있다.

인간은 사물을 이해하기 위해 개념을 통해 모든 것에 이름을 부여한다. 이름이 존재한다는 것은 대상을 구별한다는 의미이며, 이를 통해 서로 다른 것들이 생겨난다. 이러한 서로 다른 것들은 서로 의존적인 관계를 형성하고 있다. 이러한 구분으로 인해 사람들 간의 갈등과 억압이 발생하지만, 장자는 이러한 관점에서 벗어나야 한다고 주장한다. 모든 선택은 자연의 법칙을 따라야 한다.

하늘은 모든 것에 공정하여 선악의 구분이 존재하지 않는다. 이러한 경지에 도달했을 때, 인간은 서로 간 그리고 자연과의 조화를 이룰 수 있다. 인간은 하늘의 기준을 바탕으로 판단할 수 있는 능력을 지닌 존재임을 분명히 보여준다.

인간은 만물과 함께 도에서 생명을 수여받은 존재이므로 도와 같은 행동을 할 수 있다. 인간의 사고는 하늘에서부터 땅까지 무한히 확장되고 축소될 수 있다. 이런 이유로 인간은 우주와 함께 있으며, 천지의 형성에 기여할 수 있는 존재로서 그 역할과 권능이 하늘과 유사하다.

인간은 자기 인식과 자율적인 수행을 통해 하늘로서의 본성을 되찾을 수 있는 잠재력을 지닌 존재이기도 하다. 이러한 점에서 유교와는 상당한 차이가 있다. 유교는 하늘이 주신 본성을 따르는 것을 중요시하며, 인위적인 도덕을 통해 본성을 회복할 수 있다고 믿지만, 장자는 인위적인 도덕이 갈등을 초래할 뿐이라고 주장하며, 하늘의 관점에서 보면 분별이 사라진다고 말한다. 따라서 인간은 도에서 생명을 얻은 존재이므로 인위적인 장애물을 제거함으로써 자연, 즉 하늘로부터 부여받은 본성을 되찾을 수 있다고 생각했다. 이는 인간의 잠재력을 보여줌과 동시에 인간의 존엄성을 강조한 것이다.

인간과 우주

『장자』에서 음양의 개념은 「내편」에 4차례, 전편에 걸쳐서는 20여 차례 등장한다. 이로 보아 장자가 살았던 시대에는 음양 사상이 보편화되었음을 알 수 있다. 장자는 음양과 천지의 관계에 대해 '출出' '발發'로써 기원을 말했고, 교합에 대해서는 그 뒤에 음양이 만물을 생성하는 방식으로 언급함으로써 분명하게 음양을 구분했다.

장자는 만물은 음양의 조화로 생성되니 음양은 현상을 낳는 근원이라고 하였다. 또한 음양은 천지에서 출발하니 천지가 본체이고, 천지의 작용이며 속성에 해당한다고 하였다.

〈재유在宥〉편을 살펴보면 음양을 마음대로 부리고 싶다는 황제에게 광성자가 도의 세계를 설명하면서 음양에 대해 언급하기도 한다. 여기에서는 양의 근원은 아주 밝은 태양의 위에 있고, 음의 근원은 어두운 땅속 깊이 있다고 하면서 천지에는 각기 주관하는 바가 있고 음양에는 각기 갈무리되는 바가 있으니, 이를 어지럽히지 말고 조심해서 지켜야 장생을 누리고 도를 얻을 수 있다고 했다.[11] 여기서 장자는 음양을 천지의 본질로 언급했고, 음양의 작용을 조심해서 지키는 것이 장생의 방법이라고 말했다.

장자는 모든 것을 만들어 내고 작동시키는 음과 양을 언급하며, 이 둘 사이의 차별 없이 평등한 관계를 설명한다. 하지만 중요한 점은 음과 양보다 더 위에 있는 개념으로 '천지'를 강조하고 있다는 것이다.

장자는 우주의 창조를 해석하는 데 필수적인 이론은 인정하지만, 형이상학적 관점에서 보면 그의 견해와 다를 수 있다. 장자는 음과 양의 개념을 직접 사용하여 설명하였지만, 이것이 결정적인 요소는 아니다. 장자의 우주론은 오직 타고난 총명함에 의해서 자유롭게 형성되어 있다. 그는 끊임없이 변화하는 상태에서 도의 신비로운 효용을 드러내고 있을 뿐이다.

은나라 탕왕湯王이 '극棘'이라는 현명한 재상에게 들은 것도 이와 관련된 것이다.

풀도 나무도 자생하지 않는 황량한 땅에는 북쪽에 어두운 바다가 존재합니다. 그것을 하늘의 연못이라고 부릅니다. 그곳에는 물고기가 살고 있습니다. 그 물고기의 크기는 수천 리에 이르지만, 그 길이에 대한 정확한 정보는 아는 사람이 없습니다. 그 물고기의 이름은 곤입니다. 또한 새가 존재합니다. 새의 이름은 붕입니다. 붕의 등은 태산과 비견될 만큼 큽니다. 붕의 날개는 하늘을 덮고 있는 구름처럼 보입니다. 붕은 회오리바람을 타고 양의 뿔처럼 회전하며 하늘 높은 곳으로 날아오릅니다. 이는 구름을 가

---

11 임채우, 「莊子 陰陽 개념의 특징: 易傳과의 비교를 통해서」, 『동서철학연구』81, 한국동서철학회, 2016, p. 222.

르며 푸른 하늘을 지탱하고 남쪽으로 향하려고 합니다. 결국 남쪽의 어둠을 목표로 하려는 것입니다. 그때 메추라기가 나타나 비웃으며 질문합니다. 당신의 목적지가 어디인지 말해 줄 수 있나요? 내가 높이 뛰어도 경로를 타지 않고 떨어지면서, 쑥대밭 사이를 이리저리 날고 있습니다. 이것이 내가 할 수 있는 전부입니다. 그렇다면 과연 그것이 어디로 향하려는 것인지 궁금합니다.[12]

여기서 곤이라는 물고기와 붕이라는 새는 각각 소지小知와 대인의 대지大知를 의미한다. 소지(小知)는 작은 지혜를 의미한다. 이는 일상적인 분별력과 분석적인 사고력을 의미하며, 세속적인 지혜로 볼 수 있다. 소지는 사소한 일에 집착하고, 세세한 부분을 따지며, 시비를 가리는 데 집중한다. 장자는 소지를 부정적으로 보며, 이는 인간의 한계를 드러내는 지혜라고 설명한다. 대지(大知)는 큰 지혜를 의미한다. 이는 너그럽고 여유 있는 태도로, 세속적인 분별을 초월한 지혜를 나타낸다. 대지는 모든 사물을 있는 그대로 받아들이고, 시비를 초월하여 자연의 도(道)를 따르는 지혜이다. 장자는 대지를 긍정적으로 평가하며, 이는 인간이 추구해야 할 이상적인 지혜라고 본다.

장자는 소인의 지혜는 우주 사물의 번거로움에 미혹되어 그 태초를 알

---

12 "無極之外 復無極也. 窮髮之北有冥海者 天池也 有魚焉 其廣數千里 未有知其修者 其名爲鯤 有鳥焉 其名爲鵬 背若太山 翼若垂天之雲 搏扶搖羊角而上者九萬里 絶雲氣 負青天 然後圖南 且適南冥也 斥鴳笑之曰 彼且奚適也 我騰躍而上 不過數仞而下 翱翔蓬蒿之間 此亦飛之至也 而彼且奚適也 此小大之辯也.",『莊子』「逍遙遊」.

지 못하므로 소지를 버리고 형체의 번거로움을 버리면, 대지는 무시無始로 돌아가게 하여 정신은 무하유지향無何有之鄕에서 노닐게 된다고 하였다. 이런 사람을 지인이라 하며 그들은 진리를 살펴 이익에 따라 움직이지 않고, 사물의 변화에 명命을 맡겨 도를 지키는 사람들이다.

> 나는 그 하나를 지킴으로써 조화 속에 머물러 있다. … 끝없는 길에 들어가면서 무한한 공간에서 노닐며 해와 달과 함께 빛나고, 하늘과 땅과 함께 영원히 존재할 것이다.[13]

　이는 영예를 추구하기보다는 지혜로운 생각을 쌓는 것이 중요하다는 뜻이다. 『장자』에서 어린 마음을 내어주고 성숙한 마음가짐으로 변모한 뒤에는 사상적으로 무한한 세계를 열어 가야 한다고 했다. 그렇게 해야만 다른 사람의 시각을 이해하고, 그들의 어려움을 받아들인 후에 다시 자신에게 돌아와야 자신의 문제를 극복할 수 있다. 진정한 고통이 사라질 때 비로소 해탈의 상태에 이르게 된다.
　〈소요유〉편에서 송영자宋榮子(宋鈃)는 세속을 초월하고, 명예와 비난에 구속되지 않으며, 속세의 명예를 좇는 데 급급해하지도 않는다. 소인의 재능과 지혜로써 자기 한 몸의 들뜬 명예를 바라는 것을 비웃으면서 온 세상이 그를 칭찬한다 해도 더욱 잘해 보겠다고 힘쓰지도 않고, 온 세상이 그를 비웃는다 해도 그 때문에 의기소침하지도 않았다. 그는 내외

---

13 "我守其一 以處其和 … 入無窮之門 以遊無極之野 吾與日月參光 吾與天地爲常.", 『莊子』「在宥」.

분야를 정하고 영욕의 세계를 분별하는 데 그쳤을 뿐이다. 명예와 오욕은 다른 사람을 연유하므로 자기와는 무관함을 말하고 있다.

장자는 『열자』에 나오는 한 대목을 인용하여 송영자와 같은 경지에 있는 인물을 기술했다.

> 저 열자는 바람을 다루어 하늘을 자유롭게 날아다니며 뚜렷한 기쁨을 느끼고 15일 후에 다시 지상으로 내려온다. 그는 물질적 쾌감을 추구하는 것이 무엇인지 잘 알지 못했다. 그러나 이 사람들은 걸어 다니는 불편함에서 벗어난 상태지만, 여전히 어떤 것에 의존하고 있다.[14]

아무리 송영자가 세속적인 시비를 초월하였다 하여도 열자에 비교하면 더 이상 빛이 나질 않는다. 열자가 현실을 등지고, 부귀와 재앙을 따지지 않으며 공명과 이익에 급급해하지 않는 모습은 가히 보통 사람을 넘어서 성인의 경지에 도달한 것이라 할 수 있다. 그러나 장자는 열자가 "여전히 어떤 것에 의존하고 있다."고 하면서, 한 걸음 더 나아가는 성인의 내면세계를 기술한다.

> 하늘과 땅의 올바른 기운을 기반으로 육기六氣의 변화를 이해하고 무한한 상태에서 살고 있다면, 무엇을 의지할 수 있을까! 그래서 지혜로운 사람은

---

14 "夫列子 御風而行 泠然善也 旬有五日而後反 彼於致福者 未數數然也 此雖免乎行 猶有
   所待者也.", 『莊子』「逍遙遊」.

자아가 없고, 신인은 공헌이 없으며, 성인은 명예를 추구하지 않는다.[15]

그러한 삶은 우주의 법칙에 따라 자연과 조화를 이루며 무한한 경지에 도달한 '절대적 자유'의 상태로, 어떤 것에도 의존하지 않고 완전한 자유를 즐기는 무애의 삶이다.

장자는 모든 존재가 최선의 덕을 가지고 있으므로, 자연과 조화를 이루며 대자연을 존중해야 한다고 믿었다. 김충렬은 자연이 신비로운 섭리를 가지고 있다고 보았으며, 이는 장자가 원시종교, 춘추 중기의 기론氣論과 유가의 성론性論에 영향을 받은 것으로 보았다.[16] 우주의 영원한 변화와 생성 속에서 만유 생명들이 서로 주고받으며 개체의 삶을 영위해 간다.

어떠한 정신적인 압박 없이 편안하고 안정된 정신 상태의 변화는 만물과 육기六氣가 변화하는 활동성을 말하며, 자연의 도가 움직이는 행위의 개념으로 천명적 도리라고 할 수 있다.[17] 이는 정신적 자유를 나타내는 소요만을 말하는 것이 아니라, 진정한 무위가 이루어진 다음에 처세하는 것이다. 이러한 우주관은 인간의 사유 방식에 큰 작용을 한다. 인간은 도에서 생겨난 존재이고 죽으면 다시 도로 돌아간다는 확신을 갖게 한다.

그러므로 장자가 전체 우주의 신비를 직감하고 만유 개체들의 생의生意를 교감할 수 있었던 것은 모두 종교적이고 도덕적이며 음양 화합 생성

---

15 "若夫乘天地之正 而御六氣之辯 以遊無窮者 彼且惡乎待哉 故曰 至人無己 神人無功 聖人無名.",『莊子』「逍遙遊」.

16 김충렬,『노장철학강의』, 예문서원, 1995, p. 105.

17 이영주, 앞의 논문, p. 133.

의 생기를 융회融熙, 응축한 데서 나온 것이다. 이는 장자가 조물자, 진군, 진제라는 특수 용어를 만들어 쓴 것만 보아도 알 수 있다.[18] 그는 천지만물에 신성이 깃들지 않은 것이 없다는 만유재신론萬有在神論을 받아들여 전체 우주의 신비를 실감하게 된다.

만유재신론萬有在神論(Panentheism)은 신이 내재성과 초월성을 동시에 갖추고 있다고 본다. 즉 신이 세상 안에 내재하면서도 동시에 세상을 초월하는 존재라고 주장한다. 이는 신이 세상과 분리되어 있지 않지만, 세상보다 더 큰 존재임을 의미한다. 이는 얼핏 이원론처럼 보이지만, 실은 일원론적 성격을 띠는 것이다. 만유재신론은 신과 세상의 통일성을 강조하며, 신의 본질이 세상과 분리되어 있음을 인정한다. 이는 세상에 존재하는 모든 것이 신 안에 포함되어 있다는 관점을 포함한다.

이러한 만유재신론은 스피노자의 철학에서 중요한 역할을 하며, 신의 마음이 자연의 필연적 질서와 동일하다는 사유를 포함한다. 몰트만과 같은 현대 신학자들은 만유재신론을 통해 하나님의 내재성과 초월성의 균형을 강조하며, 사회적 문제에 신학을 적용하려고 한다.

도가에서는 인간을 우주와 만물이 통일된 총체로 보며 생명은 그 조직 가운데 일부분에 지나지 않지만, 그것은 근본과 본연의 상태로 역시 우주 규모에서 이해할 수 없는 것으로 본다.[19] 그러나 장자는 '만물은 모두 같다'는 동질의 개념으로 보고, 인간의 목표는 '마음을 자유롭게 하고 덕을

---

18 김충렬, 앞의 책.
19 陳鼓應, 최진석 譯, 『老莊新論』, 소나무, 1997, p. 285.

평온하게 하여 조화로운 상태를 이루는 것'[20]이라고 하였다.

인간과 우주는 공통된 요소로 이루어져 있기 때문에 이 둘이 하나로 통합될 수 있다는 믿음이 자리 잡게 되었다. 인간은 하늘과 동일한 존재로 다시 태어날 수 있으며, 그와 동시에 하늘과 소통할 수 있는 존재이기 때문에 고귀한 존재라는 사유가 형성되었다.

부정적 인간

1) 인위적 인간

'인위人爲'는 인간의 가치판단과 의식이 개입되어 행하는 행위이다. 인간은 자신과 자신을 둘러싼 환경에 의미 규정을 하며 인간에게 편리하도록 끊임없이 인위적인 힘을 가한다. 이러한 작용으로 인해 모든 것은 인간 중심으로 판단하고 해석하려는 경향이 있다. 또한 인위는 무위 또는 자연의 반대되는 개념으로 『장자』에서는 "무위로써 행하는 것을 자연이라 한다."[21]고 하였다.

자연은 하늘과 동일시된다. 동양의 전통적인 관점에서 하늘天은 자연으로 여겨졌다. 유학과는 다르게 도가에서는 앞서 언급한 바와 같이 하늘을 인격적이지 않은 것으로 인식했다. 노자는 천지를 감정이 없는 존재로 이해했고, 장자 또한 유사한 견해를 가졌다. 인위적으로 만들어지지 않은

---

20 "遊心平德之和.", 『莊子』 「德充符」.
21 "無爲爲之之天.", 『莊子』 「天地」.

것을 하늘이라 정의했다.

삶과 죽음은 모두 자연적인 현상에 지나지 않는다. 삶을 즐겁게 여기고 죽음을 슬프게 여기는 것은 인위적인 감정이 개입된 것이다. 생과 사는 자연의 일부이므로 기쁨과 슬픔이 연결될 이유가 없음에도 불구하고 그런 감정을 드러내는 것은 자연을 거부하는 인위적인 행동이다.

그러나 인위적인 인간은 생사에 얽매여 있어 기쁨과 슬픔에 구속되고, 잘못된 사상을 전파한다. 〈도척〉편의 다음 이야기를 들어 보자.

> 그건 저 노나라의 남을 속이기 잘하는 공구(공자)가 아니냐. 화려하게 장식된 관을 쓰고 떠들며, 농사도 짓지 않고 의복도 짜지 않으면서 살아가고, 그러면서 언변을 구사해 세상의 군주를 현혹시키고, 지식인들이 본래의 길로 돌아가지 못하도록 방해하며, 함부로 효나 제에 대해 언급하고 있다.[22]

장자는 공자가 노동하지 않고 혀만 놀려 제멋대로 시비를 지어낸 사람이라고 비판하며 이를 '도척盜跖(도둑)'으로 규정한다. 시비로 천하의 군주를 홀리고, 그것만으로 그치지 않고 천하의 학자들이 그를 추종하게 함으로써 모두가 본성으로 돌아갈 수 없게 만든 사람이 공자라고 하였다.

장자는 인위적인 요소가 본연의 성질을 방해한다고 주장한다. 인간이 만든 기준은 자연과는 다르다. 자연은 그대로 존재하지만, 기준은 인간이

---

22 "此夫魯國之巧僞人孔丘非也 冠枝木之冠 不耕而食 不織而衣 搖脣鼓舌 擅生是非 以迷天下之主 使天下士不反其本 妄作孝悌.", 『莊子』「盜跖」.

만든 인위적인 규범이다. 이런 규범이 널리 퍼지면서 사람들은 자연으로 돌아가는 길을 잃고 방황하게 된다. 유교의 도덕 원칙을 강조하고 퍼뜨리는 것에 대한 비판은 『장자』 전반에 걸쳐 나타난다. 그는 세속적인 학문이 절대로 자연의 도리를 이해할 수 없음을 강조했다.

> 세상적인 지식 안에서 본능을 다듬으며 그 원천으로 돌아가려고 하고, 일상적인 생각 속에서 욕망을 혼란스럽게 하며, 이러한 행동에 눈이 가려진 사람을 어리석은 사람이라고 한다.[23]

세속적인 학문은 당시 유가나 묵가의 사상을 의미한다. 유학은 수기치인修己治人으로서 자신을 먼저 수양하고 타인을 다스리는 학문을 추구한다. 따라서 유학은 관료 지향적인 학문이다. 이러한 학문은 사람을 어떻게 통제하고 이끌어 갈 것인가에 관한 것이기 때문에 자연과 먼 인위적인 학문이다. 따라서 유학 같은 학문으로 자연을 회복하는 것은 불가능하다.

세속적인 욕망은 우리가 만든 인공적인 문화에 매료되는 것이다. 문화는 사람들을 자연에서 격리시키며 동시에 더욱 화려하고 말초적인 것들을 제공해 우리의 감각을 자극하고, 이 감각이 욕망을 증대시킨다. 이러한 과정이 반복되면서 인간의 욕망은 통제하기가 어려워진다. 이러한 현상은 자연의 본래 상태로 돌아가는[復初] 일을 방해하는 요인이 되므로, 대립 구조를 해체하는 것은 기존의 관계를 변화시키고 비워 냄으로써 그

---

23 "繕性於俗學 以求復其初 滑欲於俗思 謂之蔽蒙之民.", 『莊子』 「繕性」.

에 대한 편견과 집착에서 자유로워지는 것을 의미한다. 우리 자신과 떼어 낼 수 없는 것은 바로 우리의 마음이다.

> 노나라의 군주가 그 새를 맞이하여 종묘에서 술을 제공하고 구소九韶의 음 악을 감상하게 하며 쇠고기, 돼지고기, 양고기를 대접했다. 그 결과 새는 머리가 혼란스러워져 걱정과 슬픔에 빠졌으며, 고기는 전혀 먹지 않고 술 도 한 모금 마시지 않은 채 사흘 후에 죽어 버렸다. 새는 하늘로 날아가고 짐승들은 도망치며 물고기들은 깊은 곳으로 숨게 될 것이다. 물고기는 물 속에서 살아남을 수 있지만, 인간은 물속에서는 생존할 수 없다. 물고기와 사람은 본질이 달라서 원하는 것과 싫어하는 것도 서로 다르다.[24]

이것은 구속에서 벗어난 자유를 나타낸다. 정당하지 않은 행동으로써 세상을 시끄럽게 하지 말아야 한다. 그래야지만 세상이 뛰어난 원리에 따 라 잘 다스려질 수 있고, 그렇게 되면 사람들이 덕을 마음속에 간직하게 되어 세상이 흐트러지지 않을 수 있다는 것이다.

본래의 성격을 잃고 사물에 대해 욕망이 생기면 정신이 흔들리고 결국 원래의 자신을 잊게 된다. 인위적인 가치와 그것을 가르치고 전파하는 사 람들이 세상을 시끄럽게 만드는 원인이다. 장자는 세상의 인위적 요소를 제거함으로써 모든 사람이 동등한 사회에서 자신의 생명력을 자율적으

---

24 "魯侯御而觴之于廟 奏九韶以爲樂 具太牢 以爲膳 鳥乃眩視憂悲 不敢食一臠 不敢飲一 杯 三日而死 鳥聞之而飛 獸聞之而走 魚聞之而下入 魚處水而生 人處水而死 彼必相與 異 其好惡 故異也.",『莊子』「至樂」.

로 표현할 수 있다고 믿었다.

생산성을 높이기 위한 제도나 그로 인한 물질적인 것들이 인간에게 영향을 미쳐 자연을 잊게 만든다. 결국, 자연과의 거리가 멀어져 자신을 잃게 되는 결과를 초래한다. 이러한 사람들을 '거꾸로 선 국민'이라고 부른다. 장자는 인간을 위해 만들어진 기계가 생산성을 높이고 다양한 생산물을 만들어 내더라도, 오히려 인간의 본성을 해친다고 여겼다. 인간이 편리함을 추구하여 만든 것들이 오히려 인간을 억압하고 왜곡된 존재로 만들어 버린다는 것이다.

> 본성을 잃는 원인은 다섯 가지가 있다. 첫째, 다섯 가지 색상이 눈을 혼란스럽게 하여 시력을 감소시킨다. 둘째, 다섯 가지 소음이 귀를 방해해 청력을 흐리게 만든다. 셋째, 다섯 가지 향기가 코를 자극해 알레르기를 유발하고 두통을 일으킨다. 넷째, 다섯 가지 맛이 입맛을 흐릿하게 하여 진정한 맛을 느끼지 못하게 한다. 다섯째, 선택의 어려움이 마음을 혼란스럽게 해 본성을 산산조각 나게 만든다.[25]

인간의 감각기관인 눈·귀·코·입과 마음이 선택하는 과정은 인간의 본성을 드러낸다고도 볼 수 있고, 반대로 본성을 잃게 만들 수도 있다고 여겨진다. 인간의 감각기관은 생명 활동에서 중요한 역할을 하긴 하지만, 이를 적절하게 조절해야 할 필요가 있다. 눈은 더 아름다운 색을 원하고,

---

25 "且夫失性有五 一曰 五色亂目 使目不明 二曰 五聲亂耳 使耳不聽 三曰 五臭薰鼻 因楸中顙 四曰 五味濁口 使口厲爽 五曰 取捨滑心 使性飛揚.",『莊子』「天地」.

귀는 더 멋진 소리를 듣고 싶어 한다. 코는 더 향기로운 냄새를 선호하며, 입은 더 맛있는 음식을 찾는다. 이러한 욕망 덕분에 인간 문화가 성장해 왔다. 하지만 그러한 발전은 인간의 본성을 진정으로 드러내는 데에 기여하기보다는 오히려 그 반대의 영향을 미쳤다.

인간은 심리적으로 매 순간마다 선택을 하며, 그 선택이 도덕적인 경우 많은 고민을 하게 된다. 유교에서 강조하는 인의예지의 도덕과 묵자에서 강조하는 겸애는 서로 충돌한다. 이러한 가치의 충돌이 발생하게 되면 사람들은 고민을 하게 된다. 이와 같은 고민은 인간이 만든 인위적인 것에 대해 스스로 판단해야 하기 때문에 발생한다. 인간의 본성은 하늘에 있으며, 만약 본성이 인위적인 가치판단에 가려지지 않고 드러난다면, 인간은 오감이나 심리적 판단에 방해받지 않게 될 것이다.

한 가지 기예만 가진 사람에게 도가 통하지 않는 것은 가르침과 습성에 얽매여 있기 때문이다. '곡사曲士'는 한 가지 재주를 지닌 선비, 혹은 왜곡된 지식인을 의미하는데, 이 곡사에게 도를 말해도 통하지 않는 이유는 그가 배운 것에 묶여 있기 때문이다. 〈추수〉편에서 곡사는 자기가 알고 있는 교리에 속박되어 있는[26] 인물로 표현되었다.

배웠다고 생각하는 모든 것이 진리라고 믿고 다른 것들을 거부하는 사람은 이미 자신만의 세계가 정해져 있어서 도에 대한 이야기를 해도 받아들일 수 없다. 도는 제한이 없기 때문에 모든 것을 포용하고 수용하지만, 고정된 지식에 갇힌 사람은 그 틀에서 벗어나지 못한다. 그는 오로지 자

---

26 "束於敎也.",『莊子』「秋水」.

기 자신만의 세계와 우주를 갖고 있기 때문에 진정한 도에 관심을 기울이지 않는다.

전통적인 교육 체계에서 특정한 가치를 배우는 사람은 자연스럽게 다른 가치들을 거부하게 된다. 이런 행동은 도와는 동떨어져 있다. 도를 체험하려면 개방적인 마음가짐이 필요하다. 개방성은 도의 본래 특성이다. 모든 것이 서로에게 열려 있는 상태를 지향함으로써, 모든 것이 공존할 수 있는 가능성이 열린다.

> 남해의 임금을 숙儵이라 하고 북해의 임금을 홀忽이라 하며 중앙의 임금을 혼돈渾沌이라 한다. 사람은 누구나 일곱 구멍[七竅]이 있어서 그것으로 보고, 듣고, 먹고, 숨 쉬는데 이 혼돈에게만 그것이 없다. 어디 시험 삼아 구멍을 뚫어 주자. 날마다 한 구멍씩 뚫었는데 칠 일이 지나자 혼돈은 그만 죽고 말았다.[27]

혼돈은 모든 가능성이 포함된 상태이며 동시에 도를 의미한다. 그러므로 혼돈은 자연 그대로의 상태를 나타낸다. 이는 인위적인 구분이나 질서가 없는 상태로, 모든 것이 자연스럽게 존재하는 상태이다. 혼돈은 모든 것을 구분하지 않고 받아들인다. 이는 장자가 추구하는 이상적인 상태로, 모든 사물과 현상을 있는 그대로 받아들이는 태도를 반영한다. 또한 혼돈은 모든 것이 조화롭게 공존하는 상태를 나타낸다. 이는 인위적인 구분이

---

27 "南海之帝位儵 北海之帝爲忽 中央之帝爲渾沌 人皆有七竅 以視聽食息 此獨無有 嘗試鑿之 日鑿一竅 七日而混沌死.",『莊子』「應帝王」.

나 차별이 없는 상태로, 모든 것이 자연스럽게 어우러지는 상태이다.

그런데 숙과 혼은 이러한 혼돈에 인공적인 힘을 부여했다. 그들은 혼돈에 감각을 부여함으로써 인간의 형상을 만들어 냈다. 변형된 혼돈은 결국 자신의 존재를 잃었다. 이 이야기는 감각을 제대로 다루지 못하면 죽음만이 남는다는 교훈을 전달한다.

북해의 왕 '홀'은 인간의 감각을 소홀히 한다는 의미며, 남해의 왕 '숙'은 속도가 빠르다는 의미이다. 따라서 '홀'과 '숙'은 감각을 소홀히 다루면서도 신속하게 대처한다는 점을 내포하고 있다. 이렇게 감각에 둔감하지 않고 민감하게 반응하며 빠르게 행동하는 것은 감각적 욕망에 즉각적으로 반응하고 그 욕망을 충족시키는 데 능숙함을 의미한다. 이러한 욕망의 증가가 인간을 자연에서 멀어지게 하고 죽음으로 이끌게 된다.

2) 사회적 인간

인간은 아리스토텔레스(B.C.384-B.C.322)가 『정치학Politics』에서 말한 대로 본질적으로 사회적 동물(Man is by nature a social animal)이다. 인간이 다른 동물들에 비해 더 약한데도 불구하고 생존할 수 있었던 주된 이유는 집단생활을 하는 데에 있다. 사람들은 서로의 관계 속에서 인정받고 공동체의 일원이 되고자 한다.

사회는 상호 의존적인 관계를 바탕으로 하지만, 동시에 생존을 위한 이해관계가 얽혀 있어 갈등과 대립이 항상 존재한다. 이러한 갈등을 해결하기 위한 여러 가지 방법이 모색되어 왔다. 전국시대에서는 다양한 학파가 자신들만의 방식으로 사회를 개선하려고 하였다.

유학은 도덕을 통해 개인 간의 갈등과 사회 구조 문제를 해결하려고 했고, 묵자 학파는 겸애와 교리를 제시하며 문제 해결에 나섰다. 법가는 강력한 법치를 통하여 개인 간의 갈등을 줄이고 사회의 안정성을 높이고자 했고, 도가는 인간이 만든 도덕과 국가의 필요성을 의문시한다. 도가는 인위적인 제도가 사회문제 해결에 효과적이지 않다고 생각했다. 장자는 노자의 말을 인용하여 이렇게 언급했다.

도를 잃고 나서 덕이 생겨나고, 덕이 사라지고 나면 인이 나타나며, 인이 없어지면 의가 발생한다. 의가 없어진 후에는 예가 생긴다. 예는 도의 꽃이고, 모든 혼란의 시작점이다. 도를 닦는 사람은 매일 가식을 없애며 이를 반복함으로써 무위에 이르게 된다. 무위 속에서도 아무것도 하지 않는 것이 없어지게 된다.[28]

〈도덕적 가치의 퇴보 과정〉

도道 → 덕德 → 인仁 → 의義 → 예禮

도가 세상에서 사라지면 덕이 형성되고, 덕이 없어지면 인이 생겨난다. 장자는 인이 줄어들면 의가 나타나고, 의가 제 역할을 하지 못할 경우 예

---

28 "失道而後德 失德而後仁 失仁而後義 失義而後禮 禮者道之華 而亂之首也 爲道者日損 損之又損 以至於無爲 無爲而無不爲也.",『莊子』「知北遊」.

가 생긴다고 언급한다. 사회는 도에 의해 운영되다가 인간의 인위적인 문화로 인해 감각이 활성화되고 욕망이 부추겨져 서로 대립하고 갈등이 발생하게 되며, 이를 해결하기 위해 덕·인·의·예가 등장한다.

이는 도가 학파가 유학을 비판하기 위해 제시한 것이다. 장자는 사회가 안정되기 위해서는 인위적인 것을 자기 삶과 사회 속에서 거두어 내야 한다고 말한다. 그래서 "인·의·예가 사회 속에서 더 이상 추구되는 가치가 아니면 무위하면서도 하지 않음이 없는 사회가 실현된다."[29]고 하였다. 원시와 고대 시대의 인간은 씨족이나 부족, 혹은 자신이 속한 지역이나 신뢰를 공유하는 커뮤니티 안에서 살아왔다. 즉, 인간은 공동체 속에서 사회적인 과정을 거쳐 성장한다. 유학에서는 도덕적 기준을 강조하며, 이를 통해 커뮤니티의 윤리를 세우고 그 안에서 질서와 평화를 유지하려고 했다. 인과 의와 예를 바탕으로 한 사회화가 이루어지면, 윤리적 가치가 있는 집단이 형성될 것이며, 이에는 집단 간의 갈등이나 전쟁을 막을 수 있다는 신념이 담겨 있다.

도덕적인 사회를 만들려는 노력은 사회가 안전하게 유지되도록 하려는 시도로, 구성원들을 체제와 공동체를 지키기 위한 과정으로 이끌어 간다. 그러나 장자는 인위적으로 만들어진 사회구조는 사람들에게 순수한 마음을 잃게 하고, 그러면 정신의 안정이 무너진다고 생각했다. 이렇게 되면 결국 천지만물이 본래의 상태에서 멀어진다고 주장하였다.

---

29 교양교재출판위원회 편, 『個人과 國家』(II), 동국대출판부, 1987, p. 11.

남월에는 건덕이라는 이름의 마을이 있습니다. 이곳 주민들은 매우 소박하고, 개인적인 욕심이나 바람이 적습니다. 농사일을 할 줄 알지만, 저장하는 방법은 알지 못하며, 다른 사람에게 나누어 주더라도 이에 대한 보답을 기대하지 않습니다. 그들은 어떤 것이 올바른 길인지 잘 모르고, 예의에 따라 행동하는 방법도 알지 못한 채 무관심하게 움직이다 보면 자연의 한 길로 나아가게 됩니다.[30]

건덕建德이라는 나라는 덕을 확립한 사람들의 나라라는 의미이다. 덕이 바로 세워지고 펼쳐지는 나라의 백성들은 세속적인 지식, 즉 도덕적 규범에 사회화되지 않은 사람들이다. 왜냐하면 그들의 행동이 이미 도덕적 행위이기 때문에 따로 사회화할 필요성이 없기 때문이다.

이와 같이 『장자』 '건덕지국建德之國'이 의미하는 것으로 보면, 〈마제馬蹄〉편에서 '지덕지세至德之世'를 이야기하고, 〈산목山木〉편에서는 '대막지국大莫之國'을 예로 들면서 무위적인 세상을 이상적인 세계로 묘사한다. '대막지국'은 인간이 자연과 조화롭게 살아가는 이상적인 상태를 표현한 것이다. 이는 인위적인 구분이나 사회적 억압에서 벗어나 자연 그대로의 상태로 돌아가는 것을 의미한다. 또한 대막지국은 모든 얽매임과 근심에서 벗어나 자유롭게 도와 함께 노니는 상태이다. 장자가 추구하는 궁극적인 자유와 해방의 경지를 '대막지국'으로 표현했다.

비록 '나라[國]'라는 명칭이 있지만 여기서 언급되는 공동체는 나라의

---

30 "南越有邑焉 名爲建德之國 其民愚而朴 少私而寡欲 知作而不知藏 與而不求其報 不知義之所適 不知禮之所將 猖狂妄行 乃蹈乎大方.", 『莊子』「山木」.

개념보다는 자급자족이 실현되는 원시적 소규모 공동체 사회라고 볼 수 있다. 아직 인위적인 문명이나 거대한 규모의 국가 이전의 상태가 이상적인 사회라는 것이다.

장자는 유위적인 사회화는 오히려 인간의 주관이 개입되기 때문에 자연과 멀어질 뿐이라고 본다. 세상이 혼란스러운 이유는 모두 작위적인 도덕 체계와 그것을 강제하는 정치 구조 때문이라는 것이다.

장자는 폭력이 횡행한 난세의 부조리한 현상을 통치자의 유위 탓으로 돌린다. 그리고 요·순·우·탕 같은 옛 성왕을 비판하였다.[31] 도가에서는 유학에서 성인이라 받드는 사람들과 그들이 제시하는 도덕이 공동체의 구성원들에게 평화를 가져다주고 체제를 유지해 준다는 명분하에 결국은 인간을 억압한다고 비판한다. 이는 정치체제뿐 아니라 사상적 측면에서도 마찬가지이다.

> 그러므로 유와 묵에 관한 논쟁이 존재하니, 한쪽에서 잘못이라고 말하는 것은 옳다고 하고 다른 쪽에서 옳다고 주장하는 것은 잘못이라고 말한다. 잘못이라고 하는 것을 옳다고 여기고, 그 옳다고 여기는 것이 잘못이라고 하는 것은 이론으로 판단하는 것보다 못하다.[32]

---

31 水野厚志, 「『莊子』の政治思想とその展開」, 『東京国際大学論叢』 人文·社会学研究 第2号, 東京国際大学, 2017, p. 29.

32 "故有儒墨之是非 以是其所非而非其所是 欲是其所非而非其所是 則莫若以明.", 『莊子』 「齊物論」.

사상적인 측면에서, 사람들은 각자의 가치가 옳고 정통하다고 주장하며, 반대되는 견해를 이단으로 간주하고 배척하려고 한다. 동시에 자신의 신념을 널리 전파하여 이념을 기반으로 세상을 통제하고자 한다.

장자는 갈등의 본질을 개인의 명예와 지위를 위한 싸움으로 보았다. 서로 다른 가치관의 대립을 넘어서는 것이 중요한데, 이를 위해서는 명확한 판단이 필요하다고 강조하였다. '명'은 순수한 밝음이며 모든 것이 명확하고 완전하게 드러나야 분쟁의 구분이 사라진다고 주장했다.

> 남의 이론에 매몰된 사람[暖姝者]이 존재하며, 이러한 사람은 한 스승의 가르침을 받으면 아주 만족해하고 기뻐하며, 그것만으로 충분하다고 여깁니다. 그리고 이들은 아직 사물이 나타나지 않은 상태가 사물의 진정한 모습임을 알지 못합니다. 따라서 이들은 '남의 생각만 따르는 사람'이라고 불립니다.[33]

여기서 '난주자暖姝者'는 유순하고 연약하여 주관이 없는 사람을 비유적으로 표현한 것이다. 장자가 유약한 사람을 경계하는 이유는 그가 추구하는 이상적 인간상과 관련된다. 장자는 자연과 도에 따라 자유롭고 자주적인 삶을 사는 것을 이상으로 삼는다. 유약한 사람은 이러한 이상과 반대되는 특성을 지니고 있다고 보았다.

장자는 특정한 이론을 맹목적으로 따르게 되면 더 이상 학문이 발전하

---

33 "所謂暖姝者 學一先生之言 則暖暖姝姝而私自說也 自以爲足矣 而未知未始有物也 是以謂暖姝者也.", 『莊子』 「徐無鬼」.

지 않는다고 주장했다. 폐쇄적인 사고는 새로운 개념과 진취적인 연구를 받아들이지 않기 때문에 학문이 성장하는 것을 방해한다. 그러므로『장자』에서는 타인의 이론에 얽매이지 말라고 경고한다. 맹목적인 추종은 개인의 정체성마저 잃게 만든다.

유행을 따르는 것은 자신의 주체성을 포기하는 행위이다. 나의 독창성을 인정하고 그것을 있는 그대로 드러내야 한다. 하나의 지식으로 만족하며 더 이상의 학문적 탐구를 거부하는 것도 문제지만, 동시에 모든 것을 버리고 타인의 것을 맹목적으로 따라가는 것 역시 자신의 정체성을 잃는 것이라는 점에서 주의를 기울여야 한다. 그러므로 장자가 생각하는 이상적인 인간형은 도덕적 가치나 갈등을 초월하며 어떤 것에도 얽매이지 않는 자유로운 존재를 의미한다.

장자는 유교를 포함하여 그 시대의 경쟁 사상이 개인을 잘못된 사회화로 왜곡하는 방식에 대해 비판했다. 그는 또한 그 시대의 문제를 해결하기 위한 방법으로 법가를 제외한 모든 사상이 사회문제를 개인적 차원으로 환원하며 도덕을 통해 문제를 해결하려 했다고 분석했다. 유교의 경우처럼 선천적 선함을 바탕으로 개인의 도덕성을 회복하고 사회문제를 해결할 수 있다는 주장은 도가와 유사한 측면이 있다.

도가의 특징 중 하나는 유학과는 달리 인위적인 제도나 도덕적인 인간상을 추구하지 않는다는 점이다. 그러나 도가는 개인이 수행을 통해 도를 깨달으면 사회문제를 해결할 수 있다고 주장하는 면에서는 유학과 유사한 입장을 취하고 있다.

장자는 문명이 발달하면서 인간 욕망이 생겨나기 전의 상태를 가장 이상적인 사회로 간주한다. 이는 당시 사회의 발전과 정반대되는 모습을 드러낸다. 동시에, 다양한 삶의 환경을 고려하지 않고 오로지 심리적 자각에만 초점을 맞추었다는 점에서 한계가 드러난다. 또한 모든 환경을 배제한 채 도의 회복을 강조하는 것도 한계로 지적될 수 있다. 그러나 현대에 들어서도 자각을 통해 인간 본연의 모습을 회복해야 한다는 주장은 여전히 설득력이 있다.

철학과 사상이 단순한 구호에 그치고 세계와 인간에 대한 잘못된 믿음을 계속해서 만들어 내면 세상을 잘못 인식하게 만든다. 순수성을 되찾기 위해서는 자아 중심의 편견에서 벗어나 타인의 입장을 긍정적으로 이해하고 상황의 두 가지 측면을 동시에 바라볼 수 있어야 한다. 차별로 인해 생긴 왜곡된 진리를 버린다면, 존재 본래의 에너지가 오히려 마음에 응하게 되고, 그러면 마음은 존재와 함께 도와 합일될 수 있게 된다.

긍정적 인간

1) 자연自然

노장의 사상 전개에서 핵심 가치 중 하나가 바로 '자연自然'이다. 자연은 천天뿐만 아니라 무위無爲·명命·도道와 동의어이다. 자연은 저절로 이루어지는 것을 의미하는 자성적自成的인 자연과, 처음 그대로의 것을 의미하는 자약自若·자여적自如的인 자연으로 해석되기 때문이다.[34]

---

34 이승률, 「『莊子』의 자연과 『荀子』의 性僞之分」, 『東方學志』146, 연세대국학연구원, 2009, p. 308.

장자는 천지를 만물이 하나가 되어 깃든 곳으로 보고 무위로 하는 것, 그것을 천(자연)이라 했다. 자연은 스스로 그렇게 발생하는 것이며 동시에 최초의 상태, 즉 어떤 것이 더해지기 전의 본질을 나타낸다. 따라서 자연은 천·무위·명·도와 같은 의미를 지녔기에 자연을 통해 도의 개념을 파악하고 무위를 이해할 수 있다. 이런 면에서 자연은 장자의 사상을 이해하는 데 중요한 단서가 될 수 있다.

천은 만물을 품고 있는 존재이고, 무위로 작용하는 것이기에 춘하추동의 사시는 한서寒暑의 기를 달리하지만 하늘은 사심이 없다.[35] 이를 두고 자연이라 한다. 하늘은 인간의 주관적 심리 상태와 무관하게 작용하는 존재이다. 즉 저절로 그렇게 되어 감을 실현하기 때문에 인위적 작용이 개입할 여지가 없다. 또한 하늘은 특정 대상이나 존재에 대해 이치에 맞지 않은 감정을 갖지 않는다. 개인적인 감정이 개입될 수 없다는 것이다. 자연의 존재를 인정해야 하며, 인간의 기준이나 판단으로 평가해서는 안 되고, 본성을 유지해야 한다.

천성은 달리 표현하면 명命이다. 여기서 명은 명령의 의미인데, 명을 보는 시각은 다양할 수 있다. 위에서 보는 대로 명령으로 볼 수도 있지만, 『중용』의 '천명지위성天命之謂性'에서는 천명이 곧 성性이라는 의미이다.

인간의 본성이 하늘의 명령에 의해 결정된다는 점에서 이러한 사상은 천인합일의 사상을 반영한다. 인간과 자연, 또는 인간과 우주의 조화로운 관계를 강조한다. 여기서 '성性'은 인간의 본성을 의미하며, 이는 선천적

---

35 "四時殊氣 天不賜.", 『莊子』「則陽」.

으로 주어진 것이다. 인간의 도덕적 성향, 윤리적 행동은 본성에 뿌리를 두고 있다는 점을 강조한다. 다시 말해 인간의 본성이 도덕적이라는 점을 강조한다. 인간은 본래 선한 존재이며, 도덕적 행동을 통해 천명을 실현할 수 있다는 믿음을 담고 있다.

여기서는 인간의 본성이 자연의 일부로서 이해된다. 자연의 법칙과 조화를 이루는 삶을 추구하는 철학적 입장을 반영한다. 또한 이것에 비추어 보면 명은 곧 섭리攝理라 할 수 있다. 그래서 천명은 하늘의 섭리이고, 이것이 곧 성으로 인간의 본성은 곧 하늘의 섭리이다. 그렇다면 명은 명령의 범위를 넘어서 하늘의 섭리인 자연으로 해석될 수 있다.

> 물오리는 비록 다리가 짧지만, 그것을 이어 주면 괴로워하고, 두루미는 다리가 길지만, 그것을 잘라 주면 슬퍼한다. 이런 이유로 원래 긴 것을 자르면 안 되고, 원래 짧은 것을 이어 주는 것도 해서는 안 된다.[36]

모든 존재는 본래의 특성을 통해 자신만의 생명력을 드러낸다. 그러나 사람의 관점에서 볼 때 특정한 대상이 생존하는 반면, 다른 대상은 부족해 보일 수 있다. 이 때문에 우리는 인위적으로 개입하려는 경향이 있다. 하지만 이러한 개입은 부자연스러운 결과를 초래할 수 있어, 오히려 개입된 대상이 슬프고 걱정거리로 전락하게 된다.

물의 흐름이 땅에서 올라오는 것은 물의 고유한 특성에 따라 자연스럽

---

36 "是故鳧脛雖短 續之則憂 鶴脛雖長 斷之則悲 故性長非所斷 性斷非所續.", 『莊子』「馬蹄」.

게 이루어지는 과정이다. 이는 방치하는 것이 아니라 객체의 존재를 존중하는 것이며, 모든 것은 자율적으로 자신의 생명력을 발휘할 수 있다는 믿음에 기반하고 있다. 이러한 실천이 이루어져야만 인간을 포함한 모든 존재가 행복할 수 있다.

> 본래의 상태로 두면 모든 것이 스스로 일어난다. 자연은 누구의 개입 없이도 자연스럽게 그렇게 진행된다. 하늘과 땅은 큰 원주가 있지만 말하지 않고, 사계절은 분명한 규칙을 따르지만 논의하지 않으며, 모든 사물은 각각 생성의 법칙을 가지고 있지만 설명하지 않는다.[37]

자연의 생명체는 그 자체로 큰 의미가 있으나 언급하지 않으며, 사계절은 스스로의 움직임으로 계절이 변화하는 법칙에 따라 변화하지만 이에 대해 얘기하지 않는다. 모든 사물은 태어나고 성장하며 변화하는 이치를 가지고 있으면서도 그것을 설명하지 않는다. 이런 모습이 바로 자연과 우주가 스스로 움직이는 방식이다. 간섭이 없고 자발적이며 자율적으로 진행되는 활동은 무위의 행동이다.

> 천하를 방치한다는 이야기는 들어 본 적이 있지만, 천하를 관리한다는 이야기는 듣지 못했다. 본래 상태를 유지하는 것은 천하의 본성을 해치지 않도록 신경 쓰는 것이고, 방치하는 것은 천하의 미덕이 변하지 않도록 고려

---

37 "天地有大美而不言 四時有明法而不議 萬物有成理而不說.", 『莊子』 「知北遊」.

하는 것이다. … 아무런 행동을 하지 않으면서도 존경받는 것이 천도이다. 불필요하게 바쁜 것이 인도이다.[38]

무위는 특정한 개인이나 사물에 국한되지 않고, 전 지구적으로 적용된다. 세상이 관리되는 대상이 아니라 단순히 존재해야 할 것으로 생각되어, 사람들이 세상을 다스린다는 말을 듣지 못했다는 이야기가 있다. 세상을 내버려 두면 자연스럽게 선의 방향으로 운영된다. 여기에 관여하는 것은 바람직하지 않다. 비개입이란 무위이며, 이는 귀중한 상태이지만, 만약 개입하고 나면 문제가 발생하고 모든 것에 영향을 미치게 되며, 세상의 모든 것에 피해를 줄 수 있다. 피해를 주는 것을 인도라 한다.

첫째, 무위는 무의도적, 무의식적 행위를 뜻한다. 인위가 사려분별지심思慮分別之心 또는 성심成心에 의하여 일으켜진 것이라면, 무위는 자본자근自本自根하는 도의 기능에 의해 운행하는 대자연처럼 무심無心·허심虛心에 의해 일으켜진 것이다.[39]

둘째, 무위는 사람의 굳고 고정된 마음이 아니라 스스로의 근본에 기반을 두고 이루어지는 행동이다.

셋째, 무위는 개방된 마음이다. 무엇인가에 잠기면 다른 것을 거부하고 자신의 기준으로 판단하고 제약하려고 한다. 그래서 배타적이다. 이러한 태도가 없을 때 이루어지는 행위가 무위이며, 이를 다른 방식으로 표현하

---

38 "聞在宥天下 不聞治天下也 在之也者 恐天下之淫其性也 宥之也者 恐天下之遷其德也. …無爲而尊者 天道也 有爲而累者 人道也.",『莊子』「在宥」.
39 김갑수,「장자의 자연관」,『동양철학연구』12, 동양철학연구회, 1991, p. 117.

면 자연이다.

> 천지에 있는 모든 사물은 각자가 독특하고 형태가 달라서 서로 연결되어
> 있다. 처음과 같이 연결되어 있어서 그 순서를 파악하기 어렵다. 이를 하
> 늘의 조화라 부른다. 하늘의 조화란 선악을 넘어 대자연과 하나가 되는 것
> 을 의미한다.[40]

자연은 영원하며 정해진 시작이나 끝이 존재하지 않는다. 인간은 시작
과 종료를 정하지만, 자연의 시작과 끝은 서로 연결되어 있다. 이것이 자
연의 균형이다. 자연은 인간의 방식으로 해석되지 않는다. 자연을 깊이
이해하고 이를 받아들이는 것이 자연과 조화롭게 함께하는 방법이다.

『장자』에서 자연은 하늘 그 자체의 본질이자 우주의 원리를 의미한다.
우주의 원리는 개입하지 않지만 아무것도 하지 않는 것이 아닌 무위로,
이러한 무위는 시작과 끝이 없는 순환적인 움직임을 가지고 있으며 모든
것에 대하여 열려 있는 특성이 있다. 열린 성질 덕분에 모든 것을 받아들
이며 자연스럽게 그러한 특성을 지니게 된다.

2) 자유로운 인간

전국시대의 혼란 상황에서 이상적 인간상은 학파마다 달랐다. 유가는

---

40 "萬物皆種也 以不同形相禪 始卒若環 莫得其倫 是謂天均 天均者天倪也.", 『莊子』 「寓
言」.

공맹사상에 바탕하여 인격적 완성을 중시한 군자를 제시했고, 묵가학파는 겸애교리兼愛交利[41]를 실천하는 지성인을 중시했다. 반면 노장사상에 바탕한 도가에서는 도를 체득한 인간을 중시했다. 도는 인간 세상에서 만들어 낸 가치를 초월한 것으로 인간이 만든 가치는 작위적이며 시대적·환경적 조건을 벗어날 수 없다. 하지만 도는 그 모든 것을 넘어서 있다.

장자의 자유로운 인간은 신중한 지식을 바탕으로 진리의 본질을 이해하고 인식한 사람을 의미한다. 그들은 자연 속의 작은 것에서도 모든 것의 근원을 찾아내며, 자연스럽게 그러한 사실을 인지한다. 이 세상은 이름이나 형태가 없고, 늘 변화하고 있다. 참된 인간들은 외부의 간섭을 거부하고 자연의 흐름에 따라 살며, 자유롭게 사랑 없이 존재할 경우 오늘의 올바름과 내일의 올바름이 달라져 매일 새롭고 즐거운 삶을 누릴 수 있게 된다. 도가가 추구하는 지식은 현실에서 실질적으로 사용되는 것이 아니다. 특정 인간 중심의 시간과 공간에서의 지식이 아니라, 모든 것을 알고 모든 것과 조화롭게 어울릴 수 있는 능력을 배우고자 하는 것이다.

> 마음이 바른 사람은 하늘과 연결되었습니다. 하늘과 연결된 사람은 천자와 일반 사람 모두가 평등하게 하늘의 자식으로 여겨진다는 사실을 인식하고 있습니다.[42]

---

41 '겸애교리'는 묵자의 이상적인 사회를 나타내며, 모든 사람이 서로를 사랑하고 이롭게 함으로써 사회 전체의 조화와 번영을 추구하는 원리를 담고 있다.

42 "內直者 與天爲徒 與天爲徒者 知天子之與己 皆天之所子.",『莊子』「人間世」.

마음이 굳건하고 완전한 이는 하늘이 주신 본래 성품을 잘 지키고 있다. 그는 하늘과 통합을 이룬 존재이며, 그러한 사람은 모든 사람이 하늘의 가족임을 인식한다. 하늘의 자녀이므로 모든 이가 동등하다. 이러한 사고방식은 유가에서는 찾아볼 수 없는 도가만의 특별한 생각이다.

앞서 보았듯이 유학은 군자와 소인을 구분하고 이는 다시 경제적 생산구조에 맞추어 노심자勞心者와 노력자勞力者로 구분하여 지배와 피지배의 관계, 신분 관계의 고착화를 주장하는 데 이용되었다. 그러나 장자는 하늘의 성품을 그대로 간직한 자는 모두가 하늘의 자손임을 명확하게 알고 이를 실현해야 한다고 보았다.

이러한 사유를 내세우게 된 것은 그 당시 계급적 고착화와 그에 따른 생존의 어려움 때문이었다. "삶 속에서 『장자』는 군신 관계의 압박에 시달리는 모습을 누누이 보여주었다."[43] 신분제 사회 속에서 억압과 착취가 일상화되고, 전쟁으로 수많은 사람이 전쟁터에서 목숨을 잃어 가는 혼돈의 시대를 장자는 거부한다. 모두가 하늘의 자손임을 내세워 인간의 존엄성을 드러내려 했고, 그러기 위해서는 자신의 마음을 하늘과 하나 되게 하여야 한다고 생각했다.

천지는 광대하지만 그 자원을 기르는 힘은 같습니다. 모든 생명체가 다양하지만, 관리되는 모습은 모두 하나입니다. 서민은 많지만 그 지도자는 군

---

43 林明照, 「『莊子』論處世的兩難困境與因應之道」, 『東華漢學』 第6期, 東華大學中國語文學, 2007, p. 57.

주입니다. 군주는 도덕을 바탕으로 세워지고 자연에 의해 이루어집니다.[44]

천지는 모든 생명을 차별 없이 기른다. 오직 생명력을 스스로 발전시킬 수 있도록 하는 하나의 원칙만 존재한다. 인간 세상에는 많은 사람들을 인도하는 지도자가 있다. 그 지도자는 덕을 바탕으로 국민들을 이끄는 사람이다. 이 덕은 궁극적으로 하늘, 즉 자연과의 일치를 통해 완성된다. 자연이 차별 없이 모든 것을 양육하여 조화를 이루는 것처럼, 지도자도 많은 사람들을 자연의 무위로 이끌어야 한다.

군주는 덕에 바탕한다 했는데 이는 마음이 곧은 자를 말한다. '덕德'은 조금 걸을 '척彳'과 곧을 '직直', 마음 '심心'으로 구성되어 있다. '彳'은 '行'의 줄임이기 때문에 덕은 '마음을 바르게 하는 행위' 그 자체를 말한다. 따라서 마음이 바른 것을 덕이라 한다. 『장자』에서는 "천지자연의 덕에 밝다는 것, 그것을 모든 것 모든 일의 근본이라 한다. 그것은 하늘과 조화가 된다."[45]고 하였다.

군주는 국민을 자연의 원칙에 따라 지도해야 한다. 이로 인해 왕과 국민은 모두 하늘과 하나가 된다. 하늘과 조화를 이루기 위해서는 우주의 덕을 분명하게 이해해야 한다. 이는 모든 행위의 기본이 되어야 한다고 강조한다. 장자는 누구나 마음을 고정하는 노력을 통해 하늘의 덕과 조화를 이루는 삶을 살아야 한다고 주장한다.

---

44 "天地雖大 其化均也 萬物雖多 其治一也 人卒雖衆 其主君也 君原於德 而成於天.", 『莊子』「天地」.
45 "夫明白於天地之德者 此之謂大本大宗 與天和者也.", 『莊子』「天道」.

장자는 당시 사람들의 자기중심적인 사고방식이 변하지 않는 것으로
여겨지는 현실을 반대했다. 그의 주장은 사람들이 왜곡된 시각에서 벗어
나 자연스러운 변화에서 배울 수 있는 본보기를 찾아야 한다는 조언으로
부터 비롯된다.

> 천지는 자연스럽게 변화하고 움직이는 존재로서 최고의 덕을 지니고 있기
> 때문에 어떤 대상에 대한 욕망도 존재하지 않는다. 천지의 덕을 이해하고
> 있는 자는 잃는 것도 버리는 것도 없으며 외부의 영향으로 자신이 변하지
> 않는다.[46]

　　장자에 의하면 인간이 숙명 같은 이런 상황에서 자유를 확보하려면 "자
연을 따라야지, 인위를 추구해서는 안 된다."[47] 이는 인간이 만든 가치나
개념이 특정 내용을 포함하기 때문에 제한적이거나 상대적일 수밖에 없
음을 의미한다. 이런 제한적인 도구로는 전체성을 이루거나 순수한 자연
을 유지할 수 없다. 자연을 따른다는 것은 인위적인 문화적 영향 없이 자
연의 본질이나 인간의 참된 모습을 따르는 것을 의미한다.
　　우리는 다양한 시각에서 환경을 차분하게 바라볼 수 있는 능력을 길러
야 한다. 이를 위해 가장 먼저 해야 할 일은 '닫힌 사고'를 넘어서 지적 한
계를 극복하는 것이다. 그런 상태에서 우리는 특정 관점에서 놓쳤던 것을

---

46 "夫大備矣 其若天地 然奚求焉 而大備矣 知大備者無 求 無失無棄 不以物易己也.",『莊
　　子』「徐無鬼」.
47 "天而不人.",『莊子』「列禦寇」.

인식할 수 있게 된다.

초탈적 인간

1) 은둔자로서의 초탈

뒤에서 조금 더 자세히 살펴보겠지만, 장자 당시의 다른 문헌들과는 달리 『장자』에서는 선천적 장애인을 포함해 형벌로 인해 몸이 온전치 못한 사람들, 그리고 은자들이 다수 등장한다. 이들은 세속적 관점에서 바라보면 매우 비참한 삶을 살고 있다고 여겨질 수도 있다. 그러나 『장자』에서는 그들이 도를 깨달아 일반 사람들보다 높은 수준에서 자신의 삶을 이끌어 가는 존재로 그려진다.

> 노나라에는 발이 하나 잘린 왕태라는 남자가 있었다. 그의 가르침을 받는 제자는 중니(공자)와 동등할 만큼 뛰어났다. … 귀나 눈에 좋아하는 것처럼 느끼는 것이 없으며 마음을 덕의 조화로운 영역에서 유유자적하게 하여, 모든 사물에 대해 동일한 것을 보고 겉모습의 변화는 인식하지 못한다.[48]

전국시대에는 법이 권력을 행사하는 수단으로 변질되어 형벌을 피하지 못하고 장애인이 되는 경우가 많았다. 왕태는 발꿈치를 절단당하는 형

---

48 "魯有兀者王駘 從之遊者 與仲尼相若 … 且不知耳目之所宜 而遊心乎德之和 物視其所一 而不見其所喪.", 『莊子』「德充符」.

벌을 받았지만, 그는 도를 이해한 사람으로 여겨진다. 장자는 인간의 육체를 자아에 부착된 것으로 설명했다. 그러나 덕은 오히려 자신의 본질과 중심으로 여겨진다. 그래서 육체의 구속을 받지 않는 왕태의 제자들 사이에는 공자와 비슷한 정도로 많은 사람들이 모여 배우고자 했다. 세상에서는 그가 법을 어긴 자로 보이지만, 도의 시각에서는 도를 따르는 사람이다. 그래서 그는 감각에 휘둘리지 않는다. 자신의 수행으로 감각의 조절을 이룬 경지에 도달한 것이다.

그는 덕화德和의 경지에 도달해 있으며, 덕은 모든 생명을 성장시키는 기능을 한다. 그리고 화는 세상의 모든 것들이 동등하고 가치가 같음을 나타내며 조화를 이루는 상태를 의미한다. 따라서 덕화란 모든 존재가 평등한 위치에서 자신의 가능성을 찾는 상태를 뜻한다. 그런 의미에서 왕태는 도와 함께 자신과 주변의 모든 것들의 잠재력을 펼치는 사람이다.

도와 함께 만물의 생성 변화에 참여하는 것을 '유심遊心'의 경지라 한다. "유는 '마음'과 '도'의 일치이고 주체와 객체의 융합이며 사람과 하늘의 소통이다."[49] 덕화의 경지는 곧 도의 경지이며, 도와 함께 만물의 생성 변화를 이끌어 가는 경지가 유심의 경지이다.

왕태는 농경 사회라는 시대 환경과 형벌을 받은 자라는 점에서 세속에서는 비참한 생활을 할 수밖에 없는 조건이었지만 세속적인 시각과 편견에 마음을 빼앗기지 않는 사람으로 그려진다. 그런 점에서 초탈적인 모습의 전형이라 할 수 있다. 그래서 공자도 왕태를 "선생은 성인이다."[50]라고

---

49 왕카이 著, 신정근 외 2인 옮김, 『逍遙遊, 장자의 미학』, 성균관대출판부, 2013, p. 92.
50 "夫子聖人也.", 『莊子』「德充符」.

하였던 것이다.

> 남곽자기는 책상에 기대어 하늘을 바라보며 깊고 긴 한숨을 쉬었다. 그는
> 잠시 자신의 존재를 잊은 듯이 있었다. 안성자유가 그 앞에 서서 물었다.
> "무슨 일이 있습니까? 육체는 본래 나무처럼 시들 수 있고, 정신도 꺼진 불
> 빛처럼 될 수 있다는 것입니까?" … "이제 나는 나 자신을 잊어버렸다."[51]

남곽자기는 육체를 마른 나뭇가지처럼 보는데 이는 육체적 욕망에 이
끌림이 없는 상태를 의미한다. 즉, 고목사회枯木死灰와 같은 생사 초탈을
넘어선 경지의 물화物化로 보고 있다. 또한 마음을 불 꺼진 재에 비유하였
는데 이 경지는 시비나 집착의 기준이나 대상이 없어졌음을 의미한다.

이와 같이 몸과 마음이 욕망에서 해방된 상태를 '오상아吾喪我'라고 하
였다. 이는 스스로를 장례 지냈다는 말이다. 장례 지냈다는 것은 더 이상
이 세상 사람이 아니며 세상과 단절되고 벗어났다는 것이기도 하다. 장례
지냈기에 세속적인 것에 더 이상 욕심낼 필요도 없고 대상도 없다. 여기
서 장례를 지낸 대상은 근본의 자기인 오吾가 아니라 대상과 관계 맺음 속
에서 생겨나는 아我이다. 인간의 죽음을 자기의식이 소멸된 상태라고 한
다면 이러한 죽음은 비단 몸이 그 모든 기관과 힘이 소진되어 실존을 멈
출 때만 나타나는 현상은 아닐 것이다.

『장자』에서는 자기를 잃어버리고 비운 상태를 상아喪我·무아無我·망

---

51 "南郭子綦 隱几而坐 仰天而噓 荅焉似喪其耦 顏成子游立侍乎前 曰何居乎 形固可使如
  槁木 而心固可使如死灰乎. … 今者吾喪我.", 『莊子』「齊物論」.

아忘我·망기忘己와 모두 동일하게 사용하고 있으며, 이는 불교의 해탈解脫(moksha)을 의미한다. 『장자』에서는 "열심히 일하다 보면 몸을 잊게 되니 삶을 즐기고 죽음을 싫어할 가능성이 어떻게 존재할 수 있겠는가?"[52]라고 하였다. 여기서 죽음에 대해 새로운 관점을 가질 것을 주장하고 있다. 삶을 좋아하고 죽음을 싫어할 이유가 없다는 것이다. 그리고 죽음을 하나의 변화로 보고 그 변화에 순응하고 있다.

이와 관련된 것이 본문에서 보이는 '우耦'이다. 우는 나와 나란히 있는 대상을 의미하는데, 본래적 나와 나란히 있지만 그것은 세상 속에서 생겨난 나이다. 그래서 오吾가 주체가 된다면 아我와 우耦는 객체가 된다. 따라서 내(吾)가 나(我)를 장례 지냈다(喪)는 것은 곧 객체가 사라지고 주체만 남음을 의미한다. 주체는 도와 하나 된 존재가 되어 도와 함께 자기 삶을 주체적으로 살아가는 초탈자, 남곽자기가 된다. 이처럼 세상에서는 평범하게 살아가는 한 인물이지만, 그는 세상의 규범을 장례 지내고 구속되지 않으며 자유로운 삶을 영위하는 존재이다. 이는 또한 세속을 초월한 인물의 상징으로 볼 수 있다.

비록 세상에서 중요한 역할을 하지 않는 것처럼 보일지라도, 그는 세상의 중심에 있는 사람을 제자로 삼아 그를 이끄는 역할을 하고 있다. 그는 자신의 깨달음을 적극적으로 전하는 사람이다.

요임금은 천하를 허유에게 양도하려는 마음으로 이렇게 말했다. 해와 달

---

52 "行事之情而忘其身 何暇至於悅生而惡死.",『莊子』「人間世」.

이 밝게 비추고 있는데, 왜 여전히 관솔불을 피우고 있는가? 그 빛은 쓸모가 없는 것이 아닙니까? 적시에 비가 오고 있는데도 물을 주고 있으니, 그 물은 의미가 없지 않습니까? … 제발 천하를 보살펴 주십시오. 허유는 이렇게 답했다. 당신은 이미 천하를 잘 다스리고 있습니다. 그런데 내가 당신을 대신하여 천자라는 지위를 얻기 위해서 대행하라는 말입니까? 명분은 본질의 손님에 불과합니다. 나에게 그 손님 역할을 하라는 것입니까? … 나는 천하를 가지고 할 일이 전혀 없습니다.[53]

요임금은 유학에서 가장 이상적인 군주 중 한 사람으로 알려져 있다. 그는 허유에게 세계를 맡기기 위해 간절히 그 자리에 오르기를 요청했다. 그러나 허유는 단호하게 거절했다. 허유는 세속을 떠난 은자로, 그의 지혜는 세간에 널리 알려져서 요임금조차도 그에게 천하를 부탁하고 싶어 할 정도로 고귀하고 순수한 존재이다. 요임금의 권력 이양 방식은 유학의 전통에 비추어 볼 때 가장 뛰어나고 완벽한 방식으로 여겨진다. 그래서 요임금이 이를 실행하려 한 이유가 여기에 있다.

요임금은 자기의 통치 방식이 인위적이라는 사실을 인지하고 있다. 그래서 해와 달이 빛나고 있는 상황에서 관솔불을 피우는 것은 불필요한 행동이라 느끼고, 적절한 시기에 비가 오고 있는데도 물을 대는 것이 잘못임을 알고 있다. 그러므로 도를 깨달은 허유에게 천하를 맡기고자 했던

---

53 "堯讓天下於許由 曰 日月出矣 而爝火不息 其於光也 不亦時雨降矣 而猶浸灌 其於澤也 不亦勞乎. …… 請致天下 許由曰 子治天下 天下旣已治也 而我猶代子 吾將爲名乎 名者實之賓也 吾將爲賓乎. …… 予無所用天下爲.",『莊子』「逍遙遊」.

것이다. 허유에게 맡기면 자연의 흐름에 따라 정치가 이루어질 것임을 깨달았기 때문이다. 즉, 해와 달이 돌아가는 것처럼 자연이 알맞게 운행하면서 모든 것이 잘 자라는 힘이 펼쳐질 것이라고 믿었던 것이다. 그러나 허유는 이를 거부했다. 그에게 왕이 되는 것은 인위적인 정치 시스템을 수용하는 것이 되기 때문이다. 또한 현실적으로 왕이 된다면 여러 가지를 분별하고 옳고 그름을 분명히 해야 한다. 이는 논란을 일으키고 갈등을 초래할 수 있다. 이러한 모든 행동은 도와 반대되는 일들이다.

허유는 은자임에도 불구하고 도를 깨달았기 때문에 요임금의 요청을 거절했다. 그는 왕이 되는 것이 실질과 명목으로 구분될 때 단지 이름만 얻는 것이며, 그로 인해 실질을 잃게 된다고 주장하며 거부했다. 도는 진정한 실체이며, 인위적으로 만들어진 정치체제에서의 왕은 단지 명목에 불과하다고 생각한 것이다. 허유는 진정한 도를 통해 세상과 연결되어 있기에 명목을 따질 필요성을 느끼지 못했다. 왕이라는 자리에 올라가서 정치를 한다고 해서 도를 더 잘 실현하는 것도 아니며, 비록 그는 은둔자처럼 보이지만 도를 깨달은 사람에게는 왕이나 은둔자의 구분이 없다고 생각했다. 도는 모든 곳에 존재하기 때문에 어떤 장소에 있든지 도를 펼칠수 있다고 본 것이다.

공자가 초나라에 방문했을 때, 초나라의 광접여는 그의 집 앞에서 노래를 부르며 왔다 갔다 했다. "봉새여, 봉새여, 왜 네 덕이 약해졌느냐. 미래는 기대할 수 없고 과거는 되돌릴 수가 없다. 세상에 도가 존재하면 성인은 이루어지지만, 도가 없으면 성인은 숨어서 살아가게 된다. 지금 이 시대에서는 형벌을 피하는 것이 전부일 뿐이며, 행복은 깃털처럼 가벼워도 쉽게 느껴지지 않고, 재앙은 땅보다도 무겁지만 피할 방법을 모르고 있다. 그만 하라 그만하라. … 사람들은 유용한 것의 가치는 알지만 쓸모없는 것의 가 치는 이해하지 못한다."[54]

광접여狂接輿는 '미친 접여'를 의미한다.[55] 접여가 광인과 같은 행동을 했기에 이름 앞에 '광' 자가 붙여진 것이다. 세상에서 비상식적인 행동을 하는 사람은 사회의 규칙과 체계를 거부하는 사람 혹은 정신적으로 문제 가 있는 사람이다. 여기서 접여는 그 시대가 백성을 고통에 빠뜨리는 법 치의 결함이 드러나는 사회라고 규정하며, 그런 사회의 규칙과 체계를 거 부하고 자유롭게 살아가는 사람으로 본다. 그는 공자를 설득해 도덕적인 규범을 제시하고 실현할 수 있는 사회구조를 만들어 가려고 했다.

접여는 공자가 세상을 잘못 이해하고 있다고 생각하여, 도덕적인 규범 을 통해 천자로부터 백성까지 도덕적인 인간으로 변화시키려는 노력을 멈추라고 제안한다. 이미 세상은 처벌을 피하는 것조차 힘든 시기이기 때 문에 도덕으로는 해결할 수 없음을 강조한 것이다. 만약 세상에 도가 있 다면, 성인은 나서서 인과 의의 도덕적 사회를 만들어야 한다. 그러나 만 약 세상에 도를 펼칠 수 있는 조건이 마련된다면, 그는 마땅히 은둔의 삶

---

54 "孔子適楚 楚狂接輿遊其門曰 鳳兮鳳兮 何如德之衰也 來世不可待 往世不可追也 天下 有道 聖人成焉 天下無道 聖人生焉 方今之時 僅免刑焉 福輕乎羽 莫之知載 禍重乎地 莫 之知避 已乎已乎. …… 人皆知有用之用 而莫知無用之用也.",『莊子』「人間世」.

55 '광접여'는『장자』뿐만 아니라『논어』,『순자』,『전국책』,『초사』,『한비자』등의 문헌 에서 주로 도가사상과 관련되어 등장하는 인물이다. 현실정치에 대한 비판과 도의 본 질을 탐구하는데 중점을 둔다.

을 선택해야 한다고 주장한다.

은둔자는 세상의 시각으로 볼 때 실패자이자 현실 회피자이며 쓸모없는 존재로 여겨진다. 사람들은 모두 자신이 사회에서 두드러지고 성공하며 세상을 자신의 이상으로 변화시키고 싶어 하는 욕구가 있으며, 이를 이룬 이들을 존경한다. 하지만 접여는 이러한 세속적인 기준을 거부한다.

명예와 부를 추구하는 것이 분명히 재앙을 초래한다는 사실에도 불구하고 이를 피하지 못하며, 행복은 가벼운 깃털과 같아도 이를 손에 쥐는 방법을 모른다고 이야기한다. 접여의 고민은 여기에 있다. 행복을 얻는 것이 훨씬 간단한 일임에도 불구하고 세상의 지식인들은 자신의 이론을 주장하기 위해 처벌도 불사한다.

접여는 무용無用의 용用을 제시한다. 이는 '쓸모없음의 쓰임새'를 말하는 것으로, 이 세상에 쓸모없는 것은 아무것도 없다. 쓸모 있는 것은 쓸모없음이 있기에 쓸모 있음이 되는 것이고, 쓸모없음이 없으면 쓸모 있음이 있을 수 없다. 따라서 공자가 제시하는 도덕적 규범은 쓸모 있다고 생각하는데, 이는 쓸모없는 것을 규정하는 근거가 되고 동시에 배척하는 기준이 된다. 접여는 이러한 기준이 사회를 더욱 혼란케 만들어 백성들과 위정자들을 오도하게 한다고 보았다.

세상에서 접여는 미친 사람이다. 사회적 책무를 다하지 않고 미친 행동을 하여 형벌을 피하는 반사회적 인물이다. 이에 반해 공자는 가혹한 형벌에 떠는 백성들을 불쌍하게 여기고 도덕적인 사회를 실현하여 이 문제를 해결하고자 한다. 이때 접여는 공자를 말린다. 공자와 같은 방식으로는 세상에 도가 회복될 수 없음을 알기 때문이다. 접여가 제시하는 방식은 모두가 동등한 가치를 가진 것을 인정하고 그것을 실현해 내는 것이다. 그런 점에서 접여는 세상을 냉정하게 분석하고 대안을 제시했다. 그는 세상을 등지지 않고 세상이 동등한 가치가 실현되는 곳으로 전환되어야 함을 강조한다. 이 방식은 세상에서 볼 때 매우 소극적이고 패배주의로 비추어지지만 접여는 공자를 설득하는 행동으로 실천에 옮긴 사람이다. 그런 점에서 접여는 도의 입장에서 행동하는 인물이라 할 수 있다.

앞서 언급한 왕태, 남곽자기, 허유, 접여 같은 초탈자들은 현실을 회피하는 사람들이 아니다. 외부에서 보면 그들은 패배자나 은둔자로 보이지만, 실제로 그들은 도를 깊이 이해한 이들이기에 세상의 잣대를 거부한다. 세상의 기준은 인위적이며 선악을 뚜렷하게 나누기 때문에 이는 모두에게 억압을 가져온다. 또한, 인류가 만든 모든 공동체는 서로 갈등을 일으키게 된다. 이러한 갈등을 해결하기 위해서는 구분과 판별의 마음을 버려야 하며, 그렇게 실천하는 사람은 『장자』에서 초탈한 존재로 묘사된다.

2) 재능에서의 초탈

초탈超脫(Detachment)은 세속의 한계를 벗어난 것이다. 『장자』에서는 인간의 기예를 넘어서는 인물들이 등장한다. 대표적으로 포정庖丁이 있다.

> 포정은 문혜군을 위해 소를 한 마리 도축한 적이 있다. … 칼이 움직일 때마다 소리가 가볍게 울렸다. 그 소리는 음악의 리듬에 어울리고 상림의 무악과도 조화를 이루며, 경수의 음절에도 적합했다. … 포정은 칼을 내려놓고 말했다. 제가 진정으로 즐기는 것은 도입니다. 재능보다 훨씬 중요하죠. … 최근에는 정신으로 소를 다루고 있으며, 눈으로 보지는 않습니다.

시각이 멈추니 자연스러운 정신의 작용만 남게 됩니다. 먼 길을 따라 넓은 공간과 빈자리에서 칼을 움직이며 소의 형태를 그대로 따라갑니다. 그 기술의 정교함 덕분에 아직까지 살이나 뼈에 상처를 입힌 적은 없습니다. 말할 필요도 없이 큰 뼈는 더 이상 언급할 것도 없습니다.[56]

포정의 몸짓과 그에 맞는 칼 사용은 소의 해체와 조화를 이루며 진행된다. 포정은 이러한 상태를 도의 경지라고 지칭한다. 이는 기술을 넘어서는 단계로, 감각기관의 한계를 초월해야 한다. 즉, 눈과 귀의 작용을 초월하여 마음으로 대상을 인식해야 한다. 그리고 그 대상을 그대로 받아들이면서 칼을 조절한다고 설명한다. 이에 따라 한 번도 살과 뼈를 분리하며 상처를 남기지 않고 해체 작업을 수행할 수 있다.

포정의 이러한 상태는 득도의 경지에서 이루어지는 작업이다. 즉, 도의 관점에서 이루어지므로 기술적 수준을 넘는 작업이 가능하다. 비록 포정은 소를 잡는 단순한 직업에 종사하지만, 그는 이 일을 통해 도를 배웠다. 도를 체득한 덕분에 그는 대상을 있는 그대로 인식할 수 있다. 만약 소를 포정의 육체적 시각으로 해체한다면, 살과 뼈에 상처를 내게 될 것이다. 포정이 자신의 눈으로 사물을 보지 않는 것은 대상에 집착하지 않음을 의미한다. 대상에 집착하지 않는 것은 욕망이 없다는 뜻이며, 완벽한 해체를 이루겠다는 강한 욕망이 없음을 나타낸다. 이처럼 집착이 없으므로 그

---

56 "庖丁爲文惠君解牛 … 奏刀騞然 莫不中音 合於桑林之舞 乃中經首之會 … 庖丁釋刀對
   曰 臣之所好者道也 進乎技矣 … 方今之時 臣以神遇 而不以目視 官知止而神欲行 依乎
   天理 批大郤 導大窾 因其固然 技經肯綮之未嘗 而況大軱乎.",『莊子』「養生主」.

는 소를 있는 그대로 인정하며, 소의 뼈와 살이 이어진 방향으로 완벽한 해체를 수행한다.

포정은 이 해체 작업에서 현재에 집중하고 있다. 작업 중에는 소에게 정신을 집중하여 감각기관을 드러내지 않도록 해야 한다. 이렇게 현재에 집중하고 대상을 있는 그대로 받아들여 마음대로 하려 하지 않으며, 대상에 집착하지 않는 것이 도의 본질이다. 이러한 도의 관점에서 포정은 완벽한 해체를 이룰 수 있다. 그는 자신의 도 경험담을 임금에게 이야기하는데, 이는 장자가 하고자 하는 말이기도 하다. 즉 임금이 세상을 통치하는 방식이 포정의 소 해체 방식과 유사해야 함을 강조한 것이다.

임금이 자신의 감각기관에 의해 왜곡된 판단이나, 비자연적인 방식으로 세상을 다스리면 백성들은 상처를 입게 된다. 임금이 백성들의 마음을 자신의 마음처럼 여겨야 백성들을 잘 다스릴 수 있고 백성들이 전쟁이나 부정적인 정치로부터 상처를 받지 않는다. 또한, 과거와 미래에 집착하지 않고 오직 현재에 집중하는 태도가 필요하다. 이러한 과정에서 주체와 객체가 하나가 되어 상처 없는 평화로운 시대가 올 수 있다. 이런 점을 강조하고 싶기에 장자는 포정을 앞세워 주장한 것이다.

저는 제 직업 덕분에 수레바퀴를 만들 때 너무 많이 자르면 헐거워져서 견고하지 않고, 너무 적게 자르면 딱 맞아 들어가지 않는다는 것을 알게 되었습니다. 더 자르지도 않고 덜 자르지도 않는다는 것을 손으로 배우며 마음속으로 이해할 뿐, 이를 말로 설명할 수는 없습니다. 거기에 어떤 비밀이 숨어 있지만, 저는 제 자녀에게 이를 가르쳐 줄 수 없고, 제 자녀도 저에게

서 배우지 못합니다.[57]

　수레바퀴를 만드는 동안 배운 기술은 처음에는 감각에 의존하여 익히지만, 숙련되면 마음으로 조절하게 된다. 마음으로 조정하는 기술은 언어로 설명할 수 없고 개인의 노력으로만 깨달을 수 있다. 이는 자녀에게도 물려줄 수 없는 기술이다. 만약 문서나 말로 전달할 수 있는 기술이라면, 그것은 단순한 감각적 기술에 불과하다.

　위에서 윤편輪扁이 제기하는 것은 도는 말이나 글로 설명되거나 채워질 수 있는 것이 아님을 강조한 것이다. 유학자나 묵가들이 말이나 글로 도를 설명하려 하지만, 이는 혼란한 세상을 바로잡는 데 큰 도움이 되지 않는다고 여겨진다. 도를 기반으로 한 정치를 실현하고자 한다면, 개인이 스스로 도를 체험해야 하며, 도는 부모 자식 간에도 교환할 수 없으므로, 반드시 자신의 수행을 통해서만 깨달아야 한다. 도를 깨닫겠다며 죽은 지식에 얽매이게 되면, 그로 인해 집착하는 마음이 생겨 도와 멀어지게 된다.

　윤편은 최고 통치자인 환공에게 성인의 말씀을 기록한 책이나 글은 더 이상 세상을 도로써 이끌어 갈 수 없으며 오직 스스로의 마음 수행으로 도를 체득해야 함을 강조한다. 즉 인위적인 지식으로는 세상을 바로잡을 수 없고 마음이 도와 합일되는 경지에 이르러야 세상에 도를 펼쳐낼 수 있다는 것을 인식시킨 것이다.

---

57 "臣也 以臣之事觀之 斲輪徐則甘而不固 疾則苦而不入 不徐不疾 得之於手而應於心 口不能言 有數存焉於其間 臣不能以喩臣之子 臣之子亦不能受之於臣.",『莊子』「天道」.

"처음에 당신을 귀신으로 생각했는데 자세히 보니 당신은 인간이군요. 한 가지 여쭤볼게요, 물속에서 헤엄치는 일에도 특별한 기술이 필요한가요?"

"아니요, 그런 건 없습니다. 저에게는 특별한 기술이 없고, 평소에 지속적으로 연습하면서 저의 본성에 맞게 발전하고 천명에 따라서 이루었습니다. 저는 소용돌이와 함께 물속으로 들어가고, 솟아오르는 물과 함께 수면 위로 올라오며, 물결을 쫓아가면서 전혀 제 힘을 사용하지 않아요."[58]

공자는 사람이 물고기가 수영할 수 없는 장소에서 수영할 수 있는 방식이 있는지 질문했다. 그는 사람이 물속의 물고기보다 수영을 더 잘할 수 있다는 믿음에서 그런 질문을 한 것이다. 하지만 그는 결국 도의 존재를 부정한다. 그 대신 그는 처음에는 배우지만 곧 학습을 버리고 자연스러운 본성을 따르게 된다고 주장했다. 이는 학습으로는 더 이상 발전할 수 없기 때문이다. 이후에 그는 명에 따르는 것을 언급했다. 명에 따르는 것은 대상을 존중하고 받아들이는 것을 뜻한다. 만약 내가 대상을 거부하고 내 방식으로만 행동한다면, 이는 명을 거부하는 것과 같다.

따라서 명을 받아들이는 것은 주어진 대상의 상황에 나 자신을 맞추는 행동이 된다. 그래서 그는 소용돌이에 휘말리면서 물속으로 들어가고, 물과 함께 떠오를 수 있었던 것이다. 그는 대상과 대립하는 것이 아니라 조화를 이루어 그 대상과 일체가 되고, 그 조화를 통해 물고기보다 나은 수영 실력을 발휘할 수 있었다.

---

58 "吾以子爲鬼 察子則人也 請問 蹈水有道乎 曰 亡 吾無道 吾始乎故 長乎性 成乎命 與齊俱入 與汨偕出 從水之道而不爲私焉.",『莊子』「達生」.

이와 같이 『장자』에는 초월적인 능력을 가진 인물이 여럿 등장한다. 이들은 처음에는 노력이나 학습을 통해 특정 기술을 배우지만, 나중에는 이를 내려놓고 도와 일체가 되는 과정을 통해 상상 이상으로 뛰어난 능력을 발휘하게 된다. 이는 직업뿐 아니라 국가를 운영하는 데에도 마찬가지로 적용되어야 한다는 주장을 내포하고 있다. 동시에 국가를 관리하든 개인의 직업으로 생계를 이어가든 간에, 자신의 마음을 가다듬어 도와 하나가 되어야 함을 보여준다. 또한 직업의 귀천을 떠나 모든 사람이 자신의 일을 통해 도를 깨닫고 도와 함께 나아갈 수 있다는 점을 강조한 것이다.

　인위적 요소를 배제하고 온전한 상태에서 생과 사를 잊으며, 선악을 초월하고 무한한 자유에 자신을 맡겨야 한다. 마음과 몸이 완벽하게 정화되는 이형거지離形去知 수행의 본질은 세속적인 경쟁의식이나 권력에 대한 욕망에서 벗어나 몸과 마음이 하나로 합쳐지는 것이다. 이는 자연이 인간에게 주어진 본성을 회복하는 과정으로, 본질적인 것에 자아를 집중시키는 것을 의미한다. 이것이 바로 하늘, 자연, 그리고 도의 개념이다.

제2부

유가와 도가는 성인을 어떻게 보는가?

1. 공자의 성인관

세상이 천도로 가득 차게 되면, 예와 악이 황제로부터 나온다고 말하는 것처럼, 예와 악은 개인적인 문제에 국한되지 않고 정치적, 사회적 맥락과 관련이 있다. 예와 악이 사람을 완성하는 것은 정치적으로 천도가 펼쳐진다는 뜻이며, 이를 실천해야 하는 이는 성인이다. 따라서 성인이 되는 학문은 자신의 내적인 수양에 기초해 현실에서 예와 악을 구현하는 과정까지 포함해야 한다. 다시 말해, 성인은 내면에서 자신의 수양으로 천도에 부합하면서 외부에서는 그 천도를 사회에서 실현하는 두 가지를 모두 달성한 사람이다.

정명正名과 인치仁治

공자 사상의 보고인 『논어』에는 '성인'이라는 단어가 네 번 등장한다.

> 성인을 만날 수 있는 방법이 없다면, 군자를 만나는 것도 만족스럽다. 선
> 인을 접할 수 있는 길이 막혔다면, 유항자를 만나도 괜찮다.[1]

위 인용문에서는 성인, 군자, 선인, 유항자有恒者를 언급하고 있다. 이 대목에서는 성인과 군자, 선인, 유항자의 인격적 순위를 암시적으로 논하고 있다. 특히 성인은 공자가 생각하는 이상적인 인물이다. 공자는 그런 성품을 가진 사람을 찾기 어려운 반면, 군자라도 만날 수 있기를 바란다고 했다. 선인도 만나기 힘든 존재라서, 떳떳한 마음恒心이 있는 도덕적 품성을 지닌 사람이라도 접할 수 있기를 원한다고 밝혔다. 이는 그 당시 도덕적 인격 소유자가 매우 드물었기 때문에 나온 이야기이다.

군자는 천명의 말씀과 대인, 성인의 가르침을 존경한다. 첫째, 천명은 하늘의 법칙이다. 하늘의 법칙은 사계절이 혼란을 일으키지 않고 차례대

---

1 "聖人吾不得而見之矣 得見君子者 斯可矣 善人吾不得而見之矣 得見有子恒者 斯可矣.",
　『論語』「述而」.

로 돌아가는 것처럼 정해진 규칙과 질서를 유지한다. 하늘은 항상 이러한 규칙을 지키는 변함없는 특성이 있다.

둘째, 대인은 소인과는 반대되는 성격을 가진 존재이다. 『논어』에서는 "군자는 어려운 상황에서 더 강해지고 소인은 어려울 때 더 방종한다."[2]고 하여 소인이 물질적인 것에 집중하는 반면 대인은 물질적 욕망을 초월해 도리와 의를 구현한 사람이라는 점을 말해 준다. 대인은 도덕적으로 완전한 사람으로 여겨지기 때문에 존경받는다는 의미이다.

셋째, 성인의 말은 다른 방식으로 말하자면 천명, 즉 자연의 소리이다. 성인은 진실성을 추구하지 않아도 모든 것에서 공정하고 올바른 상태에 도달하며, 인위적으로 사고하지 않아도 자연스럽게 얻어진다. 이러한 것은 성인만이 할 수 있는 일이다. 그래서 성인의 말은 도의 표현으로 여겨져, 군자는 이를 존경하는 것이다.

언언이 곁에 있을 때 이렇게 말했다. 군자께서는 왜 그렇게 한탄하십니까? 공자가 대답했다. 큰 도가 실행되던 시기와 삼대의 뛰어난 인물들이 정치하던 시절은 내가 알지 못하지만 그 뜻은 여전히 남아 있다. 대도가 지켜지던 시절에는 세상이 모두 사람들에 의해 공유되었다. 뛰어나고 능력 있는 이들을 선택해 세상을 맡겼고, 모든 사람의 말과 행동이 일치하며 서로 화합하고 평화로운 분위기 속에서 살았다. 모든 이가 자신의 부모를 사랑하는 것뿐만 아니라 남의 부모도 존중하며, 자신의 자녀에게 자애로울 뿐

---

2 "君子固窮 小人窮斯濫矣.",『論語』「衛靈公」.

만 아니라 남의 자녀에게도 같은 사랑을 베풀었다. 홀아비, 과부, 고아 그리고 자녀 없는 노인과 장애인들이 충분히 대접받을 수 있었다. 도둑도 없고, 강도가 날뛰는 일도 없었다. 모든 집의 문은 닫혀 있지 않았다. 이러한 사회를 대동 사회라고 부른다. 예와 의를 통해 질서를 세우고 우와 탕, 문왕, 무왕, 성왕과 주공은 예를 통해 올바름과 그름을 가려냈다. 이 여섯 군자는 예에 의해 신중하지 않은 이가 없었다. 그렇기에 그들은 의로움을 확고히 하고 신의를 깊이 이해하며 이를 소강小康이라고 일컫는다.[3]

공자는 언언言偃과의 대화에서 대도가 행해지던 시기와 그 이후의 하나라 · 은나라 · 주나라의 삼대三代로 구분하여 설명한다. 하 · 은 · 주 시대의 우 · 탕 · 문왕 · 무왕 · 성왕 · 주공을 군자로 규정한다. 군자가 만들어 가는 세상은 소강小康의 사회로, 이는 사회가 어느 정도 안정되고, 사람들이 기본적인 생활을 영위할 수 있는 상태를 가리킨다.

소강 사회보다 더욱 안정된 대도가 행해지던 시대가 바로 대동 사회이다. 그리고 대동 사회를 실현해 내는 사람이 성인이며 '삼황오제'[4]이다. 군자가 경외해야 하는 성인은 천도를 현실 속에서 구현한 사람이다. 다시 말해 성인은 내적으로는 도덕적 수양으로 천도를 체현한 사람이면서 그

---

3 "言偃在側 曰 君子何歎 孔子曰 大道之行 與三代之英 丘未之逮也 而有志焉 大道之行也 天下爲公 選賢與能 講信修睦 故人不獨親其親 不獨子其子 矜寡孤獨廢疾者皆有所養 盜竊亂賊而不作 故外戶而不閉 是謂大同 禮義以爲紀 禹湯文武成王周公由此其選也 此六君子者 未有不謹于禮者也 以著其義 以考其信 是謂小康.",『禮記』「禮運」.
4 안성재,「성인과 군자의 수사적 차별성에 대한 고찰:『도덕경』과『논어』를 중심으로」,『수사학』37, 한국수사학회, 2020, p. 96.

체현한 천도를 현실에서 실현해 낸 사람이다.

성인이 다스리던 시대는 '천하위공天下爲公'이라는 개념으로 설명되며, 이는 세상이 개인의 것이 아니라 모두의 것이라는 뜻을 담고 있다. 모든 사람은 세상의 주체로서 존재하므로, 성인이 되는 데는 타고난 자질이 아니라 성인이 되려는 결단력이 중요하다는 것이다. 이는 세습 왕권 아래에서 공자가 당시 정치인들에게 계속해서 요구한 사항이며, 그의 사상을 인간 중심으로 보아야 하는 이유이기도 하다. 요컨대, 세상은 개인의 재산이 아니라는 것이다. 따라서 세상을 차지하기 위한 전쟁이 일어나서는 안된다. 모든 사람이 평화롭게 자신의 삶을 충실히 살 수 있는 환경이 조성된 사회가 필요하며, 이를 위해 지도자는 성인이 되기 위해 노력해야 한다. 자신의 삶을 잘 살게 하는 정치 활동을 펼친 자가 성인으로 간주되며, 군자는 그러한 성인을 존경해야 한다고 여겨졌다. 이때 성인은 자신을 부각시키지 않으면서도 사회를 이끄는 사람으로 묘사된다. 성인의 도덕적 품성은 매우 뛰어나지만, 이러한 덕목은 선천적으로 주어지거나 일회성으로 존재하는 것이 아니며, 체계적인 과정을 통해 지속적으로 자기 성찰을 하고 학문을 충실하게 함으로써 이루어진다.

성인은 선천적인 것이 아니라 후천적인 노력으로 성덕을 쌓은 사람이라 본다. 스스로 인격을 수양함으로써 천도와 합일을 이룬 자가 성인이다. 공자는 학문의 목적을 성인에 두었기 때문에 『논어』는 성인이 되기 위한 역사적 저술'[5]이라 할 수 있다. 신유학을 달리 성학聖學이라고 부르

5　林永勝, 「作爲樂道者的孔子: 論理學家對孔子形象的建構及其思想史意義」, 『淸華中文學報』第十三期, 國立淸華大學中國文學, 2015, p. 4.

는 것에서도 유학의 학문 목적이 성인이 되는 것임을 알 수 있다. 『논어』
는 성인의 경지에 이르는 수양의 단계를 설정하고 있다.

성인에 이르는 길

기본적으로는 학이시습지學而時習之로써 학문을 시작하여 온고지신溫
故知新으로 기초를 다져나간다. 심화 단계에 이르러서는 지지자불여호지
자知之者不如好之者 호지자불여락지자好之者不如樂之者라고 하여 지지知之
→ 호지好之 → 낙지樂之의 단계로 심화된다. 이를 인생의 시기에 따라서
다음과 같이 제시하기도 한다.

나는 열다섯 살에 학문에 뜻을 두고 정진해 나아갔고, 서른 살이 되던 해에
는 그 목표를 이루었다. 마흔 살에는 어떠한 흔들림도 없었고, 쉰 살이 되
자 하늘의 뜻을 이해하게 되었다. 예순 살에는 이순이 되었고, 일흔 살에
는 마음을 다스려도 도리를 벗어나지 않았다.[6]

나이가 들면서 학문을 통해 성장하는 과정을 보여주는 것이며, 이는 단
순히 나이를 나타내는 것이 아니다. 이 글에서 전하고자 하는 주된 의미
는 학문에 열정을 가지고, 마음이 자유로워지는 단계까지 도달하는 성취
과정을 보여주는 것이며, 동시에 수양의 과정을 설명하는 것이다.

---

6 "吾十五而志於學 三十而立 四十而不惑 五十而知天命 六十而耳順 七十而從心所欲不
  踰矩.",『論語』「爲政」.

일찍부터 학문에 대한 열망을 가지고 배우는 과정을 거치는 단계가 '립立'에 해당한다. '선다'라는 것은 누군가의 도움이 없이 독립적으로 서는 것을 의미한다. 동시에 도의 입장에 서는 것도 나타낸다. 도에 서게 되면 더 이상 흔들리지 않게 되며, 그 상태가 바로 '불혹不惑'이다. 불혹은 세상의 대단함에 마음이 동요하지 않고, 자신의 감정 또한 외부 사물에 의해 더 이상 혼란스럽지 않은 경지를 의미한다. 마음의 동요가 없는 상태에 들어가면 '지천명知天命'에 이르게 된다. 여기서 '지'는 단순히 지식이 아닌 '깨닫다'는 의미가 더 적합하다. 그래서 지천명은 천명을 알기보다는 깨닫는 경지를 표시한다.

'이순耳順'에서 '이'는 고대 문맥에서 '~일 뿐이다'의 의미로 사용되기도 했다. 따라서 이순의 뜻은 '단지 순할 뿐이다'로 해석될 수 있다. 여기서 '순'은 '역逆'과 반대이다. 그러므로 이순은 '천명을 따를 뿐이다'라는 의미가 된다. 천명을 깨닫고 그 이후에는 천명에서 벗어나지 않는다는 것이 바로 이순의 의미이다.

'종심從心'은 단순히 마음을 따르는 것이 아니라 마음에 복종하게 하는 것을 더 정확히 설명한다. 이는 천명을 깨닫고 오로지 천명만을 실천하는 경지에 있기 때문에, 종심은 마음을 따르는 것이 아닌 마음이 완전히 복종하도록 한 상태로 이해해야 한다. 그렇게 마음을 통제했기 때문에, 마음이 천도의 흐름과 하나가 되는 상태가 이루어진다. 그러한 상태에서 마음대로 행동하는 것은 바로 천도를 따르는 것이므로, 천도로부터 벗어나지 않는 경지가 종심의 상태라 할 수 있다.

이와 같이 공자가 인간의 각 연령대에 도달하는 경지인 지어학·이립·불혹·지천명·이순·종심 등의 단어는 그가 '인간존재에 대한 근원적인 탐색'[7]을 통해 천도를 체득하여 성인이 되는 과정을 설명한 것이다. 이는 개인의 내적인 성취를 나타내며, 스스로의 학습을 통해 성인에 이르는 단계와 과정을 보여준다. 이전에 언급했듯이, 성인이 되기 위한 외부의 학습으로 공자는 예의와 악의 중요성을 강조하였다. 예의는 사람이 올바르게 서 있도록 하는 기초이며, 악은 사람을 완전하게 만드는 이유이다. 성인으로 성장하는 것은 자신의 내면에서 인격이 발달하는 것뿐만 아니라, 사회라는 생활환경에서의 학습도 함께 필요하다는 것을 의미한다.

세상이 천도로 가득 차게 되면, 예와 악이 황제로부터 나온다고 말하는 것처럼, 예와 악은 개인적인 문제에 국한되지 않고 정치적, 사회적 맥락과 관련이 있다. 예와 악이 사람을 완성하는 것은 정치적으로 천도가 펼쳐진다는 뜻이며, 이를 실천해야 하는 이는 성인이다. 따라서 성인이 되는 학문은 자신의 내적인 수양에 기초해 현실에서 예와 악을 구현하는 과정까지 포함해야 한다. 다시 말해, 성인은 내면에서 자신의 수양으로 천도에 부합하면서 외부에서는 그 천도를 사회에서 실현하는 두 가지를 모두 달성한 사람이다.

---

7 橋本敬司, 앞의 논문, p. 90.

2. 맹자의 성인관

맹자 또한 공자와 같이 성인은 선천적으로 타고난 자
가 아니라고 보았다. 맹자는 "성인도 나와 같은 인류人
類일 뿐이다."라고 하여 누구나 성인과 같은 성품, 즉
성선의 가능성을 지니고 있다는 점을 강조하였다. 또
한 성인은 '인지합일仁智合一'을 성취한 자이다. 인지
합일은 유교 철학에서 중요한 개념으로, 인仁과 지智
가 하나로 합쳐진 상태를 의미한다. 이는 도덕적 덕성
과 지혜가 조화를 이루어야 한다는 뜻으로, 인간이 도
덕적으로 올바르고 지혜롭게 행동할 때 진정한 성인
에 이를 수 있다는 것을 강조한다.

인의예지의 성인관

『맹자』에서는 '성인'이라는 표현이 34번, '성聖'이라는 글자가 47번 사용되었다. 빈도만 따져 보면 맹자는 성인을 공자보다 더 중요하게 생각한다는 인상을 줄 수 있다. 하지만 단어의 사용 횟수로 가치를 판단하는 데는 한계가 있다. 공자와 맹자 모두 성인을 가장 이상적인 인물로 여기는 것은 동일하다. 그러나 맹자는 성인 다음으로 현인과 군자를 언급했다.

맹자 또한 공자와 같이 성인은 선천적으로 타고난 자가 아니라고 보았다. 맹자는 "성인도 나와 같은 인류人類일 뿐이다."[1]라고 하여 누구나 성인과 같은 성품, 즉 성선의 가능성을 지니고 있다는 점을 강조하였다. 또한 성인은 '인지합일仁智合一'[2]을 성취한 자이다. 인지합일은 유교 철학에서 중요한 개념으로, 인仁과 지智가 하나로 합쳐진 상태를 의미한다. 이는 도덕적 덕성과 지혜가 조화를 이루어야 한다는 뜻으로, 인간이 도덕적으로 올바르고 지혜롭게 행동할 때 진정한 성인에 이를 수 있다는 것을 강조한다. 사단과 사덕은 인간이면 누구나 지니고 태어난 성품이다. 이것을 확충하면 성인이 된다는 것이다. 맹자는 인간은 모두 성인이 될 가능성이

---

1 "聖人與我同類者.",『孟子』「告子」上.
2 王季香,「先秦諸子之人格類型論」, 國立中山大學 博士, 中華民國93年, p. 78.

있다고 전제했다.

> 천민天民은 자기 스스로 성공적으로 세상을 변화시킬 수 있게 된 후에야 도
> 를 실행하는 사람이다. 대인은 자신의 행동을 옳게 한 다음에 다른 이를
> 올바르게 이끌어 가는 사람이다.[3]

여기서 천민天民은 도를 이해한 사람을 의미한다. 도를 실천할 수 있는
경우에는 실행하고, 실천할 수 없는 경우에는 중단하는 사람이다. 따라서
도를 실천할 여건이 갖춰진 후에 등장하는 존재이다.

이 문장에서 대인은 가장 높은 도덕적 품성을 지닌 인물로 언급되며,
이는 성인으로 바꿔 표현할 수 있다. 그는 먼저 자신의 올바른 삶을 정립
한 후에 주변의 사물과 이치를 바로잡는다. 물정은 다른 사람들과 사물의
올바름을 증진시키는 것이다. 사람들과 사물의 올바름을 확립하는 것은
좋은 정치와 사회를 이루는 것을 의미한다.

> 옛날 사람들은 자신의 바람을 이룰 때 백성들에게 은혜가 더해진다고 믿
> 었고, 목표를 이루지 못하면 자신의 행동을 정화하여 세상에 자신을 드러
> 냈습니다. 어려운 처지에 처하면 스스로를 잘 가꾸고, 세상을 잘 이해하게
> 되면 모든 사람을 바르게 인도합니다.[4]

---

3 "有天民者 達可行於天下而後 行之者也 有大人者 正己而物正者也.",『孟子』「盡心」上.
4 "古之人 得志 澤加於民 不得志 修身見 於世 窮則獨善其身 達則兼善天下.",『孟子』「盡心」上.

성인은 내면적으로 자신을 발전시켜 도의 높은 경지에 오르고, 외면적으로는 세상에 도를 나타내는 사람이다. 스스로 주도적으로 자신을 닦고, 현실 사회 속에서 배운 것을 드러내는 사람이다. 자신을 수양하면서도 홀로 독립적으로 수련한다. 이는 혼자 수양하는 것 이상의 의미가 있다. '독獨'은 또 다른 의미로 '하나'를 뜻한다. 하나는 모든 것을 포함하는 개념이다. 그러므로 독은 '모든 것과의 일체감'을 의미한다고 볼 수 있다. 모든 것과 통합되어 세상을 이끌어 가는 사람이 성인이라는 뜻이다.

맹자는 이렇게 언급했다. 천작天爵을 지닌 이들이 존재하고, 인작을 지닌 이들도 있다. 인의와 충신, 선도 실행을 기꺼이 즐기는 것이 천작이며, 공경과 대부와 같은 직책은 인작이라 할 수 있다.[5]

하늘이 부여한 존귀함을 천작天爵이라 하고, 인간이 부여한 존귀함을 인작人爵이라 한다. 천작을 지닌 자는 하늘이 부여한 인仁과 의義, 충忠과 신信의 본성을 확충하고, 그것을 실행하는 데 게으름 없이 성실하게 실천하는 사람이다. 천작을 부여받는 것은 자신의 일상에서의 도덕적 수양을 주체적으로 행함으로써 얻어진다. 그것은 타율이나 강제가 아니라 자발적 실천으로만 가능하다.

인작은 사회적 지위나 권력, 명예 등을 통해 얻어지는 존귀함으로, 외부적인 요소에 의해 부여되며, 사회적 인정과 관련이 있다. 맹자는 천작

---

5 "孟子曰 有天爵者 有人爵者 仁義忠信 樂善不倦 此天爵也 公卿大夫 此人爵也.", 『孟子』「告子」上.

을 수양하면 인작이 따라온다고 하여 도덕적 수양을 통해 자연스럽게 사회적 존귀함도 얻을 수 있음을 강조했다.

인仁을 행한다는 것은 곧 도를 체득하고 도를 실현해 나가는 것을 의미한다. 인은 도의 구체성을 의미하는 것으로 "인은 인간다움이고 이것을 합해서 말하면 도이다."[6] 따라서 도를 게으르지 않고 즐겁게 실행하는 자는 하늘로부터 작위를 받은 자라 할 수 있다. 즉 하늘과 하나 되었음을 하늘이 인정해 준 것이다.

여기서 맹자는 수양을 통해 일상생활 속에서 인의충신을 실천하는 것에서 인간이 부여한 지위와 그 역할보다 하늘이 부여한 지위와 역할이 더 근원적임을 주장한다. 하늘이 부여한 천작은 구체적이지 않다. 그런데도 하늘을 온전한 도덕적 실체로 보고 인의충신이라는 하늘성을 실현하는 것을 하늘과 부합되는 것으로 파악한다.

"형체와 안색은 다 천성에 속하는 것이니 다만 성인이 된 후에야 타고난 형체처럼 실천할 수 있다."[7] 성인은 인의충신을 자신의 마음과 세상살이 속에서 실현해 나가는 사람이다. 이를 맹자는 '형색形色'이라 표현했다. 그러므로 형은 불가시적 형체인 순수 원리가 된다.

그렇다면 누가 하늘이 제시하는 본연적 원리, 즉 순수 원리를 실천할 것인가? 맹자는 성인만이 형, 즉 순수 원리를 실천할 수 있다고 주장한다.[8] 형은 형상이다. 세상에 보이는 것은 형체가 있고, 형체가 있는 것은

---

6 "孟子曰 仁也者 人也 合而言之 道也.",『孟子』「盡心」下.
7 "孟子曰 形色天性也 惟聖人然後 可以天形.",『孟子』「盡心」上.
8 허성도,「孟子의 形色論」,『중국문학』78, 한국중국어문학회, 2014, p. 40.

색이 있다. 맹자는 형색 안에 보이지 않는 형상이 있다고 보았다.

인간의 눈에 보이지 않는 형상은 인의충신이다. 즉 인의충신은 하늘의 보이지 않는 형상으로, 인간은 누구나 하늘로부터 선한 본성을 품부받은 존재이기 때문에 선한 본성의 근거인 인의충신이 보이지 않는 천성이다. 그러한 천성을 실천할 수 있는 사람이 곧 성인이고, 성인만이 온전하게 실현해 낸다고 주장한다.

> 맹자는 선한 행동을 하려는 마음을 선善이라고 지칭하며, 선이 자신 안에 존재하는 것을 신信으로 표현한다. 또한, 완전히 가득 차 있는 상태는 미美 라고 하고, 완전하고 빛나는 상태는 대大라고 한다. 크고 또한 훌륭한 것을 성聖이라고 부른다. 신성하지만 이해할 수 없는 것은 신神이라고 한다.[9]

맹자와 인격 완성의 길

맹자는 인격의 수양 단계를 선善・신信・미美・대大・성聖・신神으로 설정하였다. 선은 가욕可欲의 단계이다. 선을 행하려는 의지가 작용하는 단계로, 곧 의식적으로 선을 행하려는 단계라는 것이다. 인간이 생득적으로 지니고 태어난 도덕적 본성을 실천하고자 하는 사람이 선인善人이다. 이러한 의지가 확대되어 인간의 선천적인 도덕성이 자신에게 이미 구유된 본성임을 믿는 단계가 '유제기有諸己'이다. 이는 단계적으로 신인信人

---

9 "曰 可欲之謂善 有諸已之謂信 充實之謂美 充實而有光輝之謂大 大而化之之謂聖 聖而 不可知之之謂神.", 『孟子』「盡心」下.

이다. 이러한 믿음이 마음을 충실하게 채운 것이 미美의 단계이다.

맹자는 미는 밖에서 구해지는 것도, 인위적으로 창조할 수 있는 것도 아니라고 생각했다. 진정한 아름다움은 내면에 선이 가득 차서 충만하게 되면 저절로 속에서 우러나는 것이다.[10] 그렇다면 선이 무엇인가를 그렇게 하고자 하는 인위의 단계라면, 미는 저절로 그렇게 되는 단계에 접어든 것이다. 미의 단계는 이미 선천적으로 부여된 도덕성이 스스로 전개되는 과정이다. 미의 단계를 넘어서면 그것이 외부로 발현되기 시작한다. 이것이 '충실이유광휘充實而有光輝'의 단계이다.

이 단계는 내적으로 도덕성이 충실해지고 동시에 그것이 세상을 향하여 발휘되는 단계이다. 세상을 향해 선한 본성을 발휘하는 사람이 대인大人이다. 대인은 '중용의 도를 실천하는 사람'[11]으로 중용지도의 실천으로 백성들을 교화시키는 존재가 성인이다. 이것이 '대이화지大而化之'의 단계이다. 이는 인격 수양을 토대로 사회에서 백성을 교화하는, 즉 정치적 측면에서의 표현이다. 성인은 백성을 교화시킬 수 있는 능력을 지닌 존재이면서 동시에 그것을 현실에서 펼쳐 내는 존재이다. 이러한 성인이 백성을 교화시키면서도 자신을 드러내지 않게 되는 경지, 즉 불가지不可知에 이른 상태를 신인神人이라 한다.

따라서 신인은 성인보다 더 높은 도덕적 성취를 이룬 존재이다. 신인은 자신의 교화 과정을 스스로 인식하지 못하는 존재로 설정된다. 유학에서

---

10 김종미, 앞의 논문, p. 128.
11 이순미, 「맹자인성론의 도덕주체로서의 인간연구」, 성균관대 박사논문, 2020, p. 136.

는 정치와 교육이 밀접하게 연결되어 있어, 교화 행위는 사실상 정치적인 행동이 된다. 정치적 행동은 특정한 지위를 동반하게 되므로 신인은 이러한 지위조차 잊어버린 사람이지만, 동시에 백성을 교화하는 위대한 성취를 이루어 가며, 백성들로 하여금 그 출처를 인식하지 못하게 하는, 즉 흔적을 남기지 않는 인물로 불린다. 따라서 신인은 성인보다 더욱 뛰어난 도덕적 교화를 실천하는 사람이다.

맹자의 인격 완성 6단계를 도식화하면 다음과 같다.

    1단계: 선善 - 성품의 자연적인 발현 단계
    2단계: 신信 - 선의 실행 습관의 형성 단계
    3단계: 미美 - 도덕적인 자각 단계
    4단계: 대大 - 인간관계의 조화 단계
    5단계: 성聖 - 자기 수양과 성찰의 단계
    6단계: 신神 - 사회적 책임과 실천의 단계

이처럼 맹자는 도덕적 완성이 이루어지는 여섯 가지 단계를 제안하였다. 이를 통해 개인은 자신의 수양이 어떤 단계에 있는지를 확인하고, 궁극적인 목표인 신인의 경지에 도달하도록 힘쓰라고 격려한다.

성인은 가장 높은 도덕적 품성을 지닌 존재이며, 동시에 사회에 참여하여 도덕을 실현하는 사람이다.

맹자는 이렇게 언급했다. 성인은 백세의 스승이며, 백이와 유하혜가 그 예시가 된다. 그렇기 때문에 백이의 기품에 대해 들은 이들은 탐욕이 많은 사람도 청렴해지고, 약한 사람은 자신의 뜻을 확고히 하게 된다. 유하혜의 기품을 접한 사람들은 성격이 거친 사람도 너그러워지고, 마음이 좁은 사람도 관대해지게 된다.[12]

성인은 먼 미래까지 영향을 미치는 교화의 능력을 지닌 존재이다. 한 개인의 윤리적인 행동은 그 이후 세대가 살아가는 데 중요한 기준이 된다. 어려운 상황에서도 흔들림 없이 올바른 선택을 한 성인의 모습을 보면, 후세의 사람들은 그것을 귀감으로 삼아 자신의 행동을 점검하게 된다. 이를 통해 성인의 도덕적 행동이 사람들을 도와 스스로의 선택을 윤리적으로 이루게끔 한다. 이러한 행동을 할 수 있기 위해서는 개인의 수양이 필수적이다.

군자는 먼저 자신을 수양한 후 세상의 평화를 위해 공부하는데, 이는 단순히 자신의 발전에 그치지 않고 세상을 바로잡아 평화로운 곳으로 만드는 것을 포함한다. 세상을 평화롭게 한다는 것은 백성들에게 경제적 안정감을 주는 것을 의미한다. 민중의 삶이 보장된 후에는 도덕적인 각성까지 이루어져야 한다.

성인은 완전한 인격체이면서 정치적 능력을 발휘하는 존재이다. 유학에서 성인은 고독한 은둔자로서 고귀함을 지닌 채 세상과 단절된 존재가 아니다. 그들은 적극적으로 대중의 경제적 기반을 마련하고, 나아가 도덕적 품성을 기르려는 사람들이다. 여기에 백성을 올바른 길로 인도하는 주

---

12 "孟子曰 聖人百世之師也 伯夷柳下惠是也 故聞伯夷之風者 頑夫廉 懦夫有立志 聞柳下惠之風者 薄夫敦 鄙夫寬.",『孟子』「盡心」下.

체가 바로 성인이며, 성인만이 백성을 효과적으로 지도할 수 있다.

> 맹자는 그림쇠와 곱자가 각각 모양이 다른 것들을 만드는 기준이 되며, 성
> 인은 인간의 도리를 실천하는 기준이 된다고 언급했다.[13]

성인은 인류의 본보기가 되기 때문에 백성들을 올바른 윤리로 인도한
다. 그림쇠와 곱자가 완벽한 원과 각진 모양을 만들어 내는 이유와 같이
성인은 인류의 도리를 온전히 구현하는 기반이 된다. 따라서 성인은 자신
의 윤리를 혼자서 간직하지 않고 사회 속에서 나타내야 하는 존재이다.

왕도정치와 성인

맹자는 민을 가장 귀한 존재라고 말하지만, 민은 정치의 주체가 될 수
는 없고 통치의 대상일 뿐이다. 따라서 민을 이끌어 가는 자는 노심자勞心
者가 된다. 왕도정치를 위해 군자에게 수기치인修己治人 성왕聖王을 요구
하고 인仁과 덕정德政을 하나가 되게 하였다. 맹자는 외왕外王은 교화를
통해서 대동 사회를 실현하는 것[14]이라고 주장했다. 성인은 통치자가 되
는데 그러한 성인이 실현하는 정치가 왕도정치이며 왕도정치는 인과 의
에 바탕한 덕치이다.

---

13 "孟子曰 規矩方圓之至也 聖人人倫之至也.",『孟子』「離婁」上.
14 박병구,「내성외왕 사상의 군자정치연구」,『퇴계학과 유교문화』59, 경북대 퇴계연구
　소, 2016, p. 228.

왕도정치의 실현은 천하를 통일하는 것인데, 천하를 통일하기 위해 제후는 반드시 먼저 보민保民·양민養民·목민牧民의 세 정책을 시행해야 한다.[15] 이러한 정책을 달성해야만 왕자王者의 자격을 갖춘 것으로 보았다.

왕도정치는 왕이 시행하는 정치이다. 왕의 존재 목적은 백성을 전쟁의 재앙에서 지키는 보민, 경제적인 안정을 통해 서민의 삶을 보장하는 양민, 무지한 백성들을 도덕적으로 깨우쳐 인과응보의 사회를 실현하는 목민을 포함한다. 이러한 정책이 안정적으로 이행되는 것을 왕도정치라고 할 수 있다. 왕도정치는 특정 제후의 영역에만 국한되지 않고 전체 세계로 확대된다.

> 맹자는 이렇게 이야기했다. 인덕이 없는 사람도 나라를 차지한 경우가 있지만, 인덕이 없는 사람이 천하를 얻은 적은 없다.[16]

인정仁政을 시행하지 않아도 작은 영토의 군주는 될 수 있다. 하지만 인을 바탕으로 정치하지 않는 사람은 천하를 차지할 수 없다고 단언한다. 즉, 세상은 인을 기초로 한 통치를 펼치는 군자만이 소유할 수 있다는 것이다. 여기서 맹자는 한 개인의 윤리와 정치를 연결 짓고 있다. 세상을 얻고 그 세상이 평화롭게 되기 위해서는 군자의 인정이 필요하다고 보았다.

맹자는 백성이 가장 소중하다고 보았지만, 그 소중한 존재는 통치의 대상으로서 비로소 가치를 지닌다. 성인은 백성을 이끌 때 자신을 내세우지

---

15 조원일, 「맹자왕도정치의 완성」, 『중국학논총』 11, 한국중국문화학회, 2001, p. 2.
16 "孟子曰 不仁而得國者 有之矣 不仁而得天下者 未之有也.", 『孟子』 「盡心」 下.

말아야 한다.

> 대순은 남들과 함께 선을 행하며 자신의 의견을 버렸고, 사람들 사이의 공
> 적인 의견을 따랐다. 그는 다른 사람들의 좋은 부분을 가져와서 선한 행동
> 을 만드는 것을 즐겼다.[17]

　가장 진정한 본성을 지닌 순임금은 자신의 생각보다는 다른 사람들의
의견을 바탕으로 정치했으며, 타인이 장점을 발휘하도록 협력했다. 요컨
대 그는 열린 마음으로 상대를 받아들이고 공론에 따라 통치했다.
　이러한 방식으로 성인이 세상에서 순임금처럼 정치를 해야 천하를 차
지할 수 있다는 점을 강조한다. 맹자는 성인이 정치하는 것은 객관적인
체계의 변화나 개조가 아니라 통치자의 개인적인 마음가짐의 문제라고
주장하며 "왕께서는 왜 하필이면 리利를 말씀하십니까? 오직 인의만이 존
재합니다."[18]라고 집중적으로 언급한다.

> 임금이 어질면 온 나라가 어질지 않을 수 없고, 임금이 정의롭다면 모든 사
> 람들이 정의로움으로 돌아설 수밖에 없으며, 임금이 공정하다면 전체 사
> 회도 공정해지지 않을 수 없다. 따라서 임금이 올바른 행동을 취하면 국가
> 가 온전히 안정되게 된다.[19]

---

17 "大舜 善與人同舍己從人 樂取於人以爲善.",『孟子』「公孫丑」上.
18 "王何必曰利 亦有仁義而已矣.",『孟子』「梁惠王」上.
19 "君仁莫不仁 君義莫不義 君正莫不正 一正君而國定矣.",『孟子』「離婁」上.

양해왕은 국가의 번영을 어떻게 이룰 수 있는지를 질문했지만, 맹자는 그 질문을 비난하며 반드시 인과 의를 바탕으로 정책을 수립해야 한다고 강조했다. 인과 의를 기초로 하면 백성들의 마음을 얻을 수 있고, 그렇게 되면 국가가 지속될 수 있다고 믿었다. 국가의 지속성을 위한 경제적 기반 또한 인과 의를 기본으로 하면 자연스럽게 해결될 것이라고 생각했다.

맹자는 만약 한 나라의 왕이 인과 의를 올바르게 실행하여 정치를 한다면 국방과 경제, 민생 문제들이 해결될 수 있다고 믿었다. 인과 의를 깊이 이해한 사람이 성인이고, 성인이 정치에 나서면 모든 영역에서 나라가 안정될 것이라고 주장했다. 이는 법가의 사상이 지배하던 전국시대에 군주들이 쉽게 받아들이기 힘든 주장이었다.

경제활동이 확장되고 전쟁이 커지며 장기화하는 사회 체계 속에서 군주의 인정에 의한 정치는 필연적으로 제약을 받을 수밖에 없다. 게다가 성인이 등장하지 않는다면 국가는 부패와 무능으로 가득할 것이다. 그럼에도 불구하고 맹자는 법치가 패도 정치라고 판단하고 계속해서 인과관계와 의리를 바탕으로 한 왕도정치를 주장한다. 도덕에 기초한 정치는 소규모의 지역에서는 실행될 수 있지만, 전국시대라는 사회구조에서는 실현하기 어려운 사상이었다.

성인이 나라를 통치하는 것은 당연하다고 주장하면서 민중을 다스려야 할 대상으로 규정하는 것은 계층을 고착시키려는 의도가 있다. 민중의 정치적 참여를 본질적으로 차단한 점에서 성인의 정치를 민본 사상으로 볼 수 있지만 민주적인 정치는 아니다. 이는 맹자의 한계이기도 하다.

3. 노자의 성인관

노자는 선천적으로 약한 본성을 지닌 인간을 크게 두
종류로 나누었다. 그것은 중인衆人(俗人)과 성인聖人(善
人)이다. 또한 노자는 인간을 하늘과 인간으로 나누었
을 때, 도를 체득한 사람이 약한 본성을 유지하면 하늘
에 속하는 자이며, 하늘에 속하지 않는 사람은 중인과
속인이라고 보았다. 따라서 중인과 성인 간의 주된 차
이는 인위적인 행동을 하는지 여부에 있다. 그러나 중
인과 성인은 모두 도를 지니고 태어난다고 보았기 때
문에 자연과 조화를 이룰 수 있다고 여겼다.

무위자연의 성인

노자는 인간을 본래 약한 존재로 인식했다. 이는 생명의 본질이 본래 약함에서 비롯되기 때문이다. 인간이 약하다고 말하는 이유는, 인간을 포함한 모든 것이 도를 근본으로 삼아 발생하기 때문이다. 다시 말해, 도의 특성을 '약함'으로 해석하며, 이미 도를 지니고 태어난 인간은 그러한 도를 지속적으로 지니고 있을 수 있다는 것이다. 모든 인간은 도를 지니고 세상에 태어나지만, 성장 과정에서 어떤 이는 선하게 변하고 다른 이는 그렇지 않을 수 있다는 것이다.

노자는 선천적으로 약한 본성을 지닌 인간을 크게 두 종류로 나누었다. 그것은 중인衆人(俗人)과 성인聖人(善人)이다. 또한 노자는 인간을 하늘과 인간으로 나누었을 때, 도를 체득한 사람이 약한 본성을 유지하면 하늘에 속하는 자이며, 하늘에 속하지 않는 사람은 중인과 속인이라고 보았다.

따라서 중인과 성인 간의 주된 차이는 인위적인 행동을 하는지 여부에 있다. 그러나 중인과 성인은 모두 도를 지니고 태어난다고 보았기 때문에 자연과 조화를 이룰 수 있다고 여겼다. 또한 성인의 행동에 대해 노자는 물에 비유하여 다음과 같은 방식으로 설명하였다.

최고의 선덕은 물과 유사하다. 물은 모든 것에 유익을 주고 도움을 주지만, 자신을 위해 어떤 자리를 차지하지 않으며 항상 사람들이 꺼리는 낮은 곳에 머물러 있다. 그렇기 때문에 물의 성질을 닮은 성인은 자신의 몸을 최악의 장소, 즉 낮은 곳에 두고, 마음을 최상의 장소, 즉 공허의 상태에 둔다. 최고의 선행을 하고, 최선의 실용적인 말을 하며, 가장 효과적인 방법으로 다스리고, 최상의 결과를 위해 일하며, 언제나 가장 적절한 시기에 행동한다. 오직 물과 성인만이 경쟁하지 않는다. 그래서 그들은 결점이 없다.[1]

물은 모든 것에 유익을 주며 자랑하지 않는 것을 나타낸다. 노자는 또한 지혜로운 사람의 미덕을 물과 비교했다.

강과 바다가 여러 계곡의 군주가 될 수 있었던 이유는 그들이 아랫부분에서 적절히 자리 잡고 있기 때문이다. 이로 인해 모든 계곡의 물의 제왕이 될 수 있었다. 만약 성인이 자신의 위치를 높이고자 한다면, 반드시 말로써 백성들 아래에 있어야 하며, 그들보다 앞서고자 할 경우는 반드시 자신을 뒤로 물러나게 해야 한다. 성인은 위에 위치하면서도 백성들이 크게 부담스럽게 여기지 않도록 하고, 앞에 위치하면서도 그들이 방해받는다고 생각하지 않게 해야 한다. 이러한 이유로 세상이 기꺼이 그를 추대하며 짜증 내지 않는다.[2]

---

1 "上善若水 水善利萬物而不爭 處衆人之所惡 故幾於道 居善地心善淵與善人 言善言正 善治事善能動善時夫唯不爭故無尤.",『道德經』8章.
2 "江海所以能爲百谷王 以其善下之 是以能爲百谷王 是以聖人欲上民 必以言下之 欲先民 必以身後之 聖人處上而民不重 處前而民不害 是以天下樂推而不厭.",『道德經』66章.

성인은 강과 바다 같은 존재이다. 강과 바다는 가장 낮은 자리에 거하여 모든 것이 여기로 모여든다. 여기서 왕은 모든 것을 수용하여 왕이 된다고 했는데, 왕은 통치자이다. 천지인을 꿰뚫은 사람이 천하가 귀의할 수 있는 사람이고 이를 왕이라 칭한 것이다. 계곡과 강, 바다를 비유한 뒤에 바로 성인이라는 말을 썼다.[3] 성인은 이러한 이치를 정확하게 보고 통하게 할 수 있는 사람으로 그런 사람이 왕이다.

"성인은 달리 왕이다."[4] 노자가 말하는 성인은 천지인의 이치를 모두 자신의 마음속에 받아들인 사람이다. 그래서 백성들의 위에 있어도 무게를 느낄 수 없을 정도로 미미하게 보이고, 앞에 있어도 있는 줄을 모르게 된다. 이렇게 된 가장 큰 이유는 성인은 계곡처럼, 바다처럼 낮은 곳에 처하기 때문이다. 낮은 곳에서 모든 것이 받아들여지는 것이 곧 자연이다.

> 도와 덕은 소중하지만, 모든 것에 명령을 내리지 않고 항상 자연스럽게 그렇게 되도록 둔다.[5]

위의 인용은 모든 존재를 만들어 변화시키는 어떤 힘을 무리하게 붙인 이름임을 알려 준다. 이는 '덕'이 사람과 결합하는 것을 의미한다. 여기서 말하는 덕은 일반적인 도덕적 가치와는 구별된다. 노자가 언급하는 덕은

---

3 안기섭 註解, 『초간본 노자』, 학민사, 2018, pp. 23-24.
4 김경수 譯註, 『노자역주』, 도서출판 문사철, 2011, p. 43; 최두진, 「고대 중국의 성인관 연구」, 『교사교육연구』57-1, 부산대학교 과학교육연구소, 2018, p. 145.
5 "道之尊 德之貴 夫莫之命而常自然.", 『道德經』 51章.

모든 생명이 태어나는 도의 작용이 드러나는 형상이다. 도는 모든 것 속에 숨어 있으면서 사물의 근원이 된다.

도는 모든 것을 창조하고 덕은 모든 것을 키운다. 그래서 존귀하다. 창조하고 성장하게 하는 것 때문에 존귀한 것이 아니라, 어떤 지시나 개입 없이 항상 스스로 그렇게 이루어지기 때문에 존귀하다. 스스로 주체적으로 자신을 만들어 갈수록 그저 그렇게 내버려 둔다. 스스로 발전할 수 있도록 해도 모든 것은 저절로 질서를 찾아 변화를 겪는다. 저절로 이루어지는 것이 바로 자연이며, 다시 말해 도이다. '자연은 도의 성질'[6]을 표현한 것이다. 따라서 『도덕경』에서 말하는 자연은 '무엇을 무리하거나 강요하지 말라는 의미'[7]를 담고 있다. 성인은 자연을 체득한 자이다.

그리하여 무위인 동시에 무불위인 도의 본질이 외부로 드러나게 된다. 이러한 무위적이며 무불위적인 도의 본질이 드러난 것을 덕이라 일컫는다. 도는 모든 것을 탄생시키지만 소유하지 않고, 모든 것을 이루면서도 자랑하지 않으며, 성장하게 하지만 주관하지 않는 성질을 의미한다. 그래서 백성들 위에 있으면서도 그들에게 어떤 것을 강요하지 않기에 이들이 부담을 느끼지 않고 방해받는 기분을 느끼지 않는 것이다.

성인은 자연을 경험하고 자연스럽게 행동한다. 자연스러운 것은 강제와는 다르다. 강제는 제한이 전제가 되어 자유가 없는 경우인 반면, 자유

---

6 楊琇惠, 「『老子』 「無爲」 思想於自由意志上之展現」, 『興大中文學報』 第二十五期, 國立中興大學 民國 98, p. 13.

7 王中江, 「道与事物的自然: 老子 "道法自然" 实义考论」, 『哲学研究』 第8期, 北京大人文學部, 2010, p. 14.

는 제약이 없는 상태로 존재하기 때문에 자율적으로 된다. 모든 존재는 자유로워지면 스스로의 생명력을 자율적으로 펼쳐 나간다고 생각한다.

왕중강王中江은 『도덕경』에서 자연과 같은 의미로 자부自富(知足者富, 33장)·자화自化(我無爲而民自化, 57장)·자정自正(我無事而民自正, 57장)·자박自樸(我無欲而民自樸, 57장)·자균自均(不令而自均)·자빈自賓(萬物自賓)·자생自生(則物自生)·자래自來(不召而自來)[8]가 쓰이고 있다고 밝혔다.

여기서 자연과 같은 의미로 사용된 글자는 '자自'[9]이다. '자'는 스스로가 스스로를 이끌어 가는 것이다. 그것이 우주 만물의 본성을 온전하게 유지하는 것이다. 무엇에도 구속됨이 없이 자연 그대로 두어야 한다는 노자의 주장은 유학과 정반이다. 유학은 하늘로부터 부여받은 성을 온전하게 드러내기 위해 예를 알고 지켜야 한다. 또한 복잡한 의례와 음악, 도덕적 규범을 익히고 실천하는 것이 인간다움이라 보았다. 그러나 노자의 사고로는 그러한 인위적인 도덕 체계는 인간을 옭아매는 도구에 지나지 않는다. 인간을 옭아매었으니 인간은 자율적으로 도덕을 실천하는 것이 아니라 타율에 의해 실천하게 되고, 그것은 자율성을 억압하는 것이 된다.

자율성을 박탈당한 개인은 진정한 행복을 누릴 수 없다. 그들은 누군가의 간섭과 통제, 감시 속에서 살아야 한다. 노자는 지배자가 제안하는 음악과 예절을 거부한다. 이는 인간에게 본질적으로 필요한 자유, 정체성, 자생력, 자연을 잃게 만들기 때문이다. 이런 것들을 잃으면 인간은 부패

---

8 王中江, 같은 논문.
9 『설문해자』에서 '自'는 "鼻也"라 하여, 코를 의미하는 것으로 보고 있다. 코가 얼굴의 중심에 위치하고, 스스로를 나타내는 상징으로 사용되었기 때문이다.

하게 되어 본래의 모습을 잃고, 인위적이고 억압적인 체계에 갇혀 지배자의 명령에 따라 살아야 한다.

자연을 이해한 성인은 자연을 바탕으로 행동한다. 그래서 "성인은 아무것도 하지 않는 일에 처하며, 말 없는 교훈을 전한다."[10] 무위는 행함이 없는 것이 아니라 행하되 작위作爲함이 없는 것이다. 작위함이 없는 것이 곧 자연이다. 성인은 애쓰거나 강요하지 않는 사람, 즉 자연대로 향하는 사람이다. '무위가 성인의 다스림과 관련한 무위의 정치론의 성격을 띠고'[11] 있기에 성인은 모든 일을 하면서 무위의 입장에서 행한다. 이는 도에 바탕한 행위이다.

말 없는 가르침을 실천하는 사람은 성인으로 여겨진다. 노자는 교敎를 부인한 것이 아니다. 다시 말해, 무위가 행위를 부정하는 것이 아니라, 인위적인 행동을 부정하는 것처럼 말 없는 가르침을 전달하지만, 그 과정에서 언어를 사용하지 않고 가르친다는 것이다. 언어는 개념을 기반으로 하여 사람들이 사건, 사물, 현상에 의미를 부여하고 표현하는 것이다. 이로 인해 인위적인 것이 발생한다.

하늘이 어떤 이야기를 할 수 있을까? 사시가 시작되고 많은 것들이 나타나지만 하늘이 어떤 이야기를 할 수 있을까?[12]

---

10 "是以聖人處無爲之事 行不言之敎.",『道德經』2章.
11 심재권,「老莊의 道에 대한 감산덕청의 無心論的 解釋」, 연세대 박사논문, 2008, p. 76.
12 "天何言哉 四時行焉 百物生焉 天何言哉.",『論語』「陽貨」.

이처럼 유가에서도 자연은 사계절의 법칙을 조용히 따르며 모든 생명을 키워 내지만, 그 자체로 말을 하지 않는다. 자연을 따르는 성인도 나지막이 가르침을 전한다. 그래서 성인의 교훈은 겉으로 드러나지 않으며, 드러나지 않기 때문에 그 존재조차 인식하지 못할 수 있다. 이것이 바로 무위의 실제에 처하는 것이며, 말 없는 가르침으로 작용한다. 이런 교훈을 실행할 수 있는 존재는 자연을 이해하고 실천하는 성인뿐이다. 노자는 인간이 고차원에서 이상적인 문화 체계에 얽매이지 않고, 현재 여기 서 있는 자연적인 존재에 충실해야 한다고 믿었다.

이것을 노자는 저것을 버리고 이것을 취한다는 '거피취차去彼取此'(『도덕경』12장 · 38장 · 72장)라는 용어로 설명해 준다. 거피취차의 의미를 자세히 보면 노자가 원하는 인간상이 더욱 뚜렷하게 드러날 것이다. 분명히 이 거피취차는 인위와는 구별되는 무위의 특정한 표현이다.

거피취차의 인간상의 특징은 다음 몇 가지로 제시된다. 첫째 무위자연이다. 인위적인 것을 버리고 자연스러운 것을 따르는 것을 강조한다. 이는 인간이 자연의 법칙에 따라 살아가야 한다는 의미이다. 둘째, 비물질적 가치의 추구이다. 물질적인 것보다 비물질적인 가치를 중시한다. 이는 물질적인 욕망을 버리고 정신적인 평온을 추구하는 것을 의미한다. 셋째, 겸손과 겸양의 중시이다. 자신을 낮추고 타인을 존중하는 태도를 강조한다. 이는 자신의 이익을 버리고 공동체의 이익을 추구하는 것을 의미한다. 넷째, 단순함과 소박함의 추구이다. 복잡한 것을 버리고 단순하고 소박한 삶을 추구하는 것을 강조한다. 이는 불필요한 욕망을 버리고 본질적인 것에 집중하는 것을 의미한다.

노자가 이해한 "이상적인 인간인 성인은 배를 위할망정 눈을 위하진 않는다."[13]와 같다. 여기서 배는 나의 내부에 있으면서 나의 상태를 느끼지만, 눈은 밖을 향해 뚫려 있으면서 내가 아닌 저 멀리 있는 것을 본다. 또한 여기서 눈은 항상 밖을 향해 내달리면서 감각을 만족시키거나 인위적 이상을 향한 노력이나 행위를 의미하고, 배는 우리의 가장 기본적이고도 직접적인 생존 조건이 담겨 있는 곳이다. 배는 바로 내 몸에 있는 '이것'(此)이고, 눈은 항상 밖에 있는 '저것'(彼)을 향해 열려 있다.[14] 어떤 가치 체계 혹은 이상 등은 모두 이 세계를 벗어나 저 멀리 있는 것들이다.

노자는 인위적인 지각에 영향을 받지 않는 순수한 인간의 본능을 강조했다. 그는 이 순수한 본능을 사람 속에 내재된 도의 본연적 특성으로서 '자연'이라 여겼다. 인간은 자신의 내면에 이미 하늘과 하나가 될 수 있는 기반을 갖추고 있고, 그 기반에 따라 마땅히 하늘과 하나가 되어야 한다. 이는 인간이 태어날 때부터 도의 본연성을 지니고 있기 때문이다. 무언가를 억지로 하려는 의도가 아니라, '무위자연' 상태에서 스스로 그렇게 되도록 하는 것이 중요하다. 그래서 노자는 태어날 때부터 지니고 있는 도의 본연성을 잃지 않은 사람을 성인으로 칭한다.

성인과 허虛

허虛는 노자에게 특별한 의미가 있다. 허는 비어 있는 상태를 의미한다. 비어 있기 때문에 경계가 존재할 수 없다. 경계가 없기 때문에 모든

---

13 "聖人爲腹不爲目.",『道德經』12章.
14 최진석, 앞의 논문, p. 164.

것을 수용할 수 있다. 만약 경계가 있다면 그 안으로 들어갈 수 있는 것들은 경계가 허용하는 것에만 한정된다. 이는 한정적이며 차별적인 것이다. 하지만 허는 경계가 없기 때문에 무한한 것을 받아들인다.

> 마음을 완전히 비우고 평온함을 유지하는 데 전념하면 모든 것이 함께 나타나지만, 우리는 그것들이 다시 그 근원으로 돌아가는 과정을 관찰하게 된다. 모든 것들이 활발히 존재하지만 각자 저마다의 근원으로 회귀하고 있는 것이다. 이 회귀를 '정'이라고 하며, 이 '정'을 '복명'이라고 부른다.[15]

노자는 허정과 무위가 수행을 통해서 이해하고 도달해야 할 경지라고 언급하며 이를 성인의 경지라고 표현한다. 허는 단순히 주어지는 것이 아니라, 수행을 통해 얻어져야 한다. 그래서 『도덕경』에서는 최고의 허에 도달하는 것을 강조한다. 노자는 마음이 '허정'하지 않으면 사물의 원리, 즉 도를 깨닫기 어렵다고 말했다. 허정한 상태를 방해하는 것은 끊임없는 물질적 욕망과 사치스러운 삶이라고 다음과 같이 설명했다.

> 오색은 사람들을 시각적으로 혼란스럽게 하며, 오음은 그들의 청각을 마비시키고, 오미는 그들의 미각을 무디게 하며, 말과 사냥은 사람들의 마음을 흐트러뜨리며, 얻기 힘든 재화는 사람들의 바른 행동을 방해한다. 그래

---

15 "致虛極 守靜篤 萬物拉作 吾以測復 夫物芸芸 各復歸其根 歸根曰靜 是謂復命.", 『道德經』 16章.

서 이상적인 인간인 성인은 배를 위할망정 눈을 위하진 않는다.[16]

    사람이 쾌감과 물질을 추구하게 되면 자신의 본래 순수한 성격을 잊게 된다. 모든 것의 변화와 발전 속에서 빈 상태와 고요함을 통해 사물의 근본을 이해할 수 있다고 한다. 빈 상태는 아무것도 없이 존재하며, 형체가 없고 경계도 없어 모든 것을 받아들일 수 있는 여유가 있다. 만약 어떤 형체가 있다면, 빈 상태는 그 형체만을 수용하게 될 것이다. 그렇게 되면 다양한 모습을 모두 담아 내지 못하게 된다.

    고요함은 마음을 안정된 상태로 유지하는 것이다. 마음이 편안하다는 것은 혼란스럽지 않다는 의미이다. 혼란스러운 상태란 정신이 외부의 자극에 사로잡힌 상태를 말한다. 정신이 도에 집중하지 못한 채 외부로 흘러가면 혼란이 발생한다. 이런 혼란은 이미 도를 잃은 상태로, 자신을 조절할 수 없게 만든다.

    고요함을 유지하는 것은 도를 얻는 첫 단계가 된다. 이것은 동양의 수행에서 보편적으로 나타난다. "고요한 상태가 되어야 평온함을 누릴 수 있고, 평온한 후에 생각할 수 있으며, 생각한 끝에야 성취할 수 있다."[17] 이처럼 유가에서도 고요함을 중시하여 수행의 기초로 삼고 있다. 마음이 안정적이어야 우주 자연의 원리를 제대로 이해할 수 있다. 마음이 불안정하면 우주 자연의 원리도 왜곡될 수 있으므로, 마음의 평온을 유지하는

---

16 "五色令人目盲 五音令人耳聾 五味令人口爽 馳騁獵令人心發狂 難得之貨令人 行妨 是以聖人爲腹不爲目 故去彼取此.",『道德經』12章.
17 "靜而后能安 安而后能慮 慮而后能得.",『大學』1章.

것이 수행의 기본이 된다.

또한 근원으로 돌아가는 것을 정이라고 부른다. 돌아가는 것은 출발지를 떠난 후 다시 그곳으로 돌아오는 것을 의미한다. 즉, 근원으로 회귀하는 것을 뜻하는데, 이러한 허정의 마음 상태를 유지해야 주변의 모든 것을 잊고 자신마저 잊어버려 사물과 일체화되는 '물화物化'의 경지에 도달하며, 자연의 질서에 따르게 된다.

근원으로 돌아가는 것을 정이라고 한 것은 근원에 돌아가 그곳에서 함께한다는 의미다. 또 돌아가서 함께하는 것은 복명復命이라고 하며, 복은 회복을 뜻하고 다시 근원을 되찾은 것을 의미한다. 이렇게 되찾은 명은 상常이라고 한다.

상은 변함이 없다는 것이 아니라 항상 존재한다는 것이다. 변하지 않는다는 것은 더 이상 변화할 수 없다는 것이기에, 상은 불변이 아닌 지속성을 의미해야 한다. 즉, 명命을 되찾아 명의 지속성을 지니게 되는 것이다.

항상 존재하는 것을 아는 것을 밝음[明]이라고 한다. 명은 진리와 같다. 밝음은 모든 것을 명확히 드러내어 숨겨진 것이 없다. 어둠은 모든 것을 가리지만, 밝음에서는 모든 것이 뚜렷하게 드러난다. 항상 존재를 아는 자는 진리의 밝은 시각으로 모든 것을 선명하게 인식하는 것이다. 항상 존재를 이해하지 못하면 밝음이 사라지고, 그로 인해 어둠이 찾아오게 된다. 어둠은 사물을 분명하게 구분할 수 없게 해 어떤 것이라도 개인적인 판단으로 보게 만든다. 있는 그대로 보지 않고, 자신의 마음에 따라 상상해서 만들어 내는 것이다. 노자 또한 항상 존재를 알지 못하면 불순한 것이 생겨난다고 밝혔다.

항상 존재를 알면 사물들을 있는 그대로 이해하고 수용하게 된다. 그래서 그 상태를 '용容'이라고 한다. 있는 그대로 받아들인다는 것은 한쪽으로 치우치지 않고 그 본래 모습을 인정하는 것이며, 이를 공정하다고 한 것이다. 공정하다는 것은 하늘과 땅, 사람의 이치를 깊이 이해하는 것을 뜻하며, 왕이 된다는 것은 곧 하늘과 유사해진다는 것을 의미한다. 하늘과 같아진다는 것은 도를 체득하고 도와 함께한다는 것이다.

사람이 도를 체득하고 함께하기 위해서는 먼저 마음을 경계와 형태가 없는 비어 있는 상태로 두고 외부의 것에 휘둘리지 않는 평온한 상태, 즉 정의 상태에서 수행해야 한다. 허는 도에 이르는 수행일 뿐만 아니라, 사물에서도 그 유용성은 무한하다.

> 서른 개의 바큇살이 하나의 바퀴통에 모여든다. 바퀴통이 비어 있어 수레가 활용될 수 있다. 찰흙을 반죽해 그릇을 만든다. 그릇이 비어 있어서 그릇이 기능을 할 수 있다. 문과 창을 만들어 방을 형성한다. 문과 창의 비어 있음 덕분에 방이 사용될 수 있다.[18]

비어 있는 상태는 쓸모없는 것이 아니라 실제로는 유용성의 근원이 된다. 바큇살이 하나의 빈 공간을 향해 모여들어 차가 움직일 수 있게 되는 것처럼, 우리 생활에서 그릇 또한 비어 있기 때문에 내용을 담을 수 있는 것이다. 사람이 생활하는 방 역시 그 방이 비어 있어야만 그 역할을 할 수 있는 것이다.

---

18 "三十輻共一轂 當其無 有車之用 埏埴以爲器 當其無 有器之用 鑿戶牖以爲室 當其無 有室之用.",『道德經』11章.

인간의 마음도 경계를 허물어야만 마음속에 헛된 다툼이 생기지 않고 모든 것을 있는 그대로 받아들여 자연의 이치에 맞으며, 사물도 비어 있음을 통해 그 가치가 드러난다. 여기서 노자는 쓸모가 있는 것과 없는 것 간의 우열을 논하는 것이 아니라 모든 것이 상호 연결된 것임을 강조했다. 유용성과 무용성의 구분은 인간의 가치판단에 의한 것에 불과하다.

『도덕경』에서는 성인은 쓸모없는 것도 쓸모 있음과 동등한 가치를 갖고 있다고 말한다. 따라서 "있음과 없음이 서로를 낳는다."[19]고 말한 노자는 유무가 대립하거나 우열이 있는 것이 아님을 분명히 밝혔다. 우열과 대립은 이미 인간의 주관이 개입된 것이기에 자연과 멀어진 상태이다.

> 돌아가는 것은 도의 움직임이며 유약함은 도의 쓰임이 된다. 천하 만물은 유에서 생겨났고, 유는 무에서 생겨났다.[20]

만물이 존재함에서 발생하며, 존재하지 않는 것에서 생겨난다는 주장에 의하면 존재하지 않음이 생명의 근본적인 요소로 여겨질 수 있다. 하지만 무의 중요성을 더욱 강조하는 것은 노자의 사상과는 일치하지 않는다. 이는 노자가 우열을 구별하는 것을 거부하기 때문이다. 그뿐만 아니라, 허와 무를 중요시한 노자는 앞에서 살펴본 것처럼 경계를 없애고 모든 것을 포용하는 입장에 있기 때문이다.

---

19 "有無之相生也.",『道德經』2章.
20 "反也者 道之動 弱也者 道之用 天下之物生於有 有生於無.",『道德經』40章.

무는 천지의 시작임을 일컫는 것이고, 유는 만물의 어머니임을 일컫는 것이다. 이 둘은 본래 같은 것으로 나올 때 이름을 달리한 것이다.[21]

천지의 시작함을 무無라 하고 만물을 낳는 것을 어머니라고 한다. 여기서 유有와 무는 본래 같은 것이며, 단지 서로 다른 이름이 붙여진 것이다. 이러한 관점에서 보면 유와 무는 동일하다는 사실을 알 수 있다. 앞서 언급한 유가 무에서 비롯된다는 설명은 시간적 시각에서의 해석이며, 근본적으로는 유와 무가 동일한 현상인데 이름만 다르게 붙여졌을 뿐이다.

"현묘하고도 현묘하니 일체의 미묘한 것들이 쏟아져 나오는 문과 같구나."[22]에서 현玄은 아무것도 없는 것처럼 보이기에 무라 할 수 있다. 그러한 현은 만물이 쏟아져 나오는 문과 같다고 말한다. 마치 무에서 유가 나오는 것처럼 보인다는 의미이다. 현이 무처럼 보이지만 그 무는 유를 포함하고 있기에 만물이 나오게 되는 것이다. 성인은 현에 통하는 사람이다. 현은 만물이 생하여 나오는 문과 같기 때문에 성인은 자신의 진정한 마음, 즉 현의 마음을 통해 사람들의 삶에 활력을 주는 역할을 한다.

도는 모든 것을 창조하고 기른다. 도는 만물을 창조하면서 그 자체의 재산으로 여기지 않으며, 공을 세우지만 그에 집착하지 않고, 잘 성장하도록 돕지만 통제하지 않는다. 이것을 현덕玄德이라고 한다.[23]

---

21 "無名天地之始 有名萬物之母. 此兩者 同出異名.",『道德經』1章.
22 "玄之又玄 衆妙之門.",『道德經』1章.
23 "生之畜之 生而不有 爲而不恃 長而不宰 是謂玄德.",『道德經』10章.

성인은 현과 연결되어 있는 인물이다. 현덕은 모든 것을 생산하고 양육하지만, 그것을 자신의 소유로 여기지 않는다. 이것이 바로 현덕의 의미이다. 성인은 비어 있는 마음, 즉 허의 자리에 서 있기 때문에 경계가 없고 아무것도 소유하고 있지 않다. 그래서 그가 주장할 수 있는 것도 없고 공로도 없다. 이것이 노자가 묘사한 성인의 모습이다.

성인과 정치

성인은 모든 것을 생성하고 돌보는 특성을 지닌 존재이다. 그래서 성인의 행동은 인류와 자연을 창조하는 것이며, 이것이 사회에 적용되면 정치적인 행동으로 이어진다. 이러한 이유로 노자는 "성인의 정치에서는 백성들의 마음을 비우고, 그들의 배를 채우며, 의지를 제어하고, 신체를 튼튼하게 만든다."[24]고 하였다.

정치에 참여하는 성인은 백성의 마음을 비우는 것을 최우선으로 생각한다. 허虛는 이전에 언급한 바와 같이 경계가 없는 상태이다. 서로 수용 가능하려면 허의 마음을 가져야 한다. 노자의 시대에 농업이 발전하고 규모가 커지는 동안 공동체의 중요성이 더욱 강조되었다. 농업은 노동이 많이 필요한 구조이기 때문에 그 규모에 따라 노동력이 필요하며, 이를 효율적으로 조직할 필요성이 증가한다. 이러한 공동체의 조화를 이루기 위해서는 모두가 열린 마음을 가져야 하며, 개인을 넘어 서로 통합되어야

---

24 "是以聖人之治 虛其心 實其腹 弱其志 强其骨.",『道德經』3章.

한다. 통합되기 위해서는 모든 사람의 마음에 경계가 없어야 한다.

정政은 다스림의 의미와 함께 질서가 바로잡힌다는 의미가 있다. 공자도 "다스린다는 것은 바르게 하는 것이다."[25]라 했는데 이는 바르지 못한 것을 바로잡는다는 의미이다. 이처럼 정치는 다스리는 것이면서 동시에 그것은 바르지 못한 것을 바로잡는 행위이다. 노자도 성인은 백성들의 삶이 질서가 잡히기 위해서는 허심의 경지에 이르러야 함을 강조했다. 허심이 될 때 공동체가 모두를 수용할 수 있게 된다고 보았다.

성인의 정치는 배를 실하게 하는 데 있다. 이처럼 성인은 배를 위할 뿐 눈을 위하지 않기 때문에, 저것을 버리고 이것을 취한다.[26] 『도덕경』에서 '복腹'의 해석은 다층적이다. 단지 배를 충실하게 채운다는 의미와 이와는 반대로 수행의 측면에서 해석되기도 한다.

노자가 말한 "위복불위목爲腹不爲目에서의 위복의 복은 정확하게 말해서 배꼽 아래에서 진기를 기르고 고무시키는 단전丹田 부분이다."[27]에서 복을 채운다는 것은 단전에 진기를 가득 채운다는 것이다. 이렇게 보는 관점은 수행을 통해 단전에 기를 축적한다는 의미이다. 기에 대한 것은 『도덕경』에서 3회에 걸쳐 나온다.

기운을 하나같이 하고 부드러움을 극진히 하여,[28]

---

25 "政者正也.", 『論語』 「顏淵」

26 "是以聖人爲腹 不爲目 故去彼取此.", 『道德經』 12章.

27 謝君讚, 「論『老子』及其於煉養視域中的身體觀」, 『淸華中文學報』 第十四期, 國立淸華大學中國文學, 2010, p.153.

28 "專氣致柔.", 『道德經』 10章.

마음이 기운을 부리는 것을 강이라 한다.[29]

충기로써 조화로 삼는다.[30]

기氣는 도의 작용적 측면이라 할 수 있다. 따라서 기운을 제대로 조절해야 도로 돌아갈 수 있다. 앞서 언급했듯이 노자는 모든 기운이 하나로 모여야 몸과 생각이 부드럽게 유지될 수 있다고 믿었다. 또한 도의 실행적인 측면에서 기운을 인간이 마음대로 조작하는 것은 강압적이므로 바람직하지 않다고 주장했다. 기는 충에서 음과 양의 힘이 모인다. 즉 도의 본질인 빈 공간에서 음과 양의 힘이 서로 어우러질 수 있음을 의미한다. 그러므로 인간의 몸에서도 기운이 조화를 이루기 위해서는 마음이 강하지 않아야 한다. 그렇게 해야 기운을 배에 가득 담을 수 있다고 보았다.

마음을 비우거나 단전에 기를 모은다는 것은 개인의 수행을 통해 이루어질 수 있다. 노자는 통치나 질서를 잡는 것이 수행을 통해 해결될 수 있다고 여겼다. 그것이 성인의 역할이며 성인의 통치이다.

의지를 약화시킨다는 것은 고집을 놓는 것을 의미한다. 의지는 반드시 어떤 일을 해내겠다는 것인데, 이는 자연스러운 것과는 반대된다. 집착을 내려놓는 것이 의지를 약하게 만드는 것이라고 생각되며, 그 과정이 질서를 지키는 데 도움이 된다고 본다. 공자도 이 점을 강조했다.

---

29 "心使氣曰强.", 『道德經』 55章.
30 "沖氣以爲和.", 『道德經』 42章.

공자는 네 가지의 태도가 없었다. 사사로운 의견이 없었고, 반드시 이래야 한다는 것이 없었고, 고집하는 것이 없었고, 내가 아니면 안 된다는 것이 없었다.[31]

사사로운 의견이 없는 것은 자기의 주관적인 생각으로 판단하거나 추리하지 않는 것이고, 반드시 이래야 한다는 것이 없는 것은 명확하지 않은 것을 명확한 것이라 우기지 않는 것이다. 고집하는 것이 없다는 것은 자기의 의견을 관철하려는 뜻이 없음을 의미하며, 내가 아니면 안 된다는 것이 없다는 것은 나를 내세우지 않는 것이다.

한편, 무의毋意는 억측하지 말라. 즉, 근거 없는 추측이나 상상을 하지 말라는 뜻이며, 무필毋必은 반드시 하려고 하지 말라. 즉, 고집을 부리거나 억지로 하려고 하지 말라는 뜻을 담고 있다. 다음 무고毋固는 고집하지 말라. 즉, 자신의 의견이나 생각에 집착하지 말라는 뜻이며, 무아毋我는 자만하지 말라. 즉, 자신을 과신하거나 자만하지 말라는 뜻이다.

공자의 네 가지가 없다는 것은 마음이 텅 비어 경계가 없는 경지이며 동시에 뜻이 약한 것을 보여준다. 이처럼 깨달은 자의 마음의 경지를 보면 유가나 도가 등 학파와는 무관한 것임을 알 수 있다.

기골을 탄탄하게 한다는 것은 뼈를 튼튼히 하는 것을 의미한다. 뼈가 강해야 신체가 바르게 서고, 바름은 편향이나 흔들림이 없음을 나타낸다. 이처럼 신체의 중심을 구성하는 뼈처럼, 모든 것의 중심도 탄탄해야 한다

---

31 "子絶四 毋意毋必毋固毋我.",『論語』「子罕」

는 것을 의미한다.

성인이 세상을 다루는 방법은 스스로 마음의 경계를 허물고, 행동의 의지를 약화시키며, 신체적으로는 뼈대를 튼튼하게 하고 호흡을 통해 단전의 기를 쌓아 가는 것이다.

정치란 부정확한 것을 바로잡는 활동이다. 노자는 무위의 다스림에서 모든 것이 잘 다스려진다고 주장했다. 자화自化는 자연스럽게 변화되는 것, 자정自正은 저절로 바로잡히는 것이고, 자부自富는 자연스럽게 부유함을 얻는 것, 자박自樸은 자연스럽게 소박함을 나타낸다는 의미이다. 저절로 이루어지는 이유는 무위의 다스림에 있다.

백성들을 올바르게 인도하기 위해서는 간섭을 줄여야 한다. 이것이 자화와 자정이다. 인간과 기타 생명체는 간섭 때문이 아니라, 자율적으로 자신의 생명력을 펼칠 수 있는 존재들이다. 모든 것은 도의 힘으로 만들어지고 운영된다. 스스로 존재하는 것이 도이고, 스스로를 작용하는 것 또한 도이다. 그러므로 도에서 태어난 모든 존재는 자발적으로 자신의 가능성을 펼치는 힘을 지닌다. 여기에 인위적인 개입이 가해지면 도의 작용을 방해하게 된다. 따라서 인위적 요소를 철저히 제거한 무위의 기반 위에서 정치가 이루어질 때, 존재는 저절로 자신의 생명력을 발전시킬 수 있는 도의 질서가 온전해진다.

스스로의 가능성을 자연스럽게 실현하는 것이 곧 부를 이루는 것이며, 이는 성인이 정치적 방법을 무사히 진행할 때 가능하다고 할 수 있다. 무사는 무위와 유사한 의미로, 아무것도 하지 않는 것이 아니라 인위적인 개입을 하지 않음을 의미한다. 예를 들어, 군주가 영토와 백성을 지키기 위해 전쟁을 일으키는 것은 유사하다. 유사는 인위적으로 뭔가를 하려는 행동이다. 전쟁은 누구에게나 반감이 들며 자연스럽지 않다. 정선아는 "노자의 사상은 상호 관계에 기초하고 있다. 무엇보다 대립물은 모순적 관계가 아닌 상생의 관계에 있다."[32]고 보았다.

노자에 따르면, 모든 존재는 서로에게 의존적이다. 존재하는 것과 존재하지 않는 것 모두는 상호 의존을 통해 나타난다. 이러한 의존은 자연적인 현상이다. 따라서 무위 상태에 놓일 때만 상호 의존이 완전히 이루어질 수 있다. 강압이나 억제는 일방적이고 수직적인, 닫힌 관계를 만들어 낸다. 반면 자율은 수평적이고 자발적이며 개방적인 성격을 지닌다. 동등한 관계 속에서 스스로 연결되는 열린 상태가 생명력을 유지할 수 있는 기본적인 바탕이 된다.

윗사람이 욕심이 없으면 백성들은 자연스럽게 소박해진다고 한다. 욕망이 없거나 절제를 잘한다면 굳이 인위적으로 욕망을 채우려 하지 않을 것이니, 백성들은 저절로 소박해진다는 의미다. "하늘과 땅은 자비가 없기에 모든 것을 한낱 먼지처럼 여기는 반면, 성인은 자비가 없기에 백성을 나무라지 않는다."[33] 자연은 본래의 모습을 지니고 있어서, 모든 존재 중에서 인간에게만 특별히 배려하거나 애정 어린 시선을 보내지 않는다. 그래서 자연은 인간을 짚으로 만든 개처럼 대한다. 짚으로 만든 개는 제사 때 제사상에 올려졌고, 그 자리에서 사람들의 절을 받지만 제사가 끝

---

32 장선아, 「虛의 관점에서 바라본 매체의 상호관계 특성 연구」, 『인문과 예술』11, 인문예술학회, 2021, p. 393.

33 "天地不仁 以萬物爲芻狗 聖人不仁 以百姓爲芻狗 天地之間 其猶槖籥乎 虛而不屈 動而愈出.", 『道德經』5章.

난 후에는 버려져 사용 가치가 없는 물체가 된다. 자연은 인간을 짚강아지(芻狗, Straw Dogs)로 보아 특별히 소중하게 여기거나 돌보아야 할 존재로 여기지 않는다는 의미이다.

성인도 백성들을 무위로써 이끌어 가기 때문에 사랑이 없다. 사랑은 인간의 시각에서 출발하는 개념이다. 사랑은 증오와 반대되는 감정이며 사랑이 존재할 경우 증오의 대상도 함께 나타나기 마련이다. 성인은 만들어진 관점이 아닌 자연스러운 관점에서 존재하기 때문에 마치 자연처럼 백성들을 짚으로 만든 개처럼 대할 뿐이다. 따라서 특정한 사람을 편애하거나 특별히 보호하지 않는다. 이런 방식으로 백성들을 이끌면 세상에서 "질서가 이루어지지 않아야 할 이유가 없다."[34] 김항배는 "노자가 말하는 도는 서양 대부분의 형이상학적 존재론처럼 인간의 주관적인 가치 의식이나 의지와는 아무런 관계도 없는 순수객관적인 존재가 아니라, 심신의 수행을 통해서 체득한 존재와 가치가 통일된 것이며, 이 존재의 진정한 가치와 의미가 성인에 의해서 실현될 수 있다고 보는 것이다."[35]라고 정리한 바 있다.

성인은 본래 태어난 것이 아니라, 수련을 통해 도와 하나가 된 존재이다. 도와 하나가 되었기에 자연에 따라 백성들을 올바르게 인도할 수 있다. 자연에 기반한 정치는 결국 무위의 정치이며, 무위로 진행될 경우 세상은 스스로 질서를 유지할 수 있다.

---

34 "爲無爲則無不治.",『道德經』3章.
35 김항배,「老子 道思想의 特性과 構造」,『道家哲學』창간호, 한국도가철학회, 1999, pp. 41-42.

성인은 인위적인 문화와 제도를 반대한다. 이는 사람을 잘못된 방향으로 이끌기 때문이다. 특정 인물이 백성을 그릇되게 이끈다면 그 결과는 정말 불행하게 된다. 배와 수레가 늘어날수록 사람들은 더 많은 욕구를 갖게 되며, 이런 통치자는 더 많은 인구와 더 큰 영토를 얻기 위해 전쟁까지 벌일 수 있다.

지배자들이 백성을 자신의 욕망을 충족시키기 위한 수단으로 생각하게 되면, 백성들은 생존에 위협을 받을 수밖에 없다. 노자는 이러한 사회 체제를 강력히 반대한다. 자연이 저절로 주어진 환경에 적응하며 자신의 본성과 조화를 이루듯이, 인간도 마찬가지로 자연 안에서 자신의 생명력을 자연스럽게 드러낼 수 있다.

성인은 도와 하나가 되어 백성을 인도하는 방식으로 인위적인 것들을 배제하고 자연에 맡긴다. 그래서 성인의 통치는 실패할 리가 없으며, 모든 사람이 자신의 생명력을 자율적으로 펼칠 수 있는 길이 열린다.

4. 장자의 성인 실현 방법

무위이화無爲而化는 자신의 마음속에서 자신을 지탱
해 온 신념과 가치 체계를 무너뜨리는 작업을 통해 드
러날 수 있다. 그럼으로써 자연과 동화될 수 있다. 나
아가 자연도 무위에 바탕하기에 저절로 번성하게 되고
그 번성함에는 저절로 이루어지는 것이기에 천지가 무
엇을 하지 않음에도 불구하고 하지 않음이 없게 된다.
무위로서 '물아일체物我一體'를 체득하고, '무위이화'의
도에 합류하며 무하유지향無何有之鄕에서 노닐게 된다.

허정虛靜의 양생

장자 사상을 해석하는 데 있어 심心은 긍정적 접근과 부정적 접근 두 가지로 나눌 수 있다. 성심成心과 봉심蓬心은 다양한 구체적인 세계를 포괄하려는 보편적인 사고를 지향하며, 욕망과 깊은 생각을 통해 세상과 소통하는 방식이다. 장자는 욕망의 환상에서 벗어나는 방법으로 심재心齋와 좌망坐忘을 제안했다. 이러한 수행 방법은 올바른 인식을 통해 진정한 자신의 마음을 이해하고, 그 마음으로 영원한 마음에 도달하는 정신적 수련의 궁극적인 경지를 추구하는 공부이다.

장자의 허虛는 텅 빈 곳과 비어 있는 방은 고요한 물이나 거울과 같은 성인의 허정한 마음, 즉 인간의 본래의 마음을 가리킨다. 이러한 본래 마음이 지닌 허함은 '마음을 소통시키고 정신을 깨끗하게 하여 앎을 버리는'[1] 것으로, 이는 마음의 재계를 통해서 가능하다. 마음의 재계를 통해 허의 상태를 회복한 본래 마음에서는 자연의 빛이 생기게 되는데 이것 역시 본래의 마음이 지닌 신神의 작용을 발휘함을 의미한다.

나아가 장자는 "텅 비면 곧 무위로서 모든 일에 대응하지 않는 것이 없

---

1 "汝齊戒 疏淪而心 澡雪而精神 掊擊而知.", 『莊子』「知北遊」.

다."[2]고 하여 참된 무위는 무위조차 취하지 않은 무위로 어떤 상황에서도 고지식한 한정된 마음을 갖지 않고 자연의 변화에 따라 무엇이든 기꺼이 그 변화를 기다린다고 하였다. 이는 우리가 가지고 있는 지식이나 정보로 표현되는 생각이나 개념화되는 이분법적 사고방식을 초월해서 도를 꿰뚫어보는 것이다.[3]

좌망坐忘은 자신을 잊고, 총명함을 버리고 본체를 떠나서 지식을 잊는 수양이다. 또한 좌망은 외부의 형해形骸를 잊은 허심탄회한 경지를 말한다. 곧 나의 존재까지도 잊고 있는데, 이는 방법상 앉아서 잊음을 문자 그대로 좌망이라 한다.[4]

심재心齋는 마음을 비운다는 의미이다. 이것은 정신적인 자유를 획득하는 중요한 과정으로서 자유 경계에 들어가기 위한 기본적인 자아 수양을 의미한다. 여기서 주목할 것은 마음을 비우는 구체적 방법이 제시된다는 점이다. 먼저 도가 모여들 수 있는 허虛·기氣의 상태를 유지하면서 고요히 외물을 기다려야 한다.

심재 수양은 마음을 기르고 기운을 다스리는 방법이다. 외부와의 접촉이 나의 신체이고, 그 신체를 움직이는 존재는 나의 마음이다. 따라서 마음이 거칠고 왜곡되면, 그것에 따라 움직이는 것이 고통스럽다. 반면에 마음이 맑고 고요하면 몸도 덩달아 편안해진다. 여기서 고요는 외부의 사물에 영향을 받지 않고 어떤 일이나 사건에 의해 흔들리지 않는 인간의

---

2 "虛則無爲而無不爲也.",『莊子』「庚桑楚」.
3 이영주, 앞의 논문, p. 93.
4 류성태,『東洋의 修養論』, 학고방, 1996, p. 447.

본성을 의미한다. 형이상학적인 도가 인간의 삶과 연결될 때 그 의미가 매우 뚜렷해진다. 그러므로 도에는 자연의 무위와 고요, 여유, 분쟁을 피하고, 처지를 중시하는 개념이 드러나듯이, 성취가 이루어져도 그것을 소유하지 않는 특성이 있다.

먼저 고요에 도달하기 위해서는 고요한 상태를 지속해야 한다. 이 고요함은 근원의 실현을 위한 기본적인 힘이 되며, 인간과 자연이 하나가 되는 경지에 이르게 한다. 다시 말해, 이는 깨달음의 경지에 도달한 것이다.

> 귀로 듣지 말고 마음으로 듣도록 하고, 마음으로 듣지 말고, 기로 인지하도록 하라. 귀는 단지 소리를 감지할 뿐이고, 마음은 외부에서 오는 것에 맞추어 인식할 뿐이지만, 기는 허하여 어떠한 것이라도 수용할 수 있다. 진정한 도는 오직 그 허 속에서만 모여든다. 이 허가 바로 심재이다.[5]

참된 도는 오로지 허의 상태에서 모인다. 허는 비어 있기 때문에 모든 것을 받아들일 수 있다고 여겨진다. 심재는 도를 배우는 수련의 방법인데, 여기서는 기를 기르고 마음에서 뭘 하든 분별없이 받아들일 수 있도록 하는 것이 중요하다고 생각된다. 그래야만 도를 진정으로 이해할 수 있기 때문이다.

허정한 것은 도가 구현되는 장소이므로 모든 것의 근원이 된다. 그래서 『장자』에서는 "허정하게 마음을 놓고 깊은 고요가 있으며 인위가 없다는

---

5 "無聽之以耳 以聽之以心 無聽之以心 而聽之以氣 聽之於耳 心止於符 氣也者 虛而待物者也 唯道集虛 虛者心齋也.",『莊子』「人間世」

것이 바로 천지의 기준이자 도덕의 본질이다."[6]라고 말한다. 도덕은 인위적인 방식으로 만들어질 수 없으며, 자연적인 특성을 지녀야 한다. 이런 도덕은 허정을 이루면서 나타나고, 허정한 상태를 계속 유지하는 것은 신체와 정신을 키우는 일이 된다.

> 존엄함, 부유함, 출세, 권위, 명성, 이익 이 여섯 가지는 의지를 혼란스럽게 만들고, 외모, 행동, 표정, 이성, 기운, 의도 이 여섯 가지는 마음을 억압하며, 증오, 욕망, 기쁨, 분노, 슬픔, 즐거움 이 여섯 가지는 도덕성에 영향을 미치고, 버리고, 나아가고, 취하고, 주는 것들, 지혜와 능력은 도를 방해한다. 이 네 가지 유형의 여섯 요소가 마음을 요동치게 하지 않으면 차분함을 유지할 수 있고, 차분함이 지속되면 분별력이 생기고, 분별력이 있으면 본래의 욕망을 유지할 수 있다. 본래의 욕망이 있으면 자연의 흐름에 맡겨 아무것도 하지 않지만 하지 않은 일이 없다.[7]

허정함을 이루기 위해서는 외부의 유혹에서 벗어나야 한다. 출세나 유명세, 재정적인 요소에 사로잡혀서는 안 된다. 또한, 자신의 내면에서 선행과 덕을 방해하는 심리적 요소를 통제할 수 있어야 한다. 기쁨과 슬픔, 분별과 증오, 욕망 등의 감정을 스스로 조절해야 한다. 그 후에 비로소 정

---

6 "夫虛靜恬淡寂漠無爲者 天地之平 道德之至.",『莊子』「天道」.
7 "貴富顯嚴名利六者 勃志也 容動色理氣意六者 謬心也 惡欲喜怒哀樂六者 累德也 去就取如知能六者 塞道也 此四六者不盪胸中則正 正則靜 靜則明 明則虛 虛則無爲而無不爲也.",『莊子』「庚桑楚」.

靜을 실현할 수 있고, 고요함이 있으면 사물과 현상을 있는 그대로 인식할 수 있는 지혜가 생겨난다. 있는 그대로 본다는 것은 분별이 없고 경계가 없는 상태이기에 허의 입장을 취하는 것이 된다. "장자는 허함을 이룬다면 어떠한 것도 생을 괴롭힐 수 없는 상태에 이른다고 하였다."[8] 그럴 경우 욕망에 끌리는 감정이 억제되어 몸이 힘들지 않고 마음의 번잡함도 사라진다. 마음이 번잡하지 않다는 것은 욕망을 이루려는 마음이 존재하지 않아서 잔잔하다는 의미이다. 잔잔하면 맑아지고, 맑은 상태를 '허'라고 부른다. 그래서 허정은 삶을 보살피는 길이 된다.

허정의 진실한 본질에 닿으면 하늘·도·덕과 깊이 연결되며, 이들은 모두 큰 목적을 이루는 깨달음의 본질이 된다. 이것은 허정과 깨달음을 연계하는 심미적인 태도로 구체적으로 드러난다.

『장자』에서는 '양생'을 언급하면서 생명이 육체와 정신의 요소로 이루어진다고 설명하며, 신체의 주인을 보호하고 정신의 활력을 충분히 키우는 것의 중요성을 강조하였다. 따라서 육체가 완전하고 정신이 만족스러워야 하고 생명을 지키려면 반드시 먼저 형태에 머물러야 한다.

장자의 수양론에서 양기養氣는 양생과 더불어 가장 많이 거론되는 용어이다. 양생의 실천은 생명에 대한 이해에서 출발한다. 양생의 목표는 생명을 온전히 하려는 것이며, 양신養神은 곧 신을 생의 실체로 간주하여 신의 온전함을 추구하는 것이다. 식물의 경우 양養은 씨앗 속에 감추어진 것을 싹 틔워 밖으로 드러나게 하는 것으로, 원래는 없던 무엇을 새로이

---

8 류성태, 『東洋의 修養論』, 앞의 책, p. 217.

획득하는 것이 아니라, 그 가능성을 온전히 실현하는 것이다.[9] 양생에서 생은 본래 완전한 상태로, 생명의 근원으로 회귀하고 천성을 재확립하는 과정이다. 양생은 생명의 자유를 탐색하는 것이고, 신체는 물질적인 제한을 받을 수밖에 없기 때문에 자유를 추구하는 과정은 필연적으로 정신적인 자유를 쫓는 방향으로 나아가게 된다.

『장자』에서 기의 개념은 도의 본질과 밀접하게 연결되어 있다. 도에서 기가 발생하며, 이 기는 음과 양으로 나뉘어 다시 사물을 형성한다. 장자가 말하는 기는 생명의 일반적인 기반으로서, 흐르는 생명력으로 마음보다 높은 차원에 존재한다. 장자는 기를 이목구비의 감각기관을 넘는 것으로 이해해야 하며, 또한 가장 순수한 상태의 마음을 기로 간주했다.

그러므로 수양이 높은 수준에 도달한 경지에서 맑고 깨끗한 마음의 기는 생명론의 기초가 되면서 신은 생명력의 표현이 되는 것이다. 이처럼 생명의 실체를 이야기할 때 기 또는 정精의 개념은 신神과 겹친다. 따라서 신기神氣, 정신精神의 개념이 사용되므로 양신을 이야기하는 것은 생명의 본질적 요소를 신이라 하며, 혹은 신을 생명현상의 총체적 근원으로 보는 것이다.[10] 즉 외부에서 찾을 대상이 무한하다는 사실을 인지하고 그 헛됨을 깨달았을 때 비로소 자기 삶과 세계의 근원으로 돌아간다.

양생과 관련하여 『장자』에서 버림의 의미로 사용된 단어에는 외外·유遺·기棄·타墮·혹출黑出·리離·거去 등이 있는데, 이 모든 단어의 의미를 포괄하는 것이 망忘이다. 잊음은 곧 잊어버림, 버림이다. 버림을 망

9　이재봉, 「장자의 양신에 대한 고찰」, 『동양문화연구』9, 동양문화연구회, 2013, p. 196.
10　이영주, 앞의 논문, p. 34.

4. 장자의 성인 실현 방법 ·········· **189**

으로 개괄하는 것은 버림이 결국 의식의 차원에서 일어나는 일이기 때문이다. 또한 망은 곧 무심無心으로, 버림이 유위에서 시작하여 무위에 이르러야 하기 때문이다. 처음에는 생명[神]을 손상하는 요소를 의도적으로 버리지만, 나중에는 모든 것에 무심해짐에 이르러야 한다. 망은 물아쌍망物我雙忘(사물과 나를 함께 잊는다)인데, 먼저 망물忘物한 후 망아忘我한다. 망아하면 우주와 하나가 된다. 〈대종사〉에서 말한 '동어대통同於大通'이 그것이다.[11] 천하天下·물物·생生을 버린 다음에 깨달음에 이르고, 절대의 경지에 이른 후 생사를 초월한다고 하였다.

이러한 망忘의 특성을 다시 정리하면 다음과 같이 제시할 수 있다. 망은 첫째, 사물의 본질을 깨닫는 경지이다. 이는 개인의 고정된 자아 개념을 떠나 우주 만물과 하나 되는 경지, 즉 '나'라는 주체와 '대상'이라는 객체의 구분을 허물고 모든 존재와의 연계성을 깨닫는 경지이다. 또 선악, 즉 좋고 나쁨과 유무 등 이분법적인 사고를 넘어 사물의 다양한 측면을 포괄적으로 이해하는 경지다. 둘째, 자연스러움을 추구하는 태도이다. 이는 인위적인 노력을 멈추고 자연스러움에 맡기는 태도이며, 이것이 곧 무위자연의 실천이라 할 수 있다. 셋째, 해탈과 자유를 의미한다. 이는 사회적 관습, 도덕적 규범 등 모든 속박에서 벗어나 자유로운 상태를 말하며, 고정된 관념에서 벗어나 진정한 자유를 얻는 것이다. 넷째, 무한한 가능성을 향한 열린 마음 상태이다. 이는 고정된 틀에 갇히지 않고 새로운 가능성을 열어 두는 것이다.

---

11 이재봉, 「장자의 양신에 대한 고찰」, 앞의 논문, p. 199.

득도得道의 인가

장자는 '도는 마음으로 전할 수는 있지만 받아들이지는 못하고, 경험할 수 있지만 볼 수는 없는 것'[12]이라 하였다. 도의 영역은 경험의 영역이지 언어의 대상이 아니므로, 주체적으로 자각함으로써 얻어지며 타인에게 전달될 수 있다. 하지만 그렇게 전해진다고 하더라도, 그것을 전한다고 해서 도를 전해 받을 자가 도를 수용할 만한 준비가 되지 않았다면 전한다 해도 받을 수 없다.

도를 체득하는 방법은 먼저 반본복초反本復初(본래의 상태로 돌아가고, 처음의 상태로 회복하는 것)이고, 다음은 내구內求(자신의 내면에서 진리를 찾는 것)이며, 또 다른 하나는 버림[去]이다.

장자는 인간의 기원이 있는 세계로 돌아가야 한다고 주장했다. 장자는 "형식을 벗어나고 지식을 없애면 대통과 어우러진다."[13]고 하였다. 거去는 나와 도 사이에 있는 모든 장애물을 없애는 방식을 의미한다. 이 과정에서 반反과 복復의 개념이 동시에 활용되고 있음을 알 수 있다. 하지만 노자가 말하는 '덜어 낸다'는 개념을 장자는 '버린다'는 의미로 해석했다. 사람은 어떤 것을 배운 후에는 그것을 절대적으로 믿고, 본질적인 도를 찾으려 하지 않기 때문이다. 본질적인 도를 알지 못하는 사람은 자신을 잃은 존재로서 세상을 무조건 긍정적으로 바라볼 뿐이다. 그러한 구분과 차별을 마음속에서 줄이면, 도를 통해 나 자신과 유기적으로 연결되어

---

12 "可傳而不可受 可得而不可見.",『莊子』「大宗師」.
13 "離形去知 同於大通.",『莊子』「大宗師」.

진인眞人·지인至人·천인天人의 경지에 이르게 된다. 대각을 이룬다는 것은 자신의 정신을 항상 허무한 상태에 두고, 일一한 마음으로 허虛에 머물게 하는 것을 의미한다. 이러한 상태는 경계가 없음을 나타내기 때문이다. 경계가 없다는 것은 도의 본질을 의미한다.

　도는 외물을 외물로 존재하게 하며, 이치로 존재하지 않는 곳이 없으므로 외물과 함께 있고 외물에 내재하여 있다. 그것을 인식하는 것이 바로 도를 얻음을 가리킨다. 그러므로 장자가 의미하는 득도 개념의 신비주의의 대미를 체험하려면 천지만물을 한꺼번에 관조할 수 있는 경지에 이르러야 한다. 이것이 요천일처寥天一處(아득히 제일 높은 곳)요, 주물자와 도를 함께 체득할 수 있는 경지로서 이를 지미至美라고 한다. 지미는 최고의 아름다움의 단계로 단순히 외적인 아름다움을 넘어서, 도와 일치하는 본질적이고 근원적인 아름다움을 말한다. 장자는 이러한 지미를 통해 인간이 자연과 조화를 이루고, 인위적인 욕망과 집착에서 벗어나 진정한 자유와 평화를 얻을 수 있다고 보았다. 지미는 도의 경지에 이르는 중요한 단계로, 인간이 자연의 이치에 따라 살아가며 내면의 평화를 추구하는 삶을 강조한다. 인간은 자연스럽게 살아가는 삶의 방식을 통해 최고의 아름다움을 체득할 수 있다고 보았다.

　소미小美는 인간 이성의 시계視界에 속하며 사람의 언어로 표현할 수 있다.[14] 일상적인 사물이나 현상에서 발견되는 작은 아름다움을 의미한다. 주로 외적인 아름다움이나 일시적인 아름다움이며, 감각적이고 즉각

---

14 주량즈, 신원봉 역, 『미학으로 동양 인문학을 꿰뚫다』, 알마, 2013, p. 241.

적으로 느낄 수 있는 아름다움이다. 대미大美는 인간의 언어로는 분별할 수 없는 본원적이며 무한하며 조화의 아름다움이다. 우주적이고 본질적인 아름다움, 도와 같은 근본적인 원리에서 비롯된 아름다움, 깊이 있는 철학적 아름다움으로, 인간의 내면과 자연의 조화에서 비롯한다. 대미는 일시적인 것이 아니라 영원하고 변하지 않는 아름다움이다.

흔히 우주 만물을 관조할 수 있는 경지로서 도의 체득을 말한다. 이는 "불언不言의 아름다움을 절대적 본체로 삼고 있으며 한정된 작은 삶에서 벗어나 사생존망死生存亡이 일체임을 터득할 수 있는 경지를 말한다."[15]

왕필은 '상을 잊는 것은 뜻을 파악하는 필요조건이고 이것이 바로 득의망상론得意忘象論(뜻이 밝혀졌으면 상을 버린다)의 요점'[16]이라고 했다. 글을 읽되 오래 구송하여 맑은 눈으로 그 뜻을 살핀 다음 거기에서 나오는 즐거움과 그윽한 경지를 체험하면 된다.

결국 허정과 계합하는 것이 도의 경지에 들어가는 것이며 이것이 지인至人의 태도이다. "도가에서 말하는 허정은 사물에 동요되지 않는 마음 상태로 허는 실을 동반하고 정은 동을 동반한다."[17] 천과 도와 덕은 전체 대용全體大用 그 자체이기 때문에 그런 것의 깨달음 자체라고 할 수 있다.

수양의 최고 경지는 사실 죽음이나 삶이 없는 상태에 도달하는 것이라는 점이 중요하다. 이는 시간의 개념을 초월하여 이르게 되는 '망忘'의 상

---

15 이영주, 앞의 논문, p. 100.
16 임채우, 「왕필 역철학의 도가역학적 위상」, 『원불교사상과 종교문화』 40, 원광대학교 원불교사상연구원, 2008, p. 252.
17 이영주, 앞의 논문, p. 162.

태로, 무심의 경지에서는 주체와 객체의 개념이 부정된다. 따라서 득도의 의미는 스스로 독립하여 홀로 존재하는 것을 전제로 한다. 외부의 사물이나 기억을 잊고, 삶을 나 자신으로 인식하는 것에서 벗어나 자아의식을 포기할 때, 진정한 나가 우주적 의식을 지니고 새롭게 태어나는 것이다.

> 저는 선생님의 말씀을 들은 후 1년 만에 단순해지고, 2년 후에는 사람들을 따르며, 3년째에는 피아의 구별이 사라지고, 4년 후에는 사물과 함께 하나가 되었으며, 5년째에는 여유롭게 자득하게 되었고, 6년 후에는 감정을 버린 채로 마치 죽은 것처럼 되었으며, 7년 만에 자연과 하나가 되었고, 8년 후에는 죽음도 삶도 인식하지 않게 되었으며, 9년 만에 드디어 커다란 깨달음에 도달했습니다.[18]

이는 깨달음의 상태, 즉 도와의 합일이 즉시 이루어지는 것이 아니라 특정한 수행의 과정을 통해 달성된다는 것을 의미한다. 도를 깨닫기 위해서는 외부 대상을 잊는 것에서부터 수행이 시작되어야 한다고 한다. 간결한 상태는 인위성이 없는 상태를 나타낸다. 자아를 없애고, 없앴기 때문에 나와 다른 것의 경계가 사라지며, 그렇게 되면 모든 것과 하나가 되는 상태에 도달하고, 결국 스스로 깨달음을 얻게 된다. 또한 형체를 포기함으로써 잡념을 끊어 내게 되고, 그렇게 되면 자연과 하나가 되어 자신의 삶과 죽음에서도 벗어날 수 있다.

---

18 "自吾聞子之言 一年而野 二年而從 三年而通 四年而物 五年而來 六年而鬼入 七年而天成 八年而不知死不知生 九年而大妙.",『莊子』「寓言」.

참된 지혜를 지닌 지인은 우주의 진리에 따라 다스리며 여섯 가지 기운을 조절할 수 있고, 무한한 경지에서 자유롭게 존재할 수 있으며, 자연의 덕과 자신의 정체성이 분리되지 않는 상태를 넘어서는 진정한 인간만이 도와 가까워질 수 있다. 그러므로 "네가 신기를 버리고 형체를 버리면 도에 다가가게 된다."[19]고 하였다. 득도는 정신을 수련함으로써 기의 우수한 경지에 도달하는 것이다. 이 과정에서 기는 최고 수준의 수련을 통해 얻게 되는 무념 상태와 깨달음을 의미한다.

> 남영주南榮趎는 도덕에 대해 고민하며 인의를 잃고 열흘간 고민만 하던 중 노자를 만나러 갔다. 노자는 말했다. "당신은 스스로 마음을 씻어 내며 뭔가 깨달음을 얻고 있는 것처럼 보이지만, 여전히 마음속에 불순한 것이 남아 있는 것 같습니다. 어떤 사람은 외부의 일에 영향을 받아 마음이 동요하게 되면, 그것을 바로잡는 것이 어려워집니다. 마음의 작용을 잠재워야 하고, 외부의 일이 마음에 얽힌 이들은 복잡하게 얽혀서 마음을 정리하기 힘들어집니다. 감각의 모든 작용을 차단해야 합니다. 내면과 외면이 얽혀 있는 사람은 도덕을 가질 수 없고, 더욱이 큰 도에 자신을 맡기며 여유롭게 지내는 것은 더욱 힘든 일입니다."[20]

---

19 "汝方將忘汝神氣 墮汝形骸 而庶幾乎.",『莊子』「天地」.
20 "南榮趎請入就舍 召其所好 去其所惡 十日自愁 復見老子 老子曰 汝自灑濯 孰哉鬱鬱乎 然而其中津津乎猶有惡也 夫外韄者 不可繁而捉 將內揵 內韄者不可繆而捉 將外揵 外 內韄者 道德不能持 而況放道而行者乎.",『莊子』「庚桑楚」.

도를 이해하기 위해서는 일반적인 도덕 기준을 버리고, 동시에 도와 덕의 본질을 탐구하는 노력이 필요하다. 이렇게 해야만 마음이 혼란스럽지 않고 올바르게 정돈될 수 있다. 불완전하고 사람을 잘못 인도하는 외부의 감각적인 사건들을 마음속에 두지 않으며, 내부적으로는 세속적인 지혜를 좇지 않음으로써 도를 지킬 수 있다.

이러한 항상된 마음 상태인 상심常心을 얻기 위해서는, 곧 득도의 경지에 이르기 위해서는 마음의 전일專一 수행이 요구된다. "허심虛心 · 정심正心 · 무심無心 · 일심一心의 허 · 정 · 무 · 일은 지향할 바이며, 이와 대비되는 실 · 부정 · 유 · 다는 마음의 본성이 아닌 마음의 현 상태로서 지양할 바이다."[21] 장자에서 얻는 깨달음은 마음을 닦아 수양을 통해 기의 최고 경지에 이르는 것이다. 이는 장자가 이야기하는 우주 진리를 나타낼 수 있는 진군의 단계로, 그가 염원했던 인간 이상에 머물지 않고 제한된 사고를 초월하여 더 높은 수준의 참된 인간으로 되돌아가려는 도약이다.

소요유逍遙遊의 삶

장자의 소요유 사상은 전국시대의 혼란한 상황을 겪으면서 개인의 수양을 통해 고통으로부터 벗어나고자 하는 의도를 가지고 있었다. 장자는 소요유의 특성에 대해 "사물의 본래 모습에 맞추어 마음을 자유롭게 이동하게 하여 어쩔 수 없는 것에 몸을 맡기면 내면의 본성을 키우는 데 극치를

---

21 김현수, 「莊子의 道通爲一에 근거한 트랜스퍼스널 마음치유 프로그램 개발의 가능성」, 『도교문화연구』44, 한국도교문화학회, 2016, p. 67.

이룰 수 있다."[22]고 하였다. 소요유는 특정한 목표 없이 방황하는 것이 아니다. 이는 마음으로 자유롭게 돌아다니는 것을 나타내며, 최고의 경지로도 해석될 수 있다. 따라서 소요의 장소는 어떤 생각도 머물지 않는 마음의 공간이다. 이처럼 소요유는 '어떤 것에도 얽매이지 않는 상태'를 뜻한다.

성인이 우주에서 활동하는 것은 그의 정신이 세계와 하나가 된다는 것을 의미한다. 장자는 자아가 무한히 개방될 때 내면의 나와 조우하고, 타인과도 조화를 이룬다고 했다. 이런 점에서 장자의 유遊는 정신이 자유롭게 해방된 상태를 보여준다. 마음대로 돌아다니는 것은 도의 경지에 도달한 독유獨有의 경지에 이른 것을 말한다. 여기에서 독獨은 도와의 일체성을 의미한다. 따라서 독유는 하나 됨의 경지를 이루었다는 표현이다. 도와 하나가 되었기 때문에 얽히거나 구속되지 않고 온 우주를 자유롭게 움직일 수 있다. 『장자』에서는 이런 경지를 쉽게 찾을 수 있다.

나는 이제 당신과 이별하여 영원한 문으로 들어가 끝없는 세계에서 놀게 될 것입니다. 나는 태양과 달빛과 함께 빛나며 우주와 함께 영원히 존재할 것입니다. 나에게 다가와도 무덤덤하게 지나치고, 나에게서 멀어져도 역시 무관심할 것입니다. 모든 사람들이 결국 죽지만, 나는 혼자서 살아남을 것입니다.[23]

---

22 "夫乘物以遊心 託不得已 以養中 至矣.",『莊子』「人間世」.
23 "故余將去汝 入無窮之門 以遊無極之野 吾與日月參光 吾與天地爲常 當我 緡乎 遠我 昏乎 人其盡死 而我獨存乎.",『莊子』「在宥」.

인간은 육체적인 존재이므로 결국 죽음을 피할 수 없다. 비록 한정된 생명을 가진 존재이지만, 도를 깨달은 사람에게는 생과 사가 의미가 없다. 도와 함께 움직이면서 하늘과 땅과 더불어 영원한 삶을 누리게 된다. 이를 '독존獨尊'이라고 부른다. 독존은 이전에 언급한 독유와 의미가 유사하다. 즉, 하나가 되어 존재함을 나타낸다. 다시 말해 도와 일체가 되어 살아가는 상태가 독존이다. 독존으로 존재하기 때문에 무한한 세계로 들어갈 수 있으며 무극의 경지에서 자유롭게 존재할 수 있다. 그래서 도를 깨달은 사람은 독존의 형태로 영원할 수 있다.

따라서 독존은 스스로를 세상에서 가장 귀하게 여기고 존중하는 것이다. 즉, 자기 자신을 중심에 놓고 세상의 모든 것을 바라보는 주체적인 태도이다. 이는 자기 자신에 대한 긍정적인 인식과 자존감을 바탕으로, 타인과의 비교나 경쟁에서 벗어나 자신만의 가치를 실현하려는 태도이다.

독유獨有는 세상에 단 하나뿐인 고유한 존재로서, 다른 어떤 것과도 비교할 수 없는 독특한 가치를 지니고 있다는 것을 인식하는 것이다. 즉 개인의 고유성과 다양성을 존중하고, 타인과의 차이를 인정하며 함께 어우러져 살아가는 것이다.

독존은 자기 자신을 중심에 두는 주체적이고 자기 중심적인 태도로서 자존감과 자기실현을 강조하는 반면 독유는 개인의 고유성을 바탕으로 하되 객관적이면서 포용적인 태도를 취함으로써 다양성을 존중하고 공존을 모색한다는 점에 차이가 있다.

물아物我의 융합, 미美와 진眞의 융합 속에서 명命이나 '부득이不得已'의 문제는 해소되고 소요가 가능해지는 것이다. 이 소요란 곧 물화物化이며 물화는 물아 관계가 도달하게 되는 극점이다. 소요와 물화 속에서 지극한 즐거움이 일어난다. 이것이 도의 경지이며 참된 장자적 세계가 성립하는 곳이다.[24]

독존이나 독유의 다른 표현이 물화物化이고 동시에 소요이다. 여기서 물아일체가 되면 물物에 의한 구속이 없어진다. 인간은 유한하고 연약한 존재이지만 깊은 기쁨을 경험하게 된다. 도의 경지와 합일됨은 곧 기쁨의 상태와 합일됨을 의미한다.

물아양망物我兩忘의 천화天和를 거쳐 안화安化의 경지에 이른다는 것은 물아物我 대립에서 점진적으로 허정에 나아가는 것이다. 사물의 차별을 지워 물아를 모두 잊은 경지로 도의 경지에 이른다고 한다. 심재와 좌망의 의경意境은 다 같이 무기無己·상아喪我·망아忘我의 경지이며[25] 인간을 구속하는 세속적인 외물로부터 자유로운 해방의 경지이다.

위로는 창조주와 함께하며 아래로는 생명과 죽음을 잊고 끝없이 존재하는 초월적인 존재와 친구가 된다. 그는 도에 대해 매우 널찍하게 열어 두고 깊이 있게 뻗어 나가며 도의 본질에 관해서는 모든 것과 조화를 이루어 궁극적인 진리에 도달한다고 할 수 있다.[26]

24 이성희, 「莊子 철학의 미학적 구조」, 『도가철학』 2, 한국도가철학회, 2000, p. 196.
25 김도영, 「老莊의 수양론이 서화예술에 끼친 審美 고찰」, 『서예학연구』 28, 한국서예학회, 2016, p. 284.
26 『莊子』 「天下」, "上與造物者遊 而下與外死生無終始者爲友 其於本也 弘大而辟 深閎而肆 其於宗也 可謂稠適而上遂矣."

이처럼 도와 합일된 자는 생사의 고통을 잊으며 무궁의 경지와 하나 되기에 만물과 조화를 이룬 채 살아간다. 이것이 장자가 말하는 유遊의 의미와 경지가 된다. 장자에서 거론되는 정신적 자유의 담론들은 결국 몸과 마음의 소통을 위해 요청되는 비유이지 마음만의 자유를 의미하는 것이 아니다.[27] 장자가 〈응제왕〉편에서 주장한 무치주의 사상과 〈대종사〉편 내성외왕은 그 당시 지식인 공동의 이상과 포부였다. 세속적 권력에 묶이지 않고 자기 자신을 근원적으로 반성하여 양행하였다. 더욱 그 자신들의 자연성, 자유성, 자주성에 따라 생활해야 한다고 생각하였다.[28] 전국시대 통치자들의 전제적 통치 상황 속에서 장자가 제시한 무치無治 사상은 그 시대의 민심을 그대로 반영한 것이다.

장자 철학 체계는 세계와 객관적 대상인 사물과 자아 주관적 마음인 나 혹은 자기의 관계에 대한 심원한 고뇌와 통찰로 가득 차 있다. 장자의 도가 다분히 객관적 성격을 지닌 노자의 도와는 달리 지인至人의 정신 경계와 불가분의 관계가 있는 것[29]이라면 물아의 문제는 장자 도론道論의 핵심으로 바로 진입하는 길이기도 하다.

천근은 은양에서 놀다가 요수 강가에 도착했을 때, 우연히 한 무명인과 마주쳤다. 그는 물었다. "세상을 다스리는 방법이 궁금합니다." 무명인은 대

---

27 이종성, 「소요와 노닒 또는 걸림 없는 자유」, 『동서철학연구』 67, 한국동서철학회, 2013. p. 45.
28 이영주, 앞의 논문, p. 106.
29 이성희, 앞의 논문, p. 179.

답했다. "네가 마음을 평온한 상태로 유지하고, 모든 일을 자연의 흐름에 맡기며, 개인적인 욕심을 배제한다면 세상은 잘 다스려질 것이다."[30]

천근이란 하늘의 뿌리를 뜻하는데, 여기서는 세상의 통치자로 언급된다. 그는 이름 없는 평범한 인물에게 세상을 다스리는 방법을 묻는다. 천근은 그가 도를 익힌 은둔자임을 알고 있다는 것을 보여준다. 무명인은 도와의 통합을 성취한 인물로서 시간을 초월하여 경계 없는 세계에 살기를 원한다. 천근이 그에게 경영법을 물으니, 무명인은 먼저 마음을 다듬으라고 말한다.

마음을 가다듬고 유유자적한 경지에 도달해야만 진정한 도와의 합일을 경험할 수 있다. 또한 기가 자유롭게 흐르도록 해야 한다고 가르친다. 장자에게 기는 모든 존재가 하나의 기운으로 소통한다는 점이 중요하며, 기가 원활하게 흐른다는 것은 모든 것과의 조화를 의미한다. 『장자』의 사상은 이러한 혼란과 무지에서 벗어나는 방법을 제시한다. 장자는 자연에서 유유자적하는 것이 정신적인 자유를 상징하며, 이는 육체의 자유와도 연결된다고 여겼다. 마음과 몸이 분리되면 오히려 자유를 잃게 된다.

소통이 이루어진다는 것은 조화가 이루어진다는 것을 의미한다. 따라서 순물자연順物自然이 성립하게 된다. 순물順物은 존재하는 모든 것에 따르는 것을 의미한다. 즉 물질의 본질을 인정하고 수용하는 것이다. 이로 인해 반발이 없고 모든 것이 서로를 존중하게 되어 조화가 이루어진다.

---

30 "天根遊於殷陽 至蓼水之上 適遭無名人而問焉 曰 請問爲天下, 汝遊心於淡 合氣於漠 順物自然而無容私焉 而天下治矣.",『莊子』「應帝王」.

조화로운 상태 속에서 모든 존재는 자발적으로 자신의 본성을 드러내게 된다. 이것이 바로 자연이다. 요약하면, 모든 존재가 자신의 본성을 저해 받지 않고 실현할 수 있는 기반이 형성된 것이 순물자연이다.

순물자연이란 자신의 의견 개입이 없어 사심이 사라지는 것이다. 이렇게 세상을 다스릴 때는 도의 입장에서 운영해야 한다. 즉, 인간의 개인적인 욕심을 버리고 세상의 본성을 그대로 받아들여야 한다. 그래야 조화가 이루어지고 자연스럽게 자신의 본성을 드러내게 된다. 이를 위해 자신의 생명 원천인 기가 마구 흐르도록 하고, 이를 위해 마음이 도와 통합된 유유자적한 경지에서 머물러야 한다.

이처럼 유유자적함은 도를 깨달은 개인이 단순히 그 경지를 즐기는 것이 아니라, 세상을 이끌어 가는 인물을 교화하고, 이를 통해 세상이 도의 원칙으로 운영되도록 하는 것이다. 이를 실천한 이가 소요유의 삶을 살아가는 사람이다.

제물齊物과 달관

제물은 '만물제동萬物齊同'을 의미한다. 즉, 모든 것이 동등하다는 시각이다. 『장자』에서는 모든 생명이 하나의 기운에서 태어난다고 주장한다. 모든 존재가 동일한 기운을 지니고 있기 때문에 평등하다는 것이다. 이러한 제물의 이해에 다가가기 위해서는 자신의 마음속에서 선악의 구분을 없애는 노력이 필요하다.

세상에는 절대적인 공정함이나 옳음이 없다.[31]

그런데 시비是非는 옳음과 그름을 가린다. 시비를 구분한다는 것은 나누고 차별하는 것을 의미한다. 그러므로 시비를 가리는 것은 도를 방해하는 것이 된다. 마음속에서 시비를 가리는 생각을 덜어내어야 비로소 모든 것을 평등하게 볼 수 있는 조건이 마련된다.

사물은 저것 아닌 것이 없고, 또 이것 아닌 것도 없다. 저 측면에서 보면 저것이고 이 측면에서 보면 이것이다. 한쪽에서 보면 저것처럼 보이고, 다른 쪽에서는 이것처럼 보인다. 한쪽에서 바라보면 이쪽은 관찰할 수 없다. 반대로 여기에서 보면 저쪽은 볼 수 없다. 자신이 알고 있는 측면만이 올바르다고 생각한다.[32]

한 인식 주체는 인식 대상인 '사물'을 저것이라고 생각할 수 있다. 그러나 또 다른 주체는 같은 인식 대상을 이것이라고 인식할 수도 있다. 갑이라는 인식 주체가 어떤 대상을 '저것'이라 여길 때, 주관은 '저것'의 관점에서만 대상을 바라보므로 그 대상을 완전히 이해하지 못하거나 일부를 놓칠 수 있다. 을이라는 인식 주체는 그 이해하지 못한 부분을 발견하거나 파악할 수 있으며, 을은 그것을 '이것'이라고 인식하는 것이다.

이같이 '지식'은 인식 주관의 '성심成心'에 의해 형성되기 때문에, 여러

---

31 "天下非有公是也.",『莊子』「徐無鬼」.
32 "物無非彼 物無非是 自彼則不見 自知則知之.",『莊子』「齊物論」.

지식들 사이에서 존재하는 '똑같이 옳다는 것'을 찾을 수 없다. 똑같이 옳은 것은 곧 지식이 모두 공통되게 인정하는 옳음, 즉 보편적이고 필연적인 옳음이며, 이는 지식의 진위를 판단하는 기준이다. 또한 시비를 가려줄 수 없다.[33] 우리를 다르게 보는 사람에게 판단을 맡기면, 이미 우리는 상이하므로 제대로 교정할 수 없다. 또 우리가 비슷한 관점을 가진 이에게 결정을 맡기면, 이미 의견이 일치하므로 논란을 명확히 할 수 없다. 장자는 이것이 고정된 것이 아니라는 점에서 긍정하기 힘들다고 여겼다.

마음속에서 논란을 일으키고 이를 통해 대립과 억압의 구조를 세우면 도를 나타낼 수 없고, 통합된 통찰력을 이룰 수 없다. 모든 것을 구분하고 차별하는 지식의 한계를 넘어서야 제물의 시각을 가질 수 있다. 배움에서도 마찬가지다. 옳고 그름을 판단하는 비판적 사고가 결여된 교육은 사람을 특정한 지식에 갇히게 하여, 다양한 지식을 받아들이지 못하게 만든다. 그는 우물 속의 개구리가 되어 자신이 아는 하늘만이 전부라고 생각하게 된다. 그래서 아무리 하늘의 무한성에 대해 설명해도 이해하거나 수용할 수 없다.

인간은 자신의 지식의 정당성을 비판적으로 평가하는 태도를 가져야한다. 그리고 개방적인 사고를 가져야 한다. 내가 알고 있는 지식이 틀릴 수 있다는 가능성을 인정하고, 진실한 지식을 기꺼이 받아들이는 태도는 도를 수용할 수 있는 기회를 만들어 주며, 이는 제물의 관점을 실현하는 기반이 될 것이다.

---

33 張岱年, 『張岱年全集』 第五卷, 「論庄子」, 河北人民出版社, 1996, p. 438.

제물의 관점에 선다는 것은 본래의 것을 그대로 인정하는 것이다. "학의 다리는 길어야 알맞지, 자르면 슬퍼한다."[34]는 대목에서 학의 다리가 길다는 것은 자연적인 현상이며, 그것을 자른다면 이는 인위적인 조치가 된다. 인위적인 것은 인간의 주관적 생각이 자연에 반영되어 사람의 시각으로 변형된 것이다. 이런 변화는 본래의 형태를 바꾸기 때문에 고통을 수반한다. 이는 사물을 있는 그대로 인식하고 수용한 것이 아니라 인간의 가치가 개입된 결과로, 희생물의 관점에서 벗어난 것이다.

장자는 〈제물론〉에서 모든 사물이 동일한 원리로 발생한다는 생각을 강조했다. 즉, 그의 말에 따르면, 일반 사람의 눈으로 보면 옳고 그름이 구분되는 것은 진리에 이르지 못한 데서 기인하는데, "도를 체득하여 무심의 심경에 도달한 사람에게는 사물 간의 차별이나 대립은 사라지게 되며 만물은 제일齊一 하다."[35]는 것을 깨닫게 된다는 것이다.

달도達道를 이루고 제물 달관의 경지에 도달하기 위해서는 대각大覺이 필요하다. 대각이란 모든 환상과 착각에서 벗어나는 것을 의미한다. 우리는 깊은 꿈속에 있을 때 현실과 꿈을 구분하지 못하고 걱정과 계획을 세운다. 그러나 현실로 돌아오면 비로소 그것이 꿈이었다는 것을 깨닫는다. 인생 또한 마찬가지로 진정한 깨어남이 이루어져야만 이 삶이 꿈과 같다는 것을 알게 된다. 꿈을 꾸는 동안은 그것이 현실이라고 믿는다. 그래서 꿈을 꾸면서도 그것이 꿈이라는 사실을 깨닫지 못하고 기쁨과 슬픔에 흔들리게 된다. 꿈속에서 경험하는 모든 것은 꿈에서 깨어나면 다 무의미한

34 "鶴脛有所節 解之也悲.",『莊子』「徐無鬼」
35 김용정,「도가철학과 현대문명」,『도가철학과 미래』, 한국도가철학회, 2000, p.2.

것이 된다. 이러한 허상을 진짜라고 믿지 않기 위해서는 대각이 이루어져야 한다.

대각은 꿈에서 깨어나 실체를 확인하는 것처럼, 인간의 삶에서 겉으로 나타나는 현상을 진실로 믿고 마음의 수행을 통해 실체를 인식하는 것이다. 실체를 보는 것은 꿈에서 벗어나는 것을 의미한다. 이러한 실체를 인식한 사람을 진인이라 한다. 그래서 장자는 "진인이 존재해야만 비로소 참된 지식이 생긴다."[36]고 하였다. 대각을 통해 진정한 실체를 이해한 사람이 진인이며, 그가 얻은 지식이 진정한 지식이 된다. 이 지식의 시각에서 보았을 때 모든 것은 제물이라는 관점으로 변하게 된다.

이처럼 제물의 관점에 도달하려면 인위적인 판단과 구별이 없는 상태를 회복해야 하며, 동시에 열린 마음이 필요하다. 도는 모든 것을 받아들인다. 그러한 도의 입장을 취하기 위해서는 개방적인 태도가 필수이며, 인간의 삶이 어떤 면에서 꿈일 수 있음을 인정해야 한다. 꿈에서 깨어나 현실을 인식하듯, 우리의 시각도 대각을 이루어야만 진정한 제물의 관점에 설 수 있게 된다.

천인합일天人合一

종교적이고 주재적인 하늘에 대한 개념이 줄어들면서 하늘과 인간이 서로 연결된다는 믿음이 더욱 강해졌다. 서주 초기에 여러 가지 관점에서

---

36 "且有眞人而後有眞知.",『莊子』「大宗師」

천인감응이라는 주제가 논의되었다. 여기에는 여전히 인격화된 주재자인 하늘이 인간의 행동에 대해 선행에는 보상을 주고 악행에는 처벌을 내리는 것으로 이해되고 있었다. 그러나 서주 말기에서부터 전국시대에 이르러 자연화된 감응론이 나타나게 되는데, 이 이론에 따르면 하늘은 땅과 관계를 맺으며 지진이나 홍수 등의 자연재해를 통해 인간의 행동을 조정하는 방식으로 작용한다.

이러한 감응은 자연 발생적이지 결코 어떤 상제의 지시에 의한 것이 아니라는 것이다.[37] 장자는 중국 철학에서 처음으로 하늘과 인간의 관계를 형식적으로 정립했다. '도'는 우주에서 발산되는 모든 생명의 원천이기 때문에 '어디에나 존재'하는 것이다. 우주는 살아 있으며, 모든 것과 밀접하게 연관되어 있다. 장자는 도가 자연과 인간 간의 대립이 아닌 상호 연결성을 나타낸다고 주장한다. 삶과 죽음은 자연의 변화를 통해서 필연적으로 발생하는 결과로 여기며, 그 안에서 큰 변화에 따른 여유 있는 삶의 자세를 보인다. 더불어 인간은 자연과 하나로 연결되어 있으며, 서로 친근한 관계임을 인식하게 된다.

장자의 천인합일은 자연과의 결합을 의미한다. 그는 또한 하늘의 개념을 외재적 하늘과 내재적 하늘로 구분하여 설명하기도 했다.

하늘과 땅의 역할을 이해하는 이는 높은 경지에 이른 사람이다. 하늘의 행동을 인식하는 사람은 자신의 '지식을 아는 것'을 통해 그의 '지식이 알지

---

37 김충렬, 『노장철학 강의』, 앞의 책, p.270.

못하는 것'을 보완한다. 이렇게 해서 하늘이 부여한 수명을 모두 채워 중
간에 사망하는 일이 없게 된다. 이것이 지식의 완성이다.[38]

장자는 새로 구축된 천을 들여오지 않는다. 이는 천을 결코 '인간화'시
키지 않으려는 데에서 비롯된다. 유가의 인仁, 묵가의 겸애兼愛, 노자의
유약柔弱과 같은 도덕화된 이념도 천에 부여하지 않는다. 이로써 장자는
천인합일에 어떠한 종속적인 성격도 배제하는 것이다. 그러므로 장자는
규정할 수 없는 천의 무한하고 개방적인 본성이 인간의 내재화된 천에도
그대로 유지되고 있음을 강조한다.

천인합일의 다른 특징은 인간에 대한 규정이 인간이 지닌 고유한 유한
성을 형形에 한정하면서 인간의 유한하고 차등적인 개체적 본질인 정情
을 부정한다는 점이다. 따라서 인간에 대한 어떠한 시비 논쟁이나 그로
말미암는 호악好惡의 발생도 허위적이다.

혜자가 이렇게 말했다. "이미 인간이라고 불리는데, 어찌 정이 없을 수 있
겠는가?" 그러자 장자는 이렇게 답했다. "시비란 내가 언급한 정이다. 내
가 언급한 바와 같이 정이 없다는 것은 인간이 선악으로 스스로를 상처입
히지 않으면서 항상 자연에 따라 생명을 더하지 않는 상황을 의미한다."
혜자는 다시 묻는다. "생명을 더하지 않으면 어떻게 자신이 존재할 수 있
겠는가?" 이에 장자는 답했다. "도가 형체를 부여하고 천이 모습을 만들어

---

38 "知天之所爲 知人之所爲者 至矣 知天之所爲者 天而生也. 知人之所爲者 以其知之所知
以養其知之所不知 終其天年而不中道夭者 是知之盛也.",『莊子』「天道」.

냈으니, 선악으로 스스로를 상처 내지 말라."[39]

　이러한 특징은 인간의 규정을 둘러싸고 벌어지는 장자와 혜시와의 논쟁에서 분명하게 드러난다. 자연과 인간은 같은 유이고, 상통한다. 자연과 인간은 동일한 기질로 기본적인 원질인 기로 되어 있다. 이것이 곧 기화론氣化論의 기초이다. 이는 '천인상통'이라는 말과 함께 자연과 인간이 하나의 정체임을 의미한다. 그러므로 천인합일은 인간과 자연이 대립 관계가 아닌 융화하여 분리될 수 없는 관계임을 드러낸다.

　　좋아하는 것이 하나가 있고, 싫어하는 것도 하나가 있다. 하나인 것도 하나이고, 하나가 아닌 것도 하나이다. 하나인 것은 천과 함께 그룹이 되는 것이고, 하나이지 않은 것은 인간과 함께 그룹이 되는 것이다. 그러나 천과 인간은 서로 이길 수 없으므로, 이를 진인이라고 부른다.[40]

　『장자』에서는 하늘과 조화를 이룬 인물들을 다양한 특성으로 나누어 보여준다. 하늘의 길을 지닌 이는 하늘과 하나 된 사람이며, 도의 본질을 지닌 이는 신인으로 부른다. 하늘의 도를 바탕으로 이를 통해 우주를 다스리는 이는 성인이라 하여 구분한다. 이처럼 인간은 하늘과 분리된 존재

---

39 "惠子曰 旣 謂之人 惡得無情莊子曰 是非吾所謂情也 吾所謂無情者 言人之不以好惡 內傷其身 常因自然而不益生也 惠子曰 不益生何以有其身 莊子曰 道與之貌 天與之形 無以好惡內傷其身.", 『莊子』「德充付」.

40 "故其好之也 其弗好之也 一其一也 一其不一也 一其一與天爲徒 其不一與人爲徒天與人不相勝也 是之謂眞人.", 『莊子』「大宗師」.

가 아니며, 수련을 통해 하늘과 일체가 되는 것을 이룰 수 있다. 일체가 된다는 것은 단순히 개인의 마음에만 담아 두는 것이 아니라 자연과의 조화를 이루며 활동에 참여하는 것을 의미한다.

장자는 인간이 자신의 마음을 하늘에 일치시켜야 한다고 보았다. 이는 인간의 정신은 도에서 생겨났으며 그곳에 존재한다고 생각했기 때문이다. 따라서 인간의 마음을 하늘로 돌이키려는 것은 곧 도를 회복함을 말한다. 도는 무위이다. 그래서 아무 일도 하지 않으면서 무심히 일하는 것을 천天이라 한다. 하늘과 하나 됨을 실현한 사람은 도를 체득한 사람이기에 행함이 없는 행을 하는데 이를 "자기를 잃어버린 사람, 이런 사람을 일컬어 하늘에 들어간 사람이라 한다."⁴¹ 망이란 무심한 상태로 허虛하게 하는 것이다.

현실적인 상황 속에서 이러한 천인합일의 개념은 더욱 뚜렷한 갈등을 보여준다. 사람을 형성하는 요소는 외형과 정신이다. 하지만 문제는 외부 세계를 무시하고, 외형과 정신을 인간이 행동할 수 있게 만드는 주체로 보려고 한다는 점이다.

장자는 외형과 정신을 움직이게 하는 진짜 원천에 대해 질문한다. 낮과 밤이 끊임없이 교차해서 일어나지만 그 시작점이 무엇인지 모르는 것처럼, 인간 역시 자신의 존재 이유를 이해하지 못하고 있다는 것이다. 또한 장자는 한정된 인간이 무한한 행동을 할 수 있음을 보여준다. 즉, 인간은 제한이 있음에도 불구하고 완전할 수 있다는 것이다.

---

41 "忘己之人 是之謂入於天.", 『莊子』 「天地」.

우리의 삶에는 한계가 있고 앎(知)에는 한계가 없다. 한계가 있는 것으로 한계가 없는 것을 따르는 것은 위태롭다. 내재화된 천(中)을 따라 핵심(經)으로 삼으니 신체를 보존할 수 있고, 삶을 완전하게 할 수 있다고 하였다.[42]

비록 인간이 그러한 진재眞宰 혹은 진군眞君을 알지 못한다 해도 그것의 활동은 계속되지만, 진재 혹은 진군에 대한 앎에 이를 때에만 인간은 비로소 참인간으로 전환할 수 있다.

장자의 수양론은 자기의식을 경감시키는 과정이고, 자기를 제거하는 과정과는 구별된다.[43] 장자는 형상과 마음의 대립이라는 유가적 이해에서의 형상에 대한 부정과 실천의 주체라는 점에서의 마음에 대한 과잉을 둘 다 배제하고, 형상과 마음을 매개로 천인합일의 맥락에서 내재화된 천을 드러낸다.

우주적인 규모에서 인간의 존재와 활동을 이해하고 자유롭게 소요하며, 복잡한 삶의 구속에서 벗어나 이해관계를 초월하여, 천지 사이에서 유유자적한다면 천인합일의 참뜻을 실감하게 될 것이다.

---

42 "吾生也有涯 而知也無涯 以有涯隨無涯 殆已. 已而爲知者 殆而已矣 爲善無近名 爲惡
無近刑 緣督以爲經 可以保身 可以全生 可以養親 可以盡年.", 『莊子』「養生主」.
43 심은하, 「장자 내편을 통해 본 천(天) 개념」, 이화여대 석사논문, 1997, p. 67.

무위無爲와 도락道樂

살아 있다는 것은 행동하고 있다는 것이다. 인간의 생활 속에서도 순간마다 행동을 하게 된다. 이러한 행동은 의도적인 행동과 자연스러운 행동으로 구분된다. 의도적인 행동은 인간의 의사가 영향을 미친 결과인 반면, 자연스러운 행동은 인위적인 요소가 없는 행동이다. 이것을 『장자』에서는 "가장 완벽한 말은 말이 없고, 가장 완벽한 행위는 행동이 없다."[44]라고 말한다. 여기서 무위란, 행하는 것이 없는 것이 아니라 인위적인 행함이 없는 것을 의미한다. 행하는 것이 없는 것은 죽음의 상태이다. 살아 있다는 것은 나와 대상 간에 상호작용을 통해 생명성을 유지하는 행위이기에 행함이 있는 것이 된다.

천지자연의 편안한 모습으로서 허무무위虛無無爲는 곧 마음속에 세상의 지혜가 사라져 텅 빈 것이다. 일체의 세속적인 가치가 마음속에서 비워져 자연이 그 본래의 모습으로 드러난다.[45] 그렇게 자연이 드러나는 것이야말로 천지가 편안해지고 도덕의 바탕이 되어야 함을 강조하는 것이다. 천지가 편안한 것은 곧 무위락無爲樂이 된다.

여기서 나와 대상 간에 무위적 행함이 되는 것은 나와 대상에 대해 대등한 입장에 서서 서로의 존재를 인정하고 수용해야 가능하다. 만일 내가 대상을 내 의도대로, 나와 환경의 관계에서 환경을 내 의도대로 움직이려

---

44 "至言去言 至爲去爲.", 『莊子』 「知北遊」.
45 류성태, 「莊子 제물론편의 齊同에 대하여」, 『한국종교사연구』13, 한국종교사학회, 2005, p. 57.

한다면 이는 나의 의지가 개입된 인위적인 행위가 된다. 따라서 무위의 행함이란 나와 내 주위의 모든 것을 그대로 인정하면서 내 의지가 개입되지 않은 채 조화로운 관계를 맺어 가는 것을 말한다.

세속적인 일을 버리면 불필요한 일이 사라진다. 불필요한 일이 없어지면 마음이 편안해진다. 마음이 편안하면 자연과 조화롭게 어우러져 끊임없이 새롭게 되는 무한한 삶을 누리게 된다. 끊임없이 새롭게 되는 무한한 삶을 누리게 되면 도에 더욱 가까워진다.[46]

무위를 실천하는 이는 세상의 일을 인위적으로 자신의 것으로 만들지 않는다. 즉, 세상의 일에 집착이 없다. 그래서 세상 일에 휘말리는 귀찮음이 없고, 고요한 마음을 유지할 수 있다. 그런 마음을 지닌 사람은 자연과 하나가 된다. 자연은 어떤 것에도 매이지 않고 매 순간 스스로를 창출해 간다. 자연과 일체가 된 사람은 자연과 함께 자신을 새롭게 변화시킨다. 이것이 도와 합일한 사람이 세상을 살아가는 방식이다.

삼황의 지혜는 위쪽으로 해와 달의 광채를 가리고 아래쪽으로는 산과 강의 생기를 무시하며 가운데에서는 사계절의 변화를 무너뜨렸다. 인적이 드문 지역에 사는 동물조차 태어날 때의 모습 그대로 존재할 수 없게 되었다.[47]

---

46 "棄世則無累 無累則正平 正平則與彼更生 更生則其矣.",『莊子』「達生」.
47 "三皇之知 上悖日月之明 下睽山川之精 中墮四時之施 鮮規之獸 莫得安其性命之情者.",『莊子』「天運」.

완벽한 정치가 이루어졌다고 여기는 삼황오제 시절조차 그들이 진행한 정치가 자연을 해치는 결과를 가져왔다. 장자는 인위적인 힘을 가해 자연을 조작함으로써 심지어 동물도 본래 특질을 잃게 된다고 주장한다.

세상을 관리함에 있어서 자연을 따르는 것이 중요하다는 이유는 명확하다. 모든 것은 저마다의 본질이 있으며, 이러한 본질은 도를 기반으로하여 모든 것과 조화를 이루고 스스로 생명력을 발휘하게 되어 있기 때문이다. 따라서 거기에 인위적으로 개입하는 것은 인간의 욕구와 집착을 나타낸다. 즉, 도에 어긋나는 행동은 인간의 욕망이 도에서 멀어지게 만든다. 이는 인간을 억압하는 도구로 작용하여 자유로부터 멀어지게 하고 동시에 도와의 단절을 초래한다고 생각된다.

> 나는 무위를 매우 기쁘게 여기고 있지만, 세속적인 사람들에게는 큰 괴로움이다. 최고의 즐거움과 신체를 유지하는 방법은 오로지 무위에 있을 때만 가능하다. 하늘은 무위를 통해 깨끗하며, 땅은 무위를 통해 고요하다. 이러한 이유로 두 가지의 부위가 서로 결합하여 만물이 생겨나고 변화하게 된다. 천지는 아무런 행동을 하지 않으면서도 또한 행동하지 않는 것이 없다.[48]

무위를 알고 체험한 사람은 진정한 기쁨을 느끼며 자연스럽게 존재하지만, 보통 사람들은 인위적인 것에 빠져 무위를 고통으로 받아들인다.

---

48 "吾以無爲誠樂矣 又俗之所大苦也 至樂活身 惟無爲幾存 天無爲以之淸 地無爲以之寧 故兩無爲相合萬物皆化 天地無爲也 而無不爲也.",『莊子』「至樂」.

우주 만물이 모두 무위로 존재하지만, 사람들은 그 우주에 간섭하려고 한다. 그 간섭이 무위를 이길 수 없기 때문에 결국 스스로 힘들어하며 괴로움을 겪는다.

진정한 즐거움은 도와의 일치를 갈망하지 않으면서도 아무것도 하지 않는 상태에 있어야 한다. 그러한 모습이 우주에서 드러나고 실행됨에도 불구하고 무위에 도달하지 못한 인간은 항상 스스로 고통을 자초한다.

> 눈은 보고 싶었던 것 때문에 가려지고, 힘은 이루고자 하는 일 때문에 꺾이고 말지. 몸이 공간으로 가득 차게 되면, 결국 마음이 부드럽고 고요해진다. 너도 마음이 부드럽고 고요해졌기에 걱정이 사라진 거야.[49]

인간의 감정적 욕구를 제어하지 못하면 괴로움이 생긴다. 욕망은 결코 완전히 충족될 수 없기 때문에, 그것을 채우기 위해 노력할수록 오히려 더 공허함을 느끼게 된다. 이러한 결핍으로 인해 인간은 고통스러운 삶을 살게 된다. 이 문제를 해결하기 위해서는 몸을 비워야 한다는 점을 강조한다. 몸을 허와 공으로 가득 차게 만드는 것은 우리의 감각기관을 제어하여 욕구가 생기지 않도록 한다는 의미다. 욕망이 몸에 남아 있지 않다면 마음이 이렇게 분주할 필요가 없다. 분주함은 욕망을 충족시키기 위한 행동을 의미한다. 그런 행동이 존재하지 않는 개념은 욕망의 속박에서 벗어나는 것을 뜻한다. 그래서 마음속에 걱정이 사라진다.

---

49 "目知窮乎所欲見 力屈乎所欲逐 形充空虛 乃至委蛇 女委蛇 故怠.",『莊子』「天運」.

무위에 대하여, 유위와 조작은 어디에서 발생하는 것이며 유위나 조작을 부정하고 제거하는 수양 공부가 일어나는 곳은 어디인가? 우선 무위와 달리 유위有爲의 발생 원인은 분별하는 마음 작용 때문이라 본다. 즉 선악·유무·내외에 머무르지 않는 우리 마음이라고 할 수 있다.[50]

이처럼 무위란 도를 체득한 성인에게는 가치적이고 분별적인 지식에서 해방된 것이기에 막힘이 없고 툭 틔어 시원함을 느끼게 한다. 장자는 자연을 최상의 궁극적인 것이라고 말하며, 그 최상의 궁극적인 자연을 '도'라고 부른다. 자연은 도이며, 최상의 궁극적인 것이기 때문에 개선될 수 없다. 오쇼 라즈니쉬(Rajneesh Chandra Mohan Jain, 1931-1990)는 "만일 자연을 바꾸려고 노력한다면 곧바로 불구자가 된다. 모든 아이가 도에서 태어나지만 사람들은 사회라는 것으로, 문명과 문화와 도덕과 종교라는 것으로, 어린아이를 불구자로 만들고 있다."[51]고 힐난한 바 있다. 그러나 세속의 사람들은 자신의 가치판단과 지식 체계에 사로잡혀 있는데, 무위락無爲樂을 누리기 위해서는 자신의 신념을 해체하는 작업이 요구되기에 큰 고통으로 다가올 수 있다.

나는 무위의 상태를 정말 즐기고 있지만, 세속의 사람들에게는 그것이 큰 고통으로 다가온다. 하늘은 무위로 인해 깨끗하고, 땅은 무위 덕분에 편안하다. 이 두 가지의 무위가 어우러져서 모든 것이 생겨나고 변화하게 된다. 만물이 끊임없이 생겨나고 무위에서 번식해 나간다. 그래서 천지는 아

---

50 이영주, 앞의 논문, p. 107.
51 오쇼 라즈니쉬, 류시화 옮김, 『장자, 도를 말하다』, 청아출판사, 2006, p. 18.

무엇도 하지 않으면서도 실은 하지 않음이 없다고 말한다. 세속의 사람들 중 누가 이 무위를 이해하고 얻을 수 있을까! [52]

결국 무위이화無爲而化는 자신의 마음속에서 자신을 지탱해 온 신념과 가치 체계를 무너뜨리는 작업을 통해 드러날 수 있다. 그럼으로써 자연과 동화될 수 있다. 나아가 자연도 무위에 바탕하기에 저절로 번성하게 되고 그 번성함에는 저절로 이루어지는 것이기에 천지가 무엇을 하지 않음에도 불구하고 하지 않음이 없게 된다.[53] 무위로서 '물아일체物我一體'를 체득하고, '무위이화'의 도에 합류하며 무하유지향無何有之鄕에서 노닐게 된다.

---

52 "吾以無爲誠樂矣 又俗之所大苦也 天無爲以之淸 地無爲以之寧 故兩無爲相合 萬物皆化 故曰 天地無爲也 而無不爲也 人也孰能得無爲哉.",『莊子』「至樂」.
53 박종걸,「장자의 득도론에 대한 연구」, 원광대 박사논문 , 2017, p. 64.

제3부

장자가 본 이상적 인간상은 무엇인가?

1. 지인至人

마음에 집착함이 없어 무위자연한 삶의 태도로 속세
에서 사람들과 함께 살아가면서도 일체의 경계가 없
이 무한한 아름다움과 즐거움 속에서 살아가는 사람
이 지인이다. 지인은 진인眞人처럼 '대자연의 현상 앞
에 그 형체나 정신 모두 아무런 영향을 받지 않고 오히
려 그것들과 조화할 수 있는 존재로 신묘함의 극치에
이른 또 다른 신선의 형상'이다. 결과적으로 지인은 세
상 사람들이 보기에 평범한 인물이지만 지인의 정신
세계를 보면 신선의 모습으로 비춰진다. 지인은 진정
한 자유를 그의 마음에 드러낼 수 있다. 장자는 지인으
로 자유롭게 살려면 자연을 따르라고 하였다. 이는 수
양과 정진을 통해 비로소 이루어진다.

『장자』에는 이상적인 경지를 이룬 인물의 여러 이름이 등장한다. 이들은 자연을 따르며 도를 배우기 위해 수련을 게을리하지 않은 사람들로서 지인·진인·대인·신인·전인·천인·성인과 같은 다양한 이름으로 지칭된다.

빈도를 살펴보면, 성인이 111회로 가장 많이 등장하고, 그 뒤를 이어 지인이 28회, 진인이 17회, 대인이 9회, 신인이 8회, 전인이 3회, 천인이 2회 나타난다. 이 외에 현인·도인·군자·선인·덕인과 같은 다양한 인간상들도 발견된다.

장자는 이상적 인격은 시비를 따지지 않고 세속에 어울려 살며 두루뭉술한 것으로, 누구에게나 상처가 되지 않아야 한다고 보았다. 주객의 관계에서 무리 없는 이상적 인간은 마음이 아무런 저해 없이 활짝 열려 어디에도 얽매임이 없다.[1]

본연의 상태로 돌아가 개체의 소아小我로부터 드넓은 외계 속에서 만물과 한 몸이 되어 편애가 사라지고 만물 변화에 편견이 없이 우주적 대아大我를 실현한 자가 바로 장자가 생각한 성인이다.

---

1   이영주, 「장자의 수양론 연구」, 원광대 박사논문, 2022, p. 161.

지인의 수행과 역할

『장자』에서 지인은 덕의 극치에 이른 인물로 '지인은 무기無己'[2]라고 정의한다. 여기서 '무기無己'는 개인의 생각이나 의견, 또는 가치관에 집착하지 않는 것을 의미한다. 지인은 무심한 상태에서 자유롭게 활동하기 때문에 외부의 사물에 얽매이지 않는다. 이는 모든 외부 사물에 융통성 있게 대처할 수 있기 때문이다. 호사사芦莎莎와 위건려魏建麗는 "무기는 모든 일에 적용되며, 만물을 다룰 때 자신의 기준을 개입시키지 않고, 독단적인 지식이나 관념을 다른 것에 강요하지 않으며, 자연스럽게 만물의 본래 모습을 드러나게 한다."[3]고 정의한 바 있다.

지인은 시비라는 고정된 지식을 지니고 있지 않은 사람이다. 시비란 판단하고 구분하는 관점이다. 시비와 분별은 특정한 기준에 따라 나뉘게 되며, 이러한 기준은 시대와 장소에 따라 달라진다. 이는 인위적이고 변동성이 있으며 시간과 공간에 따라 영향을 받기 때문에 보편적인 기준으로 삼을 수 없다. 이러한 이유로 지인은 특정한 사람이나 그룹에 의해 정해진 규범을 받아들이지 않는다. 그 기준으로는 도에서 발생한 인간의 활동을 평가할 수 없기 때문이다.

옛날의 지인은 하늘을 따라갔고 인위적인 것에는 의존하지 않았다. 그 지

---

2 "至人無己.",『莊子』「逍遙遊」.

3 芦莎莎, 魏建丽,「从『人间世』看庄子的处世哲学」, 河北工程大学学报 第37卷 第4期, "河北工程大学马克思主义学院, 2020, p. 78.

인이라는 존재는 정신을 시작과 끝이 없는 공허의 상태로 되돌리며, 형태를 초월한 무형의 경지에서 깊은 즐거움을 경험하고, 어떤 형체도 남기지 않은 채 물처럼 흘러가며 극도로 맑은 고요함을 만들어 낸다.[4]

이와 같이 작위적인 행위나 말이 없는 사람이 지인이다. 그렇게 될 수 있는 이유는 지인은 정신이 태초의 상태, 즉 도에서 생겨난 자리로 돌아간 사람이기 때문이다. 도에서 생겨난 태초의 자리를 달리 무하유의 경지라 하고, 지인은 무하유의 경지를 즐기는 사람이다. 이러한 경지를 『장자』에서는〈소요유〉·〈응제왕〉·〈산목〉·〈지북유〉 등에서 쉽게 찾아볼 수 있다.

이제 한번 당신과 함께 무하유의 상태를 경험하며 모든 것과 하나가 되어 끝없는 지도를 이야기해 보겠습니다. 이제 한번 당신과 함께 무위의 관점에서 편안하고 조용하게, 시원하고 맑은 상태로 모든 것과 어우러져 느긋하게 즐겨 보겠습니다. 마음이 외부의 영향을 받지 않고 비어 있는 상태로 넓고 광활한 세계를 자유롭게 탐험하는 것입니다. 아무리 방대한 지식으로 이 경지를 이해하려 해도 그 한계를 알 수 없습니다.[5]

---

4 "古之人 天而不人 彼至人者 歸精神乎無始 而甘冥乎無何有之鄕 水流乎無形 發泄乎太淸.", 『莊子』「列禦寇」.

5 "嘗相與遊乎無何有之宮 同合而論無所終窮乎 嘗相與無爲乎 澹而靜乎 漠而淸乎 調而閒乎 寥已吾志, 彷徨乎憑 大知入焉 而不知其所宮.", 『莊子』「知北遊」.

지인은 무하유의 상태를 즐기는 존재로, 이 상태는 욕망이 생기지 않아 바쁘지 않고 조용하며, 마음이 안정되어 맑고 깨끗한 경지를 이룬다. 이로 인해 모든 것과 조화를 이루게 된다. 이러한 경지는 일반적인 세속적 지식으로는 이해할 수 없는 영역이다. 세속적 지식은 인간을 제어하기 위해 존재하며 한정된 경계를 지니지만, 무하유의 경지는 무한해서 시작과 끝이 명확하지 않아 경계가 없다. 지인은 세속적 지식으로는 도달할 수 없는 상태를 즐기는 사람이다.

　　설결이 말했다. "선생님은 이해를 알지 못하지만, 그렇다면 지인도 이해를 모르겠지요." 왕예는 말했다. "지인은 신비로운 존재입니다. 큰 못 가의 덤불이 불에 타도 뜨겁지 않고, 황하의 물이 얼어도 차가운 것이 아닙니다. 거친 천둥이 산을 부수고 사나운 바람이 바다를 요동쳐도 두려움을 느끼지 않는 사람입니다. 그런 사람은 구름을 타고 태양이나 달에 올라 이 세상의 경계를 넘어 자유롭게 놀고 있습니다. 삶이나 죽음 같은 것들은 그에게 아무런 영향을 미치지 못합니다. 그러니 그가 어떻게 이해 따위로 흔들릴 수 있겠습니까."[6]

　　불이나 차가움에 흔들리지 않고, 산이 갈라지고 태풍이 불어도 마음이 흔들리지 않는 사람이 진정한 지인이다. 그는 태양과 달을 타고 세상의

6　"齧缺曰 子不知利害 則至人固不知利害乎 王倪曰 至人神矣 大澤焚而不能熱 河漢沍而不能寒 疾雷破山而不能傷 飄風振海而不能驚 若然者 乘雲氣 騎日月 而遊乎四海之內 死生無變於己 而況利害之端乎.",『莊子』「齊物論」.

경계를 넘나드는 존재이다. 이러한 상태는 육체가 아니라 마음의 변화에 달려 있다. 진정한 본성을 회복한 이가 마음을 토대로 모든 자연현상을 이해하기에 불이나 물의 차가움, 산의 갈라짐과 태풍과 같은 것들에 대해 흔들림 없는 마음을 유지할 수 있는 것이다. 즉, 그는 인간적인 시각으로 바라보지 않는 것이다.

지인의 마음은 도와 하나가 되어, 도에서 비롯된 우주와 연결된다. 그래서 그는 마음속에서 해와 달이 하나가 되는 것을 경험할 수 있다. 이러한 사람에게 생과 사는 그저 자연스러운 흐름이기 때문에 마음이 변하지 않게 된다. 지인은 외부 환경이 어떻게 변하더라도 자연의 시각으로 모든 것을 바라보므로, 항상 차분하고 평안한 마음을 유지하며 청허를 만들 수 있는 존재이다.

또한 지인은 세상의 이해관계에서 벗어난 사람이다. 그래서 이해 다툼이 없고, 마음의 평화를 유지할 수 있다. 감정만으로는 온전한 이해를 이룰 수 없고, 제3의 눈이라 불리는 '관조의 눈'이 열려야 비로소 깊은 이해가 이루어질 것이다.

자신의 마음에서 주관적인 판단을 없애야 무기를 실현할 수 있으며, 청허한 마음을 가지기 위해서는 일정한 수행이 필요하다. 인간은 태어날 때부터 인위적인 교육을 받으며, 이 교육에 의해 가치관이 형성되고 이를 토대로 자신과 세상을 해석하게 된다. 장자에게 당대의 유학이나 묵자 계열의 교육은 도에서 멀어지는 것으로 보였다.

유학은 인·의·예·지를 강조하지만, 이는 도가 사라진 이후에 생겨난 인위적인 도덕규범이며, 묵자의 겸애와 교리 또한 이해관계에 근거한 교육이기 때문에 도와는 거리가 먼 교육이다. 이런 인위적인 교육 속에서는 마음속에서 이해관계를 버리기 어렵다. 이해관계는 갈등, 긴장, 때로는 전쟁을 유발한다. 따라서 그는 도에 이르는 교육이 필요하다고 생각했다. 그렇게 되어야 인위적인 상태를 벗어나 청허한 마음을 가질 수 있기 때문이다.

> 열자가 관윤에게 물었다. "지인은 금석 같은 것에 스며들어도 가로막을 수가 없고 불길을 밟아도 열을 느끼지 않으며, 모든 것의 깊은 위를 지나도 두려워하지 않는다고 하던데, 어떻게 그렇게 되었는지 알려 주십시오." 관윤이 대답했다. "그것은 순수한 기운을 지켜 왔기 때문이지, 지식이나 기술, 용기 같은 것의 영향이 아니다."[7]

지인은 순수한 기운[純氣]을 지닌 사람이다. 순기는 깨끗하여 오염되지 않은 에너지이다. 〈지락〉에서는 우주 창조에 대해 설명하며, 혼돈 속에서 기가 나타나고 변형되면서 형태가 생겨난다고 언급한다. 여기서 기는 생명의 탄생에 필수적인 역할을 한다. 따라서 순수한 기인 순기는 생명 창조를 의미하는 기운이다. 즉, 후천적인 요소가 추가되지 않은 본연의 기이다. 본연의 기는 생명체를 창조하는 힘을 의미한다. 그래서 순기는 생명의 생성 원리로서의 기이다.

『장자』에서는 순기의 반대인 사기邪氣가 등장한다. 여기서 순기를 지킨다는 것은 사기와 순기가 모두 존재하며, 그중 사기를 제거하는 수행을

---

7 "子列子問關尹曰 至人潛行不窒 蹈火不熱 行乎萬物之上而不慄 請問何以至於此 關尹曰 是純氣之守也 非知巧果敢之列.", 『莊子』「達生」.

통해 순기를 유지한다는 것을 의미한다. 그렇다면 순기는 어떤 방법으로 보존될 수 있는가? 이에 대해 『장자』는 다음과 같이 설명한다.

> 마음이 평온하고 차분하게 있으면 걱정이 끼어들 수 없고 악한 기운도 들어올 수 없다.[8]

사기가 들어올 수 없는 수행을 하기 위해서는 자신의 마음을 안정적으로 관리해야 한다. 마음이 안정적이라는 것은 흔들림이 없는 상태를 의미한다. 기쁨·분노·사랑, 두려움, 슬픔, 혐오, 욕망 등 다양한 감정에서 마음의 동요가 없는 상태이며, 동시에 외부 요인으로부터 욕망을 충족시키려는 움직임이 없는 것으로 변화하는 것이 안정성이다. 이런 마음의 상태는 움직임이 없기 때문에 고요하다. 조용하고 맑은 마음에는 걱정이 개입할 여지가 없어진다. 이로 인해 사기의 침입도 방지할 수 있다.

> 무궁한 도를 잘 이해하고 흔적이 없는 경지에서 놀며 자연이 준 것을 완전히 이해하고 얻는 것에 대해 생각하지 말라. 오직 마음을 비우는 것이 중요하다. 지인의 마음 움직임은 거울과 유사하다. 사물을 보내거나 받아들이지 않는다. 반응하되 숨기지 않는다.[9]

---

8 "平易恬惔則憂患不能入 邪氣不能襲.", 『莊子』 「刻意」.
9 "體盡無窮 而遊無朕 盡其所受乎天 而無見得 亦虛而已 至人之用心若鏡 不將不迎 應而不藏.", 『莊子』 「應帝王」.

수행을 통해 자신의 내면을 거울처럼 반영하는 경지를 이룬 사람이 지인이다. 거울은 단지 반사작용을 할 뿐, 비춰진 대상을 소유하고자 하지 않는다. 그저 무심히 존재하며 드러내는 역할만 수행한다. 이렇듯 지인은 자신의 마음에 비춰지는 대상을 인지하지만, 그에 대해 어떠한 평가도 내리지 않으며 집착하지 않는다. 이는 감각의 속박에서 벗어난 상태를 의미한다. 그는 외부 세계를 감각적으로 인식하지만, 그 감각이 감정과 욕망을 형성해 낸다는 것을 인식하고 있기 때문에 감각적인 부분을 적절하게 제어할 수 있는 수행을 이룬 존재가 지인이다.

지인은 세상에서 살면서도 이상한 행동을 하지 않는다고 말하지만, 그는 자연과 함께하는 존재이다. 그로 인해 그는 자연의 변화하는 힘을 함께 다스린다.

저 지인이 세상을 이끌고 있다는 것은 얼마나 놀라운 일인가. 하지만 그것이 부담스럽다고 느껴서는 안 된다. 온 세상이 권력을 얻기 위해 경쟁하더라도 그는 이에 동조하지 않고, 진리를 명확히 이해하고 있어 사물에 흔들리지 않으며 그 본질을 잘 지키고 있다. 따라서 그는 세상의 혼란을 떠나 모든 것을 내려놓고도 마음에 걱정이 전혀 없으며, 진정한 도와 소통하고 도덕과 일치하여 인의와 쾌락을 배제한다. 지인의 마음에는 평안이 자리 잡고 있는 것이다.[10]

---

10 "夫至人有世 不亦大乎 而不足以爲之累 天下奮棅而不與之偕 審乎無假而不與利遷 極物之眞 能守其本 故外天地 遺萬物 而神未嘗有所困也 通乎道 合乎德 退仁義 賓禮樂 至人之心有所定矣.",『莊子』「天道」.

세속에서 일반적인 모습으로 살아가지만, 지인은 도의 경지에서 세상에 참여한다. 세상에 참여하는 방식은 유학자들처럼 인위적인 규칙과 지식으로 무장하고 인의나 예악을 강조하지 않는다. 인의는 도가 쇠퇴한 이후 인간이 만든 도덕적 규범일 뿐이며, 동시에 인의는 분쟁의 원인이 되어 사회의 혼란을 초래한다. 예악 또한 사회질서를 유지하기 위한 것이라 하지만, 이는 봉건적 계급 구조를 고착화한다. 예악을 제정하는 주체는 천자이며, 이는 차별적인 계층을 합리화하는 수단이다. 이러한 것들은 모든 것이 평등하며 자율적으로 자신의 생명성을 실현하는 도의 관점과는 맞지 않는다. 도의 측면에서 보면 그들은 모두 지도지정至道之精이 다양하게 전개된 것이다. 『장자』에서 지인은 자연법칙에 따라 육기六氣를 다스리는 호방한 모습으로 묘사되고 있으며, 또한 지도至道의 정수가 지양至陽의 근원으로서 매우 깊은 경지를 나타내고 있다. 지인의 마음은 전일할 뿐만 아니라 또한 고요하여 어떤 사건에도 마음이 흔들리지 않는다.

그대는 지인의 행동에 대해 들어 본 적이 있는가? 그는 본질을 잊고 감각까지도 놓쳐 버린 채, 무관심하게 세상의 부조리를 떠나 자연 속에서 방황하고 있다. 이렇게 행동해도 자신의 능력을 의심하고, 사물을 키워도 그에 대한 공로를 인정하지 않는다고 한다. 지금 그대는 지식을 과시하며 어리석은 이들을 놀라게 하고, 자기 수양을 통해 타인의 부정적인 면을 드러내어 마치 해와 달처럼 빛나게 하여 자신의 존재를 드러내고 있다.[11]

---

11 "子獨不聞夫至人之自行邪 忘其肝膽 遺其耳目 芒然彷徨乎 塵垢之外 逍遙乎無事之業 是謂爲而不待 長而不宰 今汝飾知以驚愚 修身以明汚 昭昭乎若揭日月而行也.", 『莊子』

지인은 감각기관을 조절하는 사람이다. 동시에 그는 인위적인 것을 거부하고 자연과 조화롭게 존재한다. 지인은 사물이 자신의 가능성을 발휘하도록 돕지만, 그에 대한 공을 주장하지 않는다. 반면, 그 시대의 지식인들은 무지한 사람들을 통제하고 가르치려는 대상으로 여기며, 자신의 지식을 자랑하고 해와 달처럼 자신을 드러낸다. 이러한 태도는 당시 유학자들이 자신의 지식과 인류의 도덕적 기준을 내세우며 남의 잘못을 지적하고, 세상을 자신의 관점에 따라 바로잡으려 한 행동을 비판하는 것이다.

자연은 보이지 않게 작동한다. 계절은 순환하지만 그것을 드러내는 것은 사물들의 형상이다. 이와 같이 지인은 유학자처럼 자신의 학문적 지식을 과시하며 사람들을 가르치려 하지 않고, 모두가 자신의 잠재력을 실현하도록 원활한 과정을 유지하며 자연과 함께 나아가는 존재이다. 이런 모습이 지인이 세상을 다스리는 방식이며, 이는 자연과 하나 되어 마치 아무런 노력이 없는 것처럼 보일 뿐이다.

지인의 특징

지인의 마음은 거울처럼 특정한 사물을 내놓지도 않고, 특별히 맞이하지도 않으며, 상황에 따라 반응하되 숨기는 것은 없다. 지인은 마음속에서 욕망을 일으키지 않지만 세속적인 것과 멀리하지는 않는다.

「達生」.

대저 지인이란 여러 사람과 함께 이 땅에서 살아가며 자연과 함께 즐기는 존재이다. 사람이나 물건, 이익이나 손해 때문에 마음이 혼란스럽지 않으며 특별한 일탈을 하지 않고 서로 속임수를 쓰지 않으며 어떤 일도 하려 하지 않은 채 평온하게 자신의 마음을 비우고 살아간다. 이를 건강을 지키는 길이라고 한다.[12]

즉, 그 지인은 세상 속에서 살아가면서 도를 배운 사람이다. 그는 일상생활을 하면서도 도를 익힐 수 있음을 보여주고, 동시에 사회적 존재로서 살아간다. 그는 은둔하는 사람도 아니고 세속과 동떨어진 존재도 아니다. 일반 사람들과 함께 살면서도, 이해관계로 마음이 흔들리는 일이 없으며, 특이한 행동이나 태도를 보이지 않고 보통의 사람들과 어울려 지낸다.

또한 그는 일상에서 인위적인 행동을 하지 않는다. 따라서 그는 술책을 쓰거나 인위적으로 무언가를 계획하지 않으며, 마음을 비우고 집착 없이 조용하게 살아간다. 인위적이지 않고 욕심이 없기 때문에 현실에 잘 적응하지 못할 수도 있지만, 지인은 세속의 기준에 휘둘리지 않는 사람이다.

대저 덕이 깊은 사람은 위로 맑은 하늘 끝까지 바라보고 아래로 지옥의 바닥까지 살펴보면서도 사방으로 자유롭게 다니면서 마음이나 기운이 조금도 흔들리지 않는다. 그 경지에 도달하면 극도의 아름다움과 극도의 즐거움을 경험하게 되고, 극도의 아름다움을 얻어 극도의 즐거움 속에서 노는

---

12 "夫至人者 相與交食乎地 而交樂乎天 不以人物利害相攖 不相與爲怪 不相與爲謀 不相與爲事 翛然而往 侗然而來 是謂衛生之經已.",『莊子』「庚桑楚」.

사람을 지인이라 한다.[13]

이처럼 지인은 외부에서는 바보처럼 비춰질 수 있지만, 마음속은 경계가 없고 무한한 자유와 깊은 행복을 추구하며 살아간다.

경계가 없는 것은 즉 무규정의 무한한 의미를 지닌 빔이자 접합이다. 그것은 또한 모든 것과 함께 존재하면서 각기 다른 대상을 선택하지 않고, 각자 고유한 방식으로 모든 것을 그대로 긍정하는 지인의 정신 경계가 된다.[14]

마음에 집착함이 없어 무위자연한 삶의 태도로 속세에서 사람들과 함께 살아가면서도 일체의 경계가 없이 무한한 아름다움과 즐거움 속에서 살아가는 사람이 지인이다. 지인은 진인眞人처럼 '대자연의 현상 앞에 그 형체나 정신 모두 아무런 영향을 받지 않고 오히려 그것들과 조화할 수 있는 존재로 신묘함의 극치에 이른 또 다른 신선의 형상'[15]이다. 결과적으로 지인은 세상 사람들이 보기에 평범한 인물이지만 지인의 정신세계를 보면 신선의 모습으로 비춰진다. 지인은 진정한 자유를 그의 마음에 드러낼 수 있다. 장자는 지인으로 자유롭게 살려면 자연을 따르라고 하였다. 이는 수양과 정진을 통해 비로소 이루어진다.

---

13 "夫至人者 上窺靑天 下潛黃泉 揮斥八極 神氣不變 夫得是至美至樂也 得至美而遊乎至樂 謂之至人.",『莊子』「田子方」.
14 이성희, 앞의 논문, p. 192.
15 강성조,「『莊子』에서 본 도교의 연원」,『한국도교문화의 전통』, 한국도교문화학회, 2001, p. 46.

2. 진인眞人

진인은 그의 마음속에 생각을 품지 않기 때문에 그 모습은 차분하고 여유로워 보인다. 그럼에도 불구하고 그의 마음속에는 봄처럼 따뜻한 에너지가 모든 것을 키워 내며, 겉으로 드러나는 것은 차갑거나 뜨겁지 않고 시원한 느낌을 준다. 기쁨이나 슬픔, 분노, 즐거움이 발생하더라도 그것은 사계절의 변화와 같아서 기분에 좌우되지 않는다. 다시 말해, 그는 기쁨과 슬픔을 외부에서 지켜보고 있을 뿐이다. 그러므로 기쁨이나 슬픔이 생겨도 그것에 휘말리지 않는다.

진인의 수행과 역할

진인眞人은 문자 그대로 '진실된 인간'이라는 의미이다. 동시에 진은 본 질의 의미가 있다. 그렇다면 진인은 본질을 회복한 인간이 된다.

진은 임시적(假) 세계에 대립하는 의미를 지니며 주로 도의 성격을 지칭하거나, 도를 체득한 인격을 지칭하는 데 사용된다. 〈제물론〉에서는 진제眞帝, 진군眞君이란 표현이 나온다. 진제, 진군은 모두 우리 배후에서 우리를 지배하면서 그 형체나 행적이 보이지 않는 참된 근원 즉 도의 다른 이름이다. 여기에서 진은 현상계를 주재하는 참된 존재라는 의미에서 사용되고 있다. 도를 체득한 인물을 진인이라 부르고 도와 합일한 진인의 모습을 상세하게 묘사하고, '진'이라는 표현을 도와 일치되는 뜻으로 사용하기도 한다.[1]

진인은 도와 하나 된 사람, 본질을 회복한 사람이다. 결국 진인은 도를 체득한 사람이다. 그러한 진인은 도의 처지에 처해 있기에 그의 행동은 모두 도와 부합된다.

---

1   김낙필, 「장자의 정신 개념」, 『사회사상연구』 1, 원광대사회사상연구소, 1984, pp. 178-179.

옛날의 진인은 삶을 즐기지 않고, 죽음을 싫어하지도 않는다. 태어나는 것을 기뻐하지 않으며, 죽음을 거부하지도 않는다. 그저 자연의 흐름을 따를 뿐이다. 시작을 알지 못하고 끝을 파악하려 하지 않는다. 삶이 주어지면 그것에 기쁘고, 삶이 끝나면 그것을 돌려보낸다.[2]

진인은 생사를 초월한 사람이다. 자신에게 오는 모든 것을 거부하지 않고 자연스럽게 받아들인다. 그래서 삶과 죽음도 자연스럽게 수용하여 그에 따른 희로애락이 일어나지 않는다. 왜냐하면 '도는 모든 것을 보내고 모든 것을 맞아들이며 모든 것을 파괴하고 모든 것을 이룩하고, 이를 두고 변화 속의 안정'[3]이라고 보기 때문이다.

도는 존재하는 모든 것의 교류를 받아들이며 집착하지 않는다. 이러한 변화의 긍정적 또는 부정적인 판단은 단지 인간의 주관적인 인식에 불과하다. 생과 사의 변화를 자연스럽게 받아들인 사람이 진인이며, 따라서 진인은 도를 경험하여 도와 함께 살아가는 사람이다. 하지만 도를 체득한 진인이 태어날 때부터 진인인 것은 아니다. 후천적인 노력을 통해 진인에 도달할 수 있다. 이는 신체적 훈련과 지식적인 수련을 요구한다.

옛날의 진인은 자고 있어도 꿈을 꾸지 않으며, 깨어 있어도 걱정이 없고, 식사할 때도 맛있는 음식을 찾지 않으며, 숨을 쉴 때는 깊고 조용하게 했

---

2 "古之眞人 不知說生 不知惡死 其出不訢 其入不距 脩然而往, 脩然而來而已矣 不忘其所始 不求其所終 受而喜之 忘而復之.", 『莊子』 「大宗師」.
3 "無不將也 無不迎也 無不毁也 無不成也 其名爲攖寧.", 『莊子』 「大宗師」.

다. 진인은 발뒤꿈치로 숨을 쉬고, 범인은 목으로 숨을 쉰다.[4]

진인은 잠을 자거나 깨어 있을 때 항상 마음이 편안하다. 그래서 마음의 얽매임이 없어서 꿈을 꾸지 않고, 걱정을 하지 않는다. 무심한 상태라는 것은 집착이 없다는 뜻으로, 욕망을 느끼지 않는 것이다. 욕망이 없다는 것은 신체적 감각에서 욕망이 생기지 않거나, 생기더라도 그것을 조절할 수 있는 능력이 있다는 것을 의미한다. 이러한 상황이 되면 가장 기본적인 욕구인 식사를 원하는 마음에서 벗어날 수 있다. 음식을 잘 다스릴 수 있다는 것은 정신적으로 상당히 성숙했음을 나타낸다. 마음의 측면에서도 수행이 올바르게 진행되므로, 스스로 자신의 마음을 조절하여 무심 상태에 이르게 된다. 이러한 과정을 통해 삶과 죽음에 대해 침착함을 유지하고, 그것을 자연스럽게 받아들이며 마음이 흔들리지 않는다. 이러한 방식으로 진인은 육체적인 욕망을 줄이고, 생존에 필수적인 욕구만을 충족하며 수행에 집중해야 한다. 장자는 이러한 수행을 구체적으로 제시했는데, 그것이 바로 호흡 연습이다.

깊은 숨을 쉬는 것은 마음의 안정성을 나타낸다. 모든 사람은 심리적으로 안정될 때 호흡이 고요하고 깊다. 그러나 장자는 진인은 일반인과 비교했을 때 발꿈치로 호흡을 한다고 언급했다. 이는 일반인과는 다른 방식으로 숨을 쉬고 있다는 것으로, 호흡법을 실천하고 있다는 의미이다. 또한 발꿈치 호흡은 현대의 관점에서 단전호흡과 연관이 있을 수 있으며,

---

4 "古之眞人 其寢不夢 其覺無憂 其食不甘 其息深深 眞人之息以踵 衆人之息以喉.",『莊子』「大宗師」.

이는 단순히 깊게 숨 쉬는 것과는 구별되는 개념이다.

발뒤꿈치는 한의학에서 언급되는 '용천혈湧泉穴'[5]을 가리킨다. 용천은 생명력과 에너지가 샘처럼 솟아오른다는 뜻이다. 그러므로 발뒤꿈치로 호흡한다는 것은 용천혈을 중심으로 숨을 쉰다는 것을 의미한다. 이런 방식으로 호흡하는 사람은 호흡 수행이 높은 수준에 이르렀다고 볼 수 있다. 용천혈로 숨을 쉬는 것은 그것이 의미하는 바처럼 항상 새로운 생명의 에너지를 생성하는 것이다. 도는 시간과 공간의 제약을 받지 않으며, 특정한 형식이 없고 항상 현재에 존재한다. 지금은 과거도 아니고 미래도 아니다. 과거와 미래의 모든 요소가 함께 어우러진 것이 바로 지금 이 순간이다. 그래서 도는 늘 신선하다. 현재의 도는 어제의 도도, 내일의 도도 아니다. 이 도는 끊임없이 변화하기 때문에 항상 새로운 상태로 다가온다.

따라서 용천의 의미처럼 언제나 새로운 샘이 솟아나는 에너지를 지닌 진인은 매일매일 새롭고 변화를 경험하며 살 수 있다. 이는 그가 도와 함께 인생을 조화롭게 이끌어 간다는 것을 나타낸다. 이런 사람은 생과 사라는 시간의 제약에서 자유롭다. 그래서 그는 잠을 자더라도 꿈을 꾸지 않고, 깨어날 때 걱정이 없다. 오직 현재의 순간에만 존재한다. 지금 이 순간에 살아 있는 사람은 도와 함께하는 진인이다. 이런 방식으로, 진인은 타고난 것이 아니라 후천적인 수련을 통해 이루어진 존재임을 알 수 있다.

진인은 숨을 쉬는 연습의 육체적인 부분에만 국한되지 않고, 지식적인 면에서도 깊이 있는 연구를 통해 진정한 경지에 이르게 된다. 따라서 "진

---

5 용천혈 위치가 발가락에서 발뒤꿈치 방향으로 발가락 제외한 발바닥 길이 중 대략 1/3 지점인데, 여기서는 관습적으로 이렇게 표현한 것이다.

인이 있어야만 진정한 지식이 존재할 수 있다."[6]고 한다. 지식은 순간적으로 생기지 않는다. 세상에 대한 이해를 바탕으로 도를 마음에 새기면서 얻어진 판단이 진지眞知이다. 그래서 진지는 도를 체험한 진인이 학문적 통찰의 결과로 이루어진 것이다.

> 자연의 원리를 알고 인간의 행동을 파악하는 것이 이상적이다. 자연의 법칙을 아는 사람들은 그에 맞춰 자연스럽게 생활하고, 인간의 활동에 대한 지식을 갖춘 사람들은 그 지식을 바탕으로 부족한 부분을 향상시키려 한다.[7]

장자는 지식을 완전히 무시한 적이 없다. 그는 지식을 두 가지 종류로 나누는데, 이는 천상의 지식과 인간의 지식이다. 그중에서도 자연에 대한 지식, 즉 천상의 지식을 가장 위대한 것으로 간주한다. 또한 그는 인간의 지식도 전적으로 부정하지는 않는다. 이것이 자신이 부족한 부분을 개선하는 데 도움을 줄 수 있기 때문이다. 그러나 장자는 모든 세속적 지식을 무조건 받아들이지는 않는다. 이미 언급했듯이, 도를 추구하는 진정한 사람만이 올바른 지식을 얻고 이를 전달할 수 있다. 다시 말해서, 진인은 세속적인 학문에 대한 깊은 이해와 경험에 기초하여 도를 습득하는 데 방해가 되는 지식의 구분을 인정하지 않는다. 도를 습득할 수 있는 지식, 즉 도에 기반하고 도와 합치된 지식만이 진정한 지식으로 여겨질 수 있다.

---

6 "且有眞人而後有眞知.", 『莊子』 「大宗師」.
7 "知天之所爲 知人之所爲者 至矣 知天之所爲者 天而生也 知人之所爲者 以其知之所知 以養其知之所不知.", 『莊子』 「大宗師」.

진인의 포용적인 마음과 넓은 시각, 그리고 초연한 마음이 있을 때 비로소 진정한 지식을 찾을 수 있다. 이 진정한 지식은 주체가 우주와 인생에 대해 풍부한 경험을 쌓은 후에야 발견될 수 있다. 여기에서 우리는 장자가 말하는 지식이 주체적인 것임을 이해할 수 있다.[8]

자신의 결단에 의거하여 우주와 삶을 탐구함으로써 올바른 이해를 얻는 것은 진정한 지혜를 얻기 위한 여정이다. 이를 위해서는 열린 마음과 비판적인 사고가 필요하다. 그래서 장자는 "현재 내가 이야기하고 있는 것이 실제인지 아니면 꿈속의 일인지 알아차릴 수 있을까?"[9] 하고 말한다. 현재 내가 여기 존재한다는 믿음이 있다 하더라도, 이는 꿈이나 착각일 수 있다. 반대로, 우리가 꿈 또는 환상이라고 생각한 것이 실제일 수 있는 가능성도 존재한다.

이처럼 내가 가지고 있는 지식이 올바른지 여부를 비판적으로 살펴보는 것이 중요하며, 특정한 지식에만 집착하고 다른 모든 지식을 배척하는 태도는 피해야 한다. 즉, 열린 마음으로 비판적으로 접근해야 진정한 지식을 얻을 수 있다. 진인은 이러한 과정을 통해 지식을 쌓는 사람을 의미한다. 진인이 되기 위해서는 신체적인 연습과 함께, 진정한 지식을 추구하기 위해 세속적인 지식을 폭넓게 탐험하고 이를 신의 관점에서 다시 분석하는 학문적 노력이 필요하다.

진인은 사람이기에 사회 속에서 일정한 지위와 역할이 있다. 진인은

---

8 陳鼓應, 최진석 譯, 앞의 책, p. 295.
9 "不識今之言者 其覺者乎 其夢者乎.",『莊子』「大宗師」.

'자신의 미덕을 소중하게 여기고 조화로운 마음을 배양하며 자연과 우주에 순응하는 사람'[10]이라고 한다. 이러한 진인은 도덕적인 성품을 지닌 사람인데 "덕은 사물 간의 조화가 원활하게 이루어진 상태를 의미한다."[11] 장자는 이러한 사람을 하늘과 하나 되어 움직이는 사람이라 본다. 그래서 그는 다음과 같이 말한다.

> 마음을 정직하게 가진 사람은 하늘과 함께합니다. 하늘과 함께하는 사람은 천자와 자신 모두를 하늘의 자녀로 받아들이고 있는 것을 인식하고 있습니다. … 이와 같은 사람들을 하늘과 함께하는 이라고 표현합니다.[12]

하늘과 연결된 사람은 모든 인류가 하늘의 자녀라는 믿음 때문에 모두가 평등하다고 여긴다. 그는 지위에 따라 차별 없이 세상을 바라보며, 당시의 계급사회를 변화시키고자 하는 의도를 드러내야 한다. 이처럼 참된 사람은 마음이 올바르게 되어 하늘과 하나가 되는 것을 실현하려고 한다. 그 과정이 자신의 한계를 넘는 것으로 여기지 않으며, 사회가 정한 계급체계를 거부하고 모든 개인이 동등하다는 점을 강조한다. 또한, 이것이 세상의 토대가 되어야 한다고 주장한다.

---

10 "抱德煬和 以順天下 此謂眞人.", 『莊子』 「徐無鬼」.
11 "德者成和之修也.", 『莊子』 「德充符」.
12 "內直者 與天爲徒 與天爲徒者 知天子之與己 皆天之所子 … 是之謂與天爲徒.", 『莊子』 「人間世」.

대저 자연의 빛남은 모든 일의 근본으로 인식된다. 그것은 하늘과 균형을 이룬다. 세상을 조절하면서 인간과 조화하는 이유가 되기도 한다. 인간과 조화가 이루어지면 그것은 인간의 즐거움이라 불리고, 자연과 조화가 이루어지면 그것은 하늘의 즐거움이라 여겨진다.[13]

진인은 도덕적 가치를 지닌 존재이며, 그 도덕성은 조화로운 상태의 이상을 나타낸다. 조화라는 것은 모든 존재가 서로 잘 어울려 살아가는 기본적이고 중요한 가치이다. 조화가 이루어지면 사람들도 자연스럽게 조화롭게 지내며 이를 '인락人樂'이라고 부른다. 더 나아가 하늘과의 조화는 '천락天樂'이라고 표현된다. 진인은 자신의 도덕성을 통해 하늘의 기쁨을 사람들에게 전하기 위해 포덕양화抱德煬和의 길을 실천한다.

옛날의 진인은 자연의 규칙에 따라 행동하기 때문에 인간의 생각이 자연의 흐름을 방해하지 않는다. 옛날의 진인은 자연의 이치를 이해하면 생명을 유지하고, 이를 잃으면 사라지며, 인위적인 명예를 추구하면 사라지고, 이를 잃으면 존재하게 된다.[14]

이처럼 진인은 자연과 조화를 이루는 존재이다. 그러므로 그의 말, 사

---

13 "夫明白於天地之德者 此之謂大本大宗 與天和者也 所以均調天下 與人和者也 與人和者 謂之人樂 與天和者 謂之天樂.",『莊子』「天道」.
14 "古之眞人 以天待人 不以人入天 古之眞人 得之也生 失之也死 得之也死 失之也生.",『莊子』「徐無鬼」.

고, 행동에서 인위적인 요소를 찾아볼 수 없다. 그는 자연의 흐름을 따르지만, 그에 대해 인위적인 판단이나 행동을 하지 않는다. 만약 억지로 무언가를 하려 한다면 그는 더 이상 진인이라고 할 수 없다. 이런 이유로 그는 여전히 살아 있지만 마치 죽은 듯한 존재가 된다. 진인은 오로지 자연의 원리에 따라 자연과 함께 세상을 관리하며 존재하는 사람이다.

가장 중요한 것은 진인이 진실함을 지닌 사람이라는 점이다. 그런 진인은 자연스럽게 진실함을 드러내게 된다. 진실한 본성을 지닌 사람은 그 마음속의 정신이 겉으로 나타나 행동하게 되며, 따라서 진실한 본성을 소중히 여긴다.

수행을 통해 하늘과 하나가 된 진인은 자신의 진정한 본질을 회복하게 되며, 이 본질은 은둔해 있는 것이 아니라 실제 세상에서 활동하고 있다. 그 활동은 매우 자연스럽고 평범해서 쉽게 인지되지 않는다. 이러한 진정한 모습의 활력 덕분에 진인은 도를 펼치는데, 그 과정은 겉으로 드러나지 않는다. 밖으로 나타나지 않기 때문에 진인의 행동은 마치 아무것도 하지 않는 것처럼 보이며, 무기력하게 느껴지기도 한다. 그러나 진인은 도와 결합하여 자신의 본성을 드러내기 때문에 외부의 어떤 의견에도 신경 쓰지 않는다. 그는 현실 속에서 자연스럽게 본질을 발휘하지만 겉으로는 드러나지 않는다. 이런 점이 진인의 위대한 특성이다.

진인의 특징

진인은 신체 단련을 통해 감각을 조절하고, 지식적으로는 세상의 정보에서 벗어나 원리를 이해하는 순수하고 간단한 성향을 지닌다.

소박함은 타 요소와 전혀 섞여 있지 않음을 나타내며, 순수함은 그 본질이 전혀 변경되지 않았음을 의미한다. 진정한 순수성과 소박함을 올바르게 인식해야만 그를 진인으로 인정할 수 있다.[15]

진인은 도의 원리를 왜곡 없이 온전하게 되찾은 사람을 의미한다. 본래 깨끗하고 단순하게 태어난 사람은 인위적인 사회와 교육으로 인해 올바른 판단을 할 수 있는 지식에서 멀어지게 된다. 진인은 도에 방해가 되는 지식을 초월하고 자신의 고유한 정신으로 돌아가 본래의 상태를 회복한 사람이다. 즉, 진인은 태어날 때부터 그렇게 진정한 존재였던 것은 아니라는 뜻이다.

옛날의 진인은 고난을 피하려 하지 않았고, 성공에 대해 자만하지 않았으며, 어떤 일도 음모하지 않았다. 이런 사람은 비록 실수를 하더라도 결코 후회하지 않으며, 일이 잘 진행되어도 자랑하지 않는다. 또한 높은 곳에서도 두렵지 않고, 물속에 들어가도 젖지 않으며, 불속에서도 뜨거움을 느끼지 않는다. 이는 그가 지식을 통해 세상을 초월하고 자연의 이치를 이해했기 때문이다.[16]

---

15 "故素也者 謂其無所與雜也 純也者 謂其不虧其神也 能體純素 謂之眞人.",『莊子』「繕性」.
16 "古之眞人 不逆寡 不雄成 不謨士 若然者 過而弗悔 當而不自得也 若然者 登高不慄 入水不濡 入火不熱 是知之能登假於道者也若此.",『莊子』「大宗師」.

진인은 자신의 삶을 이끌기 위해 외부의 도움을 받지만, 자신의 삶에 신경을 쓰지 않는다. 신경을 쓰지 않기 때문에 기쁜 일이나 슬픈 일이 발생해도 감정의 변화가 없다. 자신과 주변에서 발생하는 일들을 자연스러운 것으로 받아들이기 때문에 그 일들에 관심을 두지 않는다. 결과적으로 진인은 어떠한 상황에서도 마음이 흔들리지 않는다. 그 흔들림 없는 마음은 물과 불의 상황에서도 유지된다.

> 진인은 마음속에서 모든 것을 잃어버리고 외로운 모습이며, 이마는 넓다. 그 느낌은 가을처럼 시원하고, 봄처럼 포근하다. 기쁨이나 분노는 사계절의 변화를 닮아 있으며, 모든 사물과 잘 어우러져 그 경계를 알 수 없다.[17]

진인은 그의 마음속에 생각을 품지 않기 때문에 그 모습은 차분하고 여유로워 보인다. 그럼에도 불구하고 그의 마음속에는 봄처럼 따뜻한 에너지가 모든 것을 키워 내며, 겉으로 드러나는 것은 차갑거나 뜨겁지 않고 시원한 느낌을 준다. 기쁨이나 슬픔, 분노, 즐거움이 발생하더라도 그것은 사계절의 변화와 같아서 기분에 좌우되지 않는다. 다시 말해, 그는 기쁨과 슬픔을 외부에서 지켜보고 있을 뿐이다. 그러므로 기쁨이나 슬픔이 생겨도 그것에 휘말리지 않는다.

진인은 도와 하나 됨을 실현했기에 "옛날의 진인은 지자知者도 납득시키지 못했고, 매력적인 이도 끌어들이지 못했으며, 도둑도 그를 두려워하

---

17 "若然者 其心忘 其容寂 其顙頯 凄然似秋 煖然似春 喜怒通四時 與物有宜而莫知其極.", 『莊子』「養生主」.

지 않게 하였고, 복희와 황제마저도 친구로 사귈 수 없었다."[18]고 말한다. 여기서 지자知者는 세속적인 지식인을 말한다. 세속적인 지식은 분별력을 지니며 남다른 특징이 있으며, 동시에 논쟁을 일으키고 긴장감을 조성하는 요소가 있다. 도의 관점에서, 진인의 경우 이러한 지식에 휘말리지 않기 때문에 세속적인 지식인이 진인을 납득시킬 수 없다.

지식뿐만 아니라 감각기관에서도 비슷한 현상이 나타난다. 감각기관은 자신이 선호하는 것에 지나치게 몰두하게 된다. 이러한 몰입이 커지면 욕망으로 변하게 된다. 진정한 인물은 자신의 감각을 제어하여 자유로운 상태에 있으며, 과거나 미래에 휘둘리지 않는다. 따라서 과거의 뛰어난 복희나 황제와 같은 인물조차 진인의 마음을 움직이는 것은 불가능하다. 성인들이 제정했다고 해서 그 예의와 법이 항상 그대로 유지되어야 하는 것은 아니며, 그들은 상황에 따라 적절히 변화해야 한다.[19] 그러므로 아무리 뛰어난 예절과 규칙이 있다 하더라도 과거에 만들어진 것을 고정시키는 것은 도와 멀어지는 행동이 된다. 복희나 황제는 이미 지나간 인물로 진인은 이에 매달리지 않는다.

---

18 "古之眞人 知者不得說 美人不得濫 盜人不得劫 伏羲黃帝不得友.",『莊子』「田子方」.
19 백승도, 앞의 논문, p. 102 참조.

3. 대인大人

대인은 세상의 한계를 피하거나 포기하는 존재가 아
니라, 오히려 세상에서 일반 대중과 함께 존재하는 사
람이다. 그럼에도 불구하고 대인은 세속적인 것에 얽
매이지 않는다. 다시 말해, 대인은 세상의 규범을 넘어
서서 사는 존재가 아니라, 세상 내에서 아무런 제한 없
이 자유롭게 살아가는 사람이다. 이러한 삶이 가능한
것은 대인이 도의 의미를 깨닫고 그것을 바탕으로 삶
을 살아가기 때문이다.

대인의 수행과 역할

도가에서 '대大'는 단순히 크다는 의미를 넘어서 도를 상징한다.

> 사물이 혼합된 상태는 세상이 창조되기 이전에 있던 것이다. 고요하고 비
> 어 있으며 높이 솟아 있고 영원한 존재이다. 모든 것에 폭넓은 영향을 미
> 치지만 해가 되지 않기 때문에 만물의 어머니라고 부를 수 있다. 나는 그
> 존재를 온전히 이해할 수 없어서 '도道'라는 명칭을 붙였다. 만약 그 존재
> 에 강제로 이름을 붙여야 한다면 '대大'라고 부를 수도 있을 것이다.[1]

사물이 섞인 상태는 도의 상태를 반영하며, 도는 자연과 우주를 형성하
는 존재이기 때문에 천지보다 먼저 존재한다. 따라서 혼합된 상태는 천지
의 모든 것을 포함하고 있어 독립적으로 존재하며, 그 이름을 알 수 없다
고 말한다. 이름은 구분되고 정의된 것이므로 도에 이름을 부여하는 것은
불가능하다. 그래서 임시로 도라고 부르며, 억지로 이름을 붙이자면 '대'
라고 할 수밖에 없다. 이러한 맥락을 통해 대인은 도를 인식한 사람이라

---

1 "有物混成 先天地生 寂兮寥兮 獨立不改 周行而不殆 可以爲天下母 吾不知其名 字之曰
   道 吾强爲之名曰大.",『道德經』25章.

는 것을 알 수 있다.

　대인은 『장자』가 쓰일 당시 사상적으로 경쟁하던 맹자의 이상적인 인물로 자주 언급된다. 맹자가 그린 대인의 모습은 도가사상의 일부와 유사한 점이 있어 이 점에서 예를 찾고자 한다. 맹자는 "대인이란 어린아이처럼 순수한 마음을 잃지 않는 사람이다."[2]라고 하였다. 어린아이를 '적자赤子'라 했는데, 이 어린아이와 같은 마음을 품고 있는 사람이 대인이다. 어린아이 혹은 영아嬰兒를 가장 이상적인 인간 형태로 바라보는 관점은 노자에서도 공통적으로 나타난다. "모든 것을 동등하게 만들고 부드러움을 극대화하여 아기처럼 될 수 있을까?"[3]와 같이 영아는 부드러움을 지닌 존재의 상징으로 등장한다.

　하지만 맹자가 말한 적자는 순수한 마음을 품고 있다는 점이 강조되었고, 노자는 부드러운 성격을 중요시했다. 부드러움은 굳어지지 않음을 의미한다. 만약 굳어진다면 새로운 것을 수용할 수 없고, 깨질 위험이 커지며, 생명의 에너지가 줄어들게 된다. 생명의 근원은 도이며, 그와 가장 가까운 존재가 바로 영아이다. 그래서 생명의 근원에 가장 가까운 영아를 가장 이상적인 인간으로 간주한 것이다. 또한 맹자는 대인이 되는 방법을 제안했다.

　　사람은 자신의 신체에 모두 애정을 느낀다. … 작은 요소를 중요하게 생각
　　하는 사람은 소인으로 변하고, 큰 요소를 존중하는 사람은 대인으로 성장

2　"孟子曰 大人者 不失其赤子之心者也.",『孟子』「離婁」上.
3　"專氣致柔 能如嬰兒乎.",『道德經』10章.

하게 된다. … 귀와 눈의 역할은 우리가 의식하지 못하게 되어 외부 물체에 가려지니 외부에 매료되면 그에 휘말리게 된다. 마음의 기능은 사고하는 것이며, 사고할 때 이치를 깨닫게 된다.[4]

사람은 자신의 신체인 소체小體와 정신인 대체大體를 모두 완전히 사랑한다. 소체는 감각에 의해 움직이며 본능적으로 작동한다. 이로 인해 사람들은 사고를 통해 구별하지 못한다. 감각적인 욕망과 이에 따른 갈망을 따르는 사람은 마음을 잃고 낮은 존재가 된다. 반면에 심지관心之官은 사고의 능력을 지니고 있다. 인간은 천성적으로 선한 마음을 지닌 존재로, 대체인 마음의 작용을 통해 사고할 때 올바른 판단과 행동이 가능하다고 여겨진다. 그 판단을 실행하는 사람이 대인이다.

이러한 대인과 소인은 『장자』에서 다음과 같이 등장한다.

옛날에는 진리를 이해하는 사람들은 이름에 구애받지 않았고, 높은 덕성을 지닌 사람은 실질적으로 덕이 결여되어 있다고 여겨졌습니다. 진정한 대인이라 함은 자신을 내세우지 않는 사람이라는 이야기도 있습니다. 이는 자신이 맡은 바 일을 잘 이루는 것을 명확히 드러내는 사례입니다.[5]

대인은 도를 몸소 익힌 사람으로, 친구와 마찬가지로 자신이라는 개념

---

4 "人之於身也 兼所愛 … 養其小者 爲小人 養其大者 爲大人 … 耳目之官 不思而弊於物 物交物 則引之而已矣 心之官則思 思則得.",『孟子』「告子」上.
5 "聞曰道人不聞 至德不得 大人無己 約分之至也.",『莊子』「秋水」.

이 없다. 무기無己란 자기 자신을 사유의 주체에서 분해해 버린 것이다. 즉, 무기는 내가 아니라 대상을 그 자체의 시각으로 인식하는 것이다.

대는 대규모와 소규모의 집합체를 의미한다. 즉, 큰 존재가 되기 위해서는 작은 존재들이 모여야 한다. 따라서 "바다는 동쪽으로 흐르는 모든 강물을 가리지 않고 포용함으로써 매우 광대하다."[6] 바다는 모든 강과 하천이 합쳐져 형성된다. 즉, 바다는 자연적으로 가장 낮은 지점에 위치해 있어 모든 것을 흡수할 수 있으며, 이로 인해 그 넓이가 커진다. 또한, 어떤 것도 배척하지 않고 받아들인다.

이처럼 대인도 도의 별칭인 대가 되기 위해서는 스스로 낮은 위치에 있어야 한다. 그렇게 해야만 모든 것을 배척하지 않고 수용할 수 있다. 더불어 개방적인 마음가짐이 필요하다. 수용한다는 것은 마음이 열려 있다는 것이며, 경계가 없음을 의미한다. 그러므로 대를 이루기 위해서는 열린 마음과 함께 경계를 없애는 상태를 성취해야 한다.

이를 위해서는 자신을 내려놓아야 한다. 즉 무위의 상태를 실현해야 한다. 자신이 존재하면 그 자체가 기준이 되고 만다. 기준에 맞는 것은 수용하겠지만, 기준을 어기는 것은 받아들일 수 없기 때문이다. 이는 도의 형상이 그러하기 때문이다. 도는 이전에 언급한 바와 같이 '유물혼성有物混成'의 상태에 있다. 만약 도가 어떤 형상을 지니고 있다면, 자기와 유사한 것만을 만들어 낼 것이고, 이는 다양성을 받아들이지 못하는 폐쇄적이고 독단적인 모습으로 이어질 것이다.

---

6 "故海不辭東流 大之至也.", 『莊子』 「徐無鬼」.

살아 있는 동안 특별한 위치가 없고, 죽은 후에는 이름도 없이, 재산도 쌓지 않고, 명성이 남지 않으므로 이러한 상태가 진정한 대인으로 간주된다. … 스스로 위대하다고 주장하는 것은 진정한 위대함이 아니다. … 크게 성취한 것을 아는 사람은 원하는 것도 잃는 것도 없으며 포기하는 것도 없고, 외부 요인에 의해 자신의 본질이 바뀌지 않는다. 자기 본질로 돌아가면서 끝없이 옛 길을 따르지 않고 행동을 꾸미지 않는 것이 대인의 모습이다.[7]

살아 있을 때 지위를 쫓지 않으며 명예를 원하지 않는 사람은 죽음 이후에 사후의 이름을 얻지 못해도 진정한 대인이다. 그는 이익을 추구하며 살아가는 방식을 따르지 않는다. 대인은 항상 겸손한 자리에서 모든 것을 받아들이고 열린 마음을 지니고 있기 때문에 특별히 원하는 바가 없다. 원하는 것이 없다는 것은 자신의 욕망을 잘 조절할 수 있음을 의미한다. 게다가 그는 모든 것을 갖고 있기 때문에 잃을 것도 없고, 모든 것을 받아들이므로 버릴 것도 없는 상태이다.

대인은 스스로를 대인이라고 칭하지 않는다. 만약 자신을 그렇게 부른다면 그는 이미 대인이 아니다. 대인은 자신을 가장 낮은 자리로 낮추는 훈련을 통해 모든 것을 받아들인다. 이는 도의 본질을 회복하는 것이며, 이를 통해 도와 함께하게 된다. 따라서 그의 행동은 인위적이지 않고 자연스러운 것이다.

대인은 세상의 고결한 존재가 아니라, 사람들과 함께 세상에서 살아가

---

7 "是故生不爵 死無謚 實不聚 名不立 此之謂大人 …夫爲大不足以爲大 …知大備者 無求無失無棄 不以物易己也 反其而不窮 循古而不摩 大人之誠.",『莊子』「徐無鬼」.

는 존재이다. 그는 세상과 더불어 살지만, 도를 깨달은 존재이기에 그 도의 역할을 일상에서 실천하고 있는 것이다.

> 대인의 교훈은 그림자가 형태를 따르고, 메아리가 소리를 따르는 현상과 비슷하다. 질문을 받으면 대답하고, 마음속에 있는 모든 생각을 드러내며 전 세계의 사람들과 소통한다. 조용할 때는 아무 소리도 나지 않지만, 움직일 때는 어딘가로 나아가고, 혼란스러운 세속의 사람들을 인도하며, 한없는 경지에서 자유롭게 놀고, 어떤 것에 의지하지 않고 태양과 달과 함께 영원히 존재한다. 외모와 형상조차도 거대한 하나의 세계와 통합되었고, 그렇게 통합되었기에 '자아'라는 개념이 사라진다. 자아가 없는 상태에서 물체는 정말로 존재할 수 있을까? 존재한다고 여기는 것은 예전의 군자를 연상시키고, 존재하지 않는다고 여기는 것은 자연을 친구로 여기게 한다.[8]

대인은 세상에서 고립되어 살아가는 존재가 아니라 지혜를 나누는 사람이다. 그의 가르침은 도를 근본으로 두고 있어 흔적을 남기지 않는다. 이는 몸과 그림자 사이의 관계로 비유된다. 몸이 존재할 때 그림자가 따라 생기고, 그림자는 몸의 움직임에 따른다. 따라서 대인은 먼저 말을 꺼내지 않는다. 모든 사람들이 질문할 때 차별 없이 도에 관해 알려 준다.

조용히 있을 때 소음이 없다고 말하였지만, 이것은 사람으로서 다른 일

---

8 "大人之敎 若形之於影 聲之於響 有問而應之 盡其所懷 爲天下配 處乎無嚮 行乎無方 挈汝適復之撓撓 以遊無端 出入無旁 與日無始 頌論形軀 合乎大同 大同而無己 無己 惡乎得有有 覩有者 昔之君子 覩無者 天地之友.",『莊子』「在宥」.

에 신경을 쓰지 않고 조용히 지내는 것을 의미한다. 소리를 내는 것은 자신의 의견을 드러내는 것이라 개인의 주관이 개입된다. 반대로 소리를 내지 않는 것은 자신의 이야기가 아닌 객관적인 사실을 확인하는 것이다. 따라서 개인적 생각이 빠진 이야기는 실제로 소통하지 않는 것과 마찬가지이다. 예를 들어, 누군가에게 밥을 먹었냐고 물어보면 '먹었다' 또는 '안 먹었다'고 답하는 것은 말하는 것이지만, 이것은 사실을 확인하는 것일 뿐 개인의 의견이 반영되지 않아 말을 하지 않는 것과 같은 효과가 있다. 이 때문에 소리가 없는 상태로 설명된 것이다.

행동할 때 대인은 어떤 제약도 없이 자유롭게 움직인다. 그는 도덕적 기준에 얽매이지 않는다. 도덕률에 따른 행동은 사람들의 기준으로 정해지기 때문에 상대적일 수 있으며, 이는 사람들의 행동을 제한하게 된다. 이로 인해 사람들 사이에 갈등과 분쟁이 생길 수 있다. 그러나 대인은 도에 기반한 행동을 함으로써 어떤 행동을 하더라도 도의 한계를 넘지 않는다. 그래서 그의 행동은 제한이 없다.

세상은 늘 복잡하고 혼란스러워서 사람들은 도에서 벗어나게 된다. 이럴 때 대인은 세상을 바로잡기 위해 혼란 중에 있는 사람들을 도의 길로 인도하고 안내한다. 도덕적 기준과 사회적 질서를 정립하고 안정시키려는 노력은 인위적인 변화가 일어나기 전의 상태, 즉 도와의 조화를 이루려는 대인의 시도를 나타낸다. 이는 인위적인 제도와 규범으로부터 인간이 해방될 수 있다는 믿음에서 비롯된 것이다.

모든 인위적인 상황에서 자유로운 대인은 어떤 것에도 의지하지 않는다. 그는 세계의 지식이나 규범, 체계에 의존하지 않는다. 이는 그가 도와 일치를 이루었음을 의미한다. 그는 마음뿐만 아니라 육체까지도 도와 완전히 융합된 상태에 도달했기 때문에 자신의 존재에 대한 생각을 하지 않는다. 이를 무기無己라 한다.

무기는 내가 존재하는 세계와 사물이 함께 있다는 것을 인식하는 것이라고 할 수 있다. 나와 사물을 구분하고 나누는 것은 인의예지의 도덕률을 통해 인간의 행동을 통제하려는 군자의 행동이며, 이러한 구분을 넘어 스스로의 행동을 자유롭게 하는 동시에 혼란스러운 시대에 일반 사람들과 함께 비어 있는 자유로운 세상으로 안내하는 사람이 바로 대인이다.

대인의 특징

대인은 도를 배우며 함께 성장해 가는 존재로서, 일반 사람들과는 다른 사고방식과 행동 양식을 지니고 있다. 세상의 사람들처럼 소중하고 가치 있는 것을 소유하려 하거나, 사회의 규범을 유지하기 위해 도덕적 원칙을 따르는 것에 집착하지 않는다.

대인의 행동은 타인에게 해를 주지 않지만, 인의의 중요성을 크게 여기지 않는다. 그는 이익을 위해 움직이지 않지만, 문지기나 종을 경시하지 않는다. 재산을 두고 다투지 않지만, 다른 사람에게 양보하는 것을 쉽지 않게 생각한다. 그는 스스로 살아가려고 하면서도 독립적인 생활을 특별하게 여기지 않는다. 탐욕을 경시하지도 않는다. 그의 행동은 세속적인 것과는 다르지만, 특별한 행동을 긍정적으로 보지도 않는다. 그는 대중의 생각을 따르지만 아부하는 태도를 낮잡아 보지 않는다. 세속적인 성공이나 보상으로는 그를 유도할 수 없고, 형벌이나 모욕으로 그를 부끄럽게 만들 수도

없다. 그는 논리적으로 판단하지 못하고, 큰일과 작은 일을 구별하지 못한다는 점을 잘 인식하고 있다.[9]

대인의 행동은 타인에게 상처를 주지 않지만, 다른 사람에 대한 사랑을 도덕적으로 강하게 권장하지도 않는다. 이는 이전의 윤리적 기준을 강요하지 않는다는 것을 의미한다. 그러나 대인은 도덕적으로 부패하지 않으며, 타인에게 압박이나 고통을 가하지 않는다. 즉, 대인은 도덕적 기준이 없어도 도덕적으로 행동한다는 것이다.

도를 알아차린 사람은 물질적인 욕망을 쫓지 않는다. 그래서 가난한 사람을 비하하는 시선을 갖지 않는다. 자신의 것을 나누는 선의의 행동을 반드시 좋은 행동으로 보지 않으며, 바람직하다고 생각하지도 않는다.

사회적으로 대인은 다른 이들과의 공존을 받아들인다. 그렇지만 이러한 사람은 다른 사람의 노력을 착취하지 않으며, 홀로 지내는 것 또한 부정적으로 보지 않는다. 다시 말해, 사회적 활동을 간과하고 오로지 개인적인 삶만을 중시하지 않는다. 삶에서의 탐욕이 불쾌하다고 보지는 않으며, 성숙한 사람은 공동체 안에서 일반 대중과 함께 살면서 특별한 주목을 받으려 하지 않는 이다. 이들은 일반인들과 함께 활동하며 비슷한 방식으로 살아간다.

아첨은 권력을 얻기 위해 하는 행동이지만, 성숙한 사람은 이를 저급한

---

9 "是故大人之行 不出乎害人 不多仁恩 動不爲利不賤門隷 貨財弗爭 不多辭讓 事焉不借人 不多食乎力 不賤貪汚 行殊乎俗 不多辟異 爲在從衆 不賤佞諂 世之爵祿 不足以爲勸 戮恥不足以爲辱 知是非之不可爲分 細大之不可爲倪.",『莊子』「秋水」.

행동으로 간주하지 않는다. 이런 사람은 세상에서 높이 평가받는 명예나 수익으로 자신을 높일 수 없고, 반대로 그에 대한 처벌이나 모욕으로 자신에게 상처를 줄 수도 없다.

대인은 "수행을 통해 자신의 본성을 회복한 사람이다. 몸과 마음이 도를 따라 행동하기에 대인은 외물에 자신의 본성을 잃지 않는다."[10] 또한 분쟁이 없고 크고 작음도 존재하지 않는다. 분쟁이나 크고 작음은 사람의 시각에서 이해되는 비교적 개념이다. 비교는 구별과 차별을 만든다. 도의 관점에서는 모든 것이 동등하며 크고 작음, 분별이 없다. 그러므로 도의 입장을 지닌 대인은 상대적인 지식과 크고 작음에서 벗어나 있다.

대인은 세상의 한계를 피하거나 포기하는 존재가 아니라, 오히려 세상에서 일반 대중과 함께 존재하는 사람이다. 그럼에도 불구하고 대인은 세속적인 것에 얽매이지 않는다. 다시 말해, 대인은 세상의 규범을 넘어서서 사는 존재가 아니라, 세상 내에서 아무런 제한 없이 자유롭게 살아가는 사람이다. 이러한 삶이 가능한 것은 대인이 도의 의미를 깨닫고 그것을 바탕으로 삶을 살아가기 때문이다.

---

10 박종걸, 「장자의 득도론에 대한 연구」, 원광대 박사논문, 2017, p. 152.

4. 신인神人

신인은 '무공無功'이라 한다. 공功은 '공工'과 '력力'이
혼합된 글자이다. '공工'은 '이二'에 구멍 뚫은 '곤丨'이
결합된 것으로 해석할 수 있다. '이二'는 일반적으로 하
늘과 땅을 나타낸다. 그러므로 '공工'은 하늘과 땅을 하
나로 연결하거나 관통한다는 의미로 생각할 수 있다.
또 다른 해석으로 '공工'을 달구로 볼 수도 있다. 달구
는 땅을 고르게 만드는 도구이기도 하다. '력力'은 쟁기
를 뜻한다. 쟁기는 농사지을 때 땅을 뒤집는 도구이다.
따라서 '공功'은 땅을 다지거나 농사 활동을 위해 토지
를 갈아엎는 의미가 있다.

신인의 수행과 역할

신인이라는 존재는 종종 신성한 존재로 인식되어 신비로운 느낌을 주지만, 『장자』에서는 신인이 장자의 철학 체계 안에서 이상적인 인물 유형 중 하나로 다루어지며, 그들은 성인·지인·진인과 대등한 지위에 있다. 신이라는 개념은 노장사상에서 그렇게 중요한 위치를 차지하지 않는다. 이들은 수련을 통해 이상적인 상태에 도달한 사람들이다.

유교에서는 신인을 성인을 초월하는 개념으로 해석하기도 한다. 이는 맹자에서도 확인할 수 있다.

> 가욕可欲스러움을 지닌 이를 선인이라 부르고, 선을 자신의 것처럼 여기는 이를 신인이라 한다. 충실한 사람을 미인이라 칭하며, 충실함으로 빛나는 이를 대인이라 일컫는다. 대인이면서 자연스럽게 화합하는 이를 성인이라 하고, 성스러워서 이해할 수 없는 이를 신인이라 표현한다.[1]

이처럼 유학에서는 수행의 단계에 따라 선인·신인·미인·대인·성

---

1 "可欲之謂善 有諸己之謂信 充實之謂美 充實而有光輝之謂大 大而化之之謂聖 聖而不可知之之謂神.",『孟子』「盡心」下.

인과 같은 인격적 수준을 제시한다. 반면 도가에서는 인격 완성자의 서열을 설정하지 않고 있다. 이는 도가의 평등 개념이 이상적인 인간상에까지 영향을 미친다는 것을 의미한다.

신인은 '무공無功'이라 한다. 공功은 '공工'과 '력力'이 혼합된 글자이다. '공工'은 '이二'에 구멍 뚫은 '곤丨'이 결합된 것으로 해석할 수 있다. '이二'는 일반적으로 하늘과 땅을 나타낸다. 그러므로 '공工'은 하늘과 땅을 하나로 연결하거나 관통한다는 의미로 생각할 수 있다. 또 다른 해석으로 '공工'을 달구로 볼 수도 있다. 달구는 땅을 고르게 만드는 도구이기도 하다. '력力'은 쟁기를 뜻한다. 쟁기는 농사지을 때 땅을 뒤집는 도구이다. 따라서 '공功'은 땅을 다지거나 농사 활동을 위해 토지를 갈아엎는 의미가 있다.

'공功'에 대해 『설문해자』에서는 '이노정국야以勞定國也'라 풀이했다. 이는 '힘써 나라를 평정하는 것'이라는 의미이다. '공功'에서 '공工'은 땅을 다지는 달구라 했는데 땅을 튼튼하게 다질수록 건물을 세우는 토대가 튼튼해진다. 또한 '력力'은 쟁기를 말하는데 땅을 깊게 갈수록 농산물의 생산이 증대될 수 있다. 따라서 공은 근본을 다지고 번성하는 근거가 된다. 나라도 마찬가지이다. 나라의 근본을 튼튼히 하고 생산력을 높여 부강한 나라로 만드는 것이 통치자의 공이 된다.

이를 토대로 보면 무공無功은 국가의 일에 참여하지 않거나 그 기초를 다지려 하지 않는 행동이라고 할 수 있다. 하지만 이러한 관점은 인위적이라는 측면에서 이해된 것이다. 인위적인 것을 추구하는 사람들은 자신의 성과를 자랑하고 드러내기 위해 공을 쌓으려는 경향이 있다. 이 과정에서 전쟁을 일으켜 민중과 영토를 차지하려는 시도도 발생한다. 이런 현상을 비판하는 사상이 노장사상이다. 이들은 민중을 고통으로 몰아넣는 전쟁에 반대한다.

그러므로 이들에게 세상에서 이야기하는 '공功'은 국민들의 희생과 노력, 생명을 기반으로 얻어진 성과이다. 이러한 성과는 도리에 어긋나는 것이기 때문에 노장사상에서는 공을 이루는 방법이 다르다. 즉, 자연의 방식을 통해 공을 달성하게 된다. 그래서 신인이 공적을 갖지 않다는 것은 신과 같은 능력을 지니고 있음에도 불구하고 무언가를 하지 않는 것이 아니라, 위대한 성과를 이루었더라도 그것을 자랑하거나 드러내고 싶어 하지 않는 것을 의미한다. 자연은 계절의 흐름을 따르며 모든 것을 기르지만, 자신이 이룬 결과에 대해 집착하거나 자랑하지 않는다. 이처럼 신인은 큰 성과를 남기더라도 그것에 집착하거나 그것을 드러내려 하지 않는다. 이것이 자연과 함께 모든 것을 생성하는 신인의 공적이다.

무공의 행을 지향하는 것은 노자에서도 찾아볼 수 있다. "성과를 이루면 몸이 물러나는 것이 하늘의 도이다."[2] 여기서 성과를 이루었다는 것은 아주 큰 노력을 기울였다는 의미이다. 그렇기 때문에 사람들은 자신의 성과를 자랑하고 싶어 한다. 자랑하는 것이 성과에 대한 집착이 될 수 있으므로, 그것은 자연의 도리가 아니다. 자연, 즉 하늘은 어떤 것에도 집착하지 않으며, 집착이 없기에 매 순간 새로운 모습으로 자신을 변화시키고 새로운 성과를 만들어 낸다. 이것이 바로 자연과 하늘이다. 반대로 자신의 성과를 앞세우고 자랑하려고 하는 것은 집착이 되어 더 이상 발전하지 못하게 하는 굴레가 될 수 있다. 따라서 성과를 이룬다면 당연히 그 성과

---

2 "功遂身退 天之道也.",『道德經』9章.

에서 한 걸음 물러나야 한다. 이는 계절의 순환에서도 확인할 수 있다. 봄이 모든 생명을 소생시키고 성장하는 시기임에도 불구하고 봄에만 집착한다면 피어난 꽃들은 열매를 맺지 못할 것이다. 봄의 성과에서 봄이 스스로 물러나야 다음 계절에서도 성과를 이룰 수 있다. 성과가 없다는 것은 어디에도 집착하지 않는 것을 의미하며, 이는 도의 작용이다. 이러한 도의 작용을 깊이 이해하고 실행한 사람이 바로 신인이다.

신인은 본래부터 존재하는 것이 아니라 스스로의 결정에 의해 경험을 통해 얻어진 인물이다. 『장자』에서는 신인이 문맥적으로 꽤 비현실적인 캐릭터로 표현된다. 신인은 "천 년을 살아온 후 세상이 지겨워지면, 현실을 등지고 조용한 장소로 향한다. 그곳에서는 하얀 구름을 타고 하늘의 이상적인 세계에 이른다."[3] 이는 시간을 초월하고 공간을 넘는 환상적이며 신비로운 주제를 포함하고 있다. 이런 시공 초탈은 장자의 신비로운 신선 개념과 연관되어 있으며, 신인이라는 인물과도 연결된다.

막고야산에는 신인이 살고 있으며, 그의 피부는 차가운 얼음과 눈처럼 희고, 처녀의 피부처럼 부드럽다. 그는 곡식을 먹지 않고 바람과 이슬로 생명을 유지하며, 구름 위를 유영하고 용을 다루며 세상을 떠난다. 정신을 모으면 모든 것이 건강해지고 곡식도 잘 자란다고 한다.[4]

---

3 "千歲厭世 去而上遷 乘彼白雲 至于帝鄕.",『莊子』「天地」.
4 "邈姑射之山 有神人居焉 肌膚若氷雪 綽約若處子 不食五穀 吸風飲露 乘雲氣 御飛龍
而遊乎四海之外 其神凝 使物不疵癘 而年穀熟.",『莊子』「逍遙遊」.

신인은 보통 사람이 보기에는 매우 비현실적인 존재로 여겨질 수 있다. 어떤 사람이 바람과 이슬로만 생명을 유지하고, 세상 밖을 자유롭게 돌아다닐 수 있는지를 의문시할 수도 있다. 그러나 신인은 실질적으로 놀라운 수련을 이룬 인물이다. 그는 먼저 벽곡辟穀 방법을 실천한다. 벽곡은 음식을 섭취하지 않는 것으로, 특히 화식을 피하는 것이다. 그는 화식을 중단하고 그 대신 생명의 에너지를 공기와 이슬로 대체한다. 화식이 지구의 기운을 의미한다면 공기는 하늘의 기운을 나타낸다. 자신의 생명을 지구의 기운이 아니라 하늘의 기운으로 채우는 사람이 바로 신인이다. 신인은 이렇게 자신의 식욕을 완벽하게 조절하는 경지에 도달한 수행자이다.

또한 "신인은 무위자연 한 도의 본성 또는 인간의 순수한 본래심을 체득한 경지를 표현한다."[5] 즉, 복본復本을 실현한 사람이 신인이다. 근본을 회복했기에 인간적인 생존 욕구에서 벗어날 수 있다. 그 결과 인간처럼 보이지만 일반인들과는 달리 피부가 깨끗하고 투명하다. 이는 수행의 결과로 외부에 드러나는 한 부분일 뿐이다. 신인은 우주의 경계를 넘어 존재한다고 하였는데, 이는 그의 정신세계가 우주와 조화를 이루고 있음을 의미한다. 그래서 신인은 인간의 삶에 얽매이지 않고 자유롭게 행동한다. 유한한 것은 단순히 존재하는 것이 아니라 이전에 언급한 바와 같이 도와 결합의 상징이다. 도와 함께 살아가면 우주마저 포용하게 된다. 이를 천지 밖에서 노는 모습이라고 표현한 것이다. 또한 신인은 곡식을 먹지 않지만 자연과 함께하기에 그의 도와 결합된 정신이 발휘되면 곡식을 포함

---

5 김낙필, 「장자의 정신 개념」, 『사회사상연구』 1, 원광대사회사상연구소, 1984, p. 172.

한 모든 것이 자연스럽게 자생하는 힘을 실현한다고 한다.

신인이 벽곡을 통해 공기와 이슬로 생명현상을 유지한다고 언급한 것은 신인이 호흡 수행에서 상당한 경지에 도달했음을 보여준다. 호흡 수행이 한층 깊어지면 천기의 에너지를 생명현상의 힘으로 전환할 수 있다. 예전부터 신선들은 곡식 대신 산에서 채집한 약초를 주된 음식으로 삼아 수행하는 경우가 많았다. 장자 이전부터 수행자들은 곡물 섭취를 피했고, 이러한 전통은 신선술에서도 그대로 이어져 왔다. 생약초들과 공기를 생명현상을 유지하는 에너지로 삼았는데 공기는 전통적으로 "호흡과 함께 생명체에 필요한 음식물이 들어 있는 에너지와 같은 것이라고 의식되어 있다."[6] 공기는 하늘에서 오는 음식으로 여겨지며, 단순히 공기를 들이마시는 것만으로도 하늘이 사람의 생명 활동을 유지하는 에너지로 변환할 수 있다고 전해진다. 이러한 경지는 일반적인 사람이 생각할 수 있는 수련을 통해서만 이룰 수 있으며, 이를 실제로 실천한 사람을 신인이라고 부른다. 이러한 시간과 공간을 초월하는 능력은 장자의 신비로운 신선 개념과 연결되어 신인이라는 존재와 관련이 있다.

천성을 되찾은 신인은 특별히 누군가와 가까워지려 하거나 판단을 내리려는 생각이 없이 세상과 이익을 분배하며 자연과 함께 즐긴다. 장자는 삶에 집착하지 않고 생명의 본질에 충실한 사람만이 진정으로 여유롭게 살아가는 사람이라고 주장한다. 즉, 신인에게는 노력이라는 것이 없고, 신인은 자연의 정수를 따르기 때문에 특별히 무엇에 의존하지 않는 무아

---

6 丸山敏秋 著, 박희준 옮김, 『기란 무엇인가』, 정신세계사, 1989, p. 26.

의 상태를 보인다.

신인은 아무 일을 하지 않는 것으로 인식되어 무공이라 한다. 그러한 신인은 조광照曠과 혼명混明을 성취한 인물로 복초復初의 상태에 머문다. 그렇기에 신인은 천지 밖에서 노닌다고 표현한다. 그렇다면 신인은 어떻게 현실에 참여하는 것일까? 신인은 무위의 치治를 시행하여 현실에 참여한다. 도가에서는 "도는 언제나 무위이면서도 이루지 못함이 없다."[7]고 말한다. 여기서는 "도가 무언가를 '이루는' 존재임과 아울러 무위란 도가 이루는 과정을 밟는 방식임"[8]을 말하는 것이다.

신인의 무위의 치는 도를 실현해 나가는 방식이다. 도와 하나 됨을 이룬 성인은 무위 방식으로 세상에 참여한다. 현상적으로는 아무런 행동도 하지 않는 것처럼 느껴지지만, 그런 모든 것들이 각자의 방식으로 생명을 이어 가는 역할을 한다. 이는 마치 공기가 눈에 보이지 않고 활동이 없는 것처럼 여겨지지만, 생명의 근원이 되는 것에 비유될 수 있다.

신인의 사회참여 방식은 노자와 같다. 즉 "장자 역시 '무위이 무불위無爲而無不爲'를 자신의 지론으로 삼았다. 장자가 말하는 '무위'란 무엇보다도 '무지와 무욕'에 의한 '소박한 삶'을 가리킨다."[9] 신인은 세속적인 지식을 포기함으로써, 즉 무지의 길을 선택함으로써 복명이라는 상태에 도달한 사람이다. 복명은 밝음을 의미하며, 이는 모든 것이 명백히 드러나는

---

7 "道常無爲 而無不爲.", 『道德經』37章.

8 이택용, 「『노자』의 무위에 대한 연구」, 『동양철학연구』72, 동양철학연구회, 2012, p. 148.

9 이상익, 「無爲而治:좋은 정치에 대한 儒家·道家·法家의 인식」, 『현대정치연구』5, 현대정치연구소, 2012, p. 130.

것을 뜻한다. 즉, 도의 입장에서는 모든 것이 분명히 나타나고, 실체를 이해하는 경지에 이르는 것이다. 따라서 무지란 단순히 세속적인 지식을 버리는 것이 아니라, 아무것도 모르는 상태가 아닌 실체를 명확히 알게 된 상태, 즉 바로 인식하고 이해한 경지인 것이다.

> 『장자』에서 '유遊'와 '무위'는 장자 철학의 기초를 이루는 사유에 의해 …
> 신인은 일반 사람들이 평화를 원한다고 해서 그들을 위해 활동하거나 애
> 쓰지 않으며, 인위적인 정치 세계에 관여하지 않는다. 그는 자연 속의 무
> 작위적인 세계에서 지낸다.[10]

신인은 세상을 위해 행동하지 않는다. 세상을 위한 행동이라는 것은 사람들의 바람에 따라 좌우된다. 사람들이 원하는 것들은 인위적으로 만들어진 결과일 가능성이 높아, 이는 진정한 힘 및 조화와는 거리가 먼 결과를 초래할 수 있다. 하늘은 누구에게도 특별한 애정이나 증오를 가지지 않듯이, 이러한 것도 특정한 개인에게만 주어지지 않는다. 하늘과 조화롭게 있는 신인은 세상과 잘 어울리지 않을 수도 있다. 그래서 신인은 자연과 조화를 이루면서 모든 것을 창조하고 변화시키는 능력을 지니고 있지만, 그 대가로 어떤 것을 요구하지 않는다고 알려져 있다. 신인의 정치적인 관점과 행동 방식은 인간의 이해를 넘어서기 때문에, 세상의 사람들에게는 이해하기 어려운 부분이 있다.

---

10 水野厚志, 「『莊子』の政治思想とその展開」, 『東京国際大学論叢』 人文・社会学研究 第2号, 東京國際大學, 2017, pp. 23-24.

신인의 특징

『장자』에서 보이는 신인의 특징을 다음과 같이 정리할 수 있다.

첫째, 용모와 자태가 부드럽고 온화하며 청순하다.

둘째, 사물의 제한된 국면에서 초월해 나와 마음이 자유로울 수 있음을 형상화하여 그린 것이다.

셋째, 외부의 영향에 이끌리지 않는 독립적이고 자족할 줄 아는 강한 의지를 지닌 자이다.

넷째, 열린 마음을 지닌 형상이다. 〈소요유〉편에 신인의 고운 자태를 지니고 구름 위에 올라 용을 몰고 세상 밖에 노니는 거침없는 품격[11]으로 서술하고 있다.

이같이 시공 초탈에 이어 장자는 생사에 구애된 우리에게 육신 초탈을 촉구했다. 그는 머리를 무無로 하고 등골을 생生으로 삼고 꽁무니를 사死로 삼는다고 했다. 상징적인 표현으로 생전·생시·사후를 인간의 육신[12]으로 비유한 것이다. 인간의 순수한 본래심을 체득한 경지를 표현한다.

남백자기가 상구에 갔을 때, 독특한 큰 나무를 발견했다. 그 나무의 그늘은 너무 깊어서 사마駟馬수레를 묶어도 보이지 않을 정도였다. 그는 이 나무가 어떤 종류인지 궁금해하며 훌륭한 자원이 될 가능성이 있다고 생각했다. 위를 보니 가지의 모양이 비틀어져 있어서 마룻대나 들보로 사용하

---

11 이영주, 앞의 논문, p. 195.
12 류성태, 『장자철학의 지혜』, 학고방, 2011, p. 262.

기엔 적합하지 않았고, 아래를 보니 두꺼운 밑동의 나무속이 갈라져 있어 판재로 만들기에도 적절하지 않았다. 나뭇잎을 먹어 보려 하자 곧바로 입술이 헐어 상처가 나고, 그 냄새를 맡았더니 매우 취해 버려서 사흘이 지나도 회복되지 않았다. 그는 말했다. "이 나무는 정말로 재료로서 가치가 없는 나무군. 그러니 저렇게 자라는구나. 아, 신도 이 나무처럼 무가치함을 지키고 있구나."[13]

신인은 공功이 없는 사람이라서 세상에서 잘 보이지 않으며, 쓸모없는 인물처럼 여겨진다. 아무리 놀라운 수행을 하고 높은 경지에 도달하였더라도, 신인은 여전히 세상에서 유용하게 사용되지 않는 존재로 묘사된다. 그 예로, 사마수레를 그 그늘에 세워도 보이지 않을 정도로 거대한 나무가 있지만, 가지는 휘어져 있어 목재로 활용할 수 없고, 나무의 밑동도 갈라져 있어서 널빤지로 쓸 수 없다. 혹시나 해서 잎을 먹어 보려 했지만, 입안에 상처를 내어 다치게 되어 식용이 불가하다.

비록 큰 나무지만 어디에서도 필요하지 않은 존재이다. 신인도 마찬가지이다. 이들은 일반 사람들보다 높은 수행 수준을 달성했지만, 특별한 공적이 없으므로 쓸모없는 존재로 여겨진다. 그래서 이들은 어디서든 필요하지 않은 사람으로 간주된다. 이것이 무용과 관련이 있다. 하지만 모든 것은 서로 연결되어 함께 존재한다. 존재하는 것과 존재하지 않는 것,

---

13 "仰而視其細枝 則拳曲而不可以爲棟樑 俯而視其大根 則軸解而不可以爲棺槨 舐其葉 則口爛而爲傷 嗅之 則使人狂酲 三日而不已 子綦曰 此果不材之木也 以至於此其大也 嗟乎神人 以此不材.",『莊子』「人間世」.

어둠과 빛, 유용한 것과 쓸모없는 것이 서로의 관계 속에서 존재하는 것이라 할 수 있다. 유용함과 무용함은 각각의 긍정적이고 부정적인 관계로 나뉘지 않는다. 유용한 것의 존재는 무용한 것 덕분에 가능하기 때문이다. 유용한 것만으로는 항상 유용함을 유지할 수 없다.

신인은 도와 함께 모든 것을 다스리며 나아간다. 이 과정에서 스스로 불필요한 위치에 놓이게 된다. 이것이 신인의 역할이라고 할 수 있다.

> 신인에 관한 이야기를 듣고 싶습니다. 뛰어난 신인은 빛 사이에 숨어 자신의 모습을 숨기곤 합니다. 이를 조광照曠이라고 부릅니다. 생명을 다하고 현실을 균형 있게 바라보면 우주가 녹아 내리고 모든 것이 사라져 만물이 본래 모습으로 되돌아갑니다. 이것을 혼명混冥이라고 합니다.[14]

빛을 타고 모습을 감춘다고 하는 신인을 조광照曠이라 하는데, 여기서 조광이란 밝고 공허한 것, 또는 공허함을 비춘다는 의미이다. 이는 명明이고 허虛를 의미한다. 『장자』에서 명은 지知와 상반되는 개념이다.

> 장자의 사상에서 명明에 대립되는 개념은 지知이다. 지는 대상에 대한 앎을 뜻하고 그 자체 한계와 상대성을 피할 수 없다. 이 지의 한계를 넘어서는 길은 도와 합일하는 참다운 인격자가 되는 것이다.[15]

---

14 "願聞神人 曰 上神乘光 與形滅亡 此謂照曠 致命盡情 天地樂而萬事銷亡 萬物復情 此之謂混冥.", 『莊子』「天地」.
15 김낙필, 앞의 논문, p. 180.

명은 지식의 한계를 초월한 상태이며, 이는 도와 함께하는 경지를 의미한다. 그러므로 신인이 빛을 타고 형체를 감춘다는 것은 도와의 일체감을 나타낸다. 이러한 이유로 신인은 이제 더 이상 형태에 의해 억제되지 않아서 형체를 감추는 것이라고 설명한 것이다. 신인은 이제 세상에서의 지식이나 규범적인 기준으로 판단할 수 없는 존재가 되었다.

세속적인 지식은 시비분별을 전제하고 있기에 구분과 차별이 존재한다. 그래서 『장자』에서는 "세상을 살아가면서 성격을 조절하려는 노력에 대한 학문적인 접근을 하며, 세상에서의 욕구를 억제하려는 이들은 명쾌함을 추구하는 사람들이라고 여겨진다."[16]고 말한다. 처음으로 돌아간다는 것은 원래 상태로 되돌아가는 것을 의미한다. 이 최초의 상태는 공허함을 나타내며, 다시 말해 혼란스러운 상황을 의미한다. 이런 상태에 도달한 사람은 신인으로 불리며, 이는 심오한 경지에 이른 사람을 가리킨다. 따라서 세상의 학문, 특히 비판적 사고와 윤리적 기준에 중점을 둔 학문으로는 혼란스러운 상태에 도달할 수 없다.

밝음을 되찾았다는 것은 "진정한 도를 올바르게 인식하여 사물과 함께하지 않고 모든 변화에 대해 본래의 도를 유지하는 것을 뜻한다."[17] 따라서 도를 알아 가면, 하늘과 땅이라는 공간을 마음껏 오가며 올라가고 내려오는 것이 가능해져 생과 사를 초월하게 되고, 세상의 일에 대해 관심이 줄어들며 그것에 대해 배울 마음도 사라진다. 이 과정을 통해 명名과 명命이 풀리며 신적인 존재에서 느낄 수 있는 자유로운 정신적 상태에 이

---

16 "繕性於俗 俗學以求復其初 滑欲於俗思 以求致其明 謂之蔽蒙之民.", 『莊子』 「繕性」.
17 "審乎無假 而不與物 遷 命物之化 而守其宗也.", 『莊子』 「德充符」.

르게 된다. 진리의 관점에서 원래의 상태로 돌아가 본래의 현실을 이해하는 것을 뜻한다. 이러한 운명에 관한 지식 또한 일반적인 세속적 방식으로는 얻을 수 없다고 한다.

혼명混明의 진리를 이해하기 위해서는 편안한 세속적 지식을 버려야만 한다. 그러나 많은 이들은 그러한 지식을 포기하는 것에 두려움을 느낀다. 이러한 지식은 그들의 정체성을 지켜 주고 국가의 존재 이유가 되기 때문에, 이를 버리는 것은 상당한 용기를 요하며 자신의 본질적인 존재를 저버려야 한다는 결단이 필수적이다. 그래서 이들은 지식을 포기하는 데 주저하게 된다. 장자는 이런 사람들을 무지하다고 일컬었다. 신인은 세속적 지식을 버리고 전통적인 삶의 방식과 단호히 결별함으로써 명明의 경지에 도달하고 혼명의 경지에서 머무를 수 있다.

5. 성인聖人

성인은 자연을 귀하게 여기고 도를 중요시하며 개인
적인 감정과 집착을 내려놓고 고차원적인 삶을 살아
가는 인물이다. 그래서 그의 외모는 일반 사람들과 닮
았지만, 그의 정신적 수준은 제약이 없고 측량할 수 없
다. 성인은 하늘의 흐름을 따르며 진정한 본성을 소중
히 여기는 존재이다. 그는 세상의 아름다움을 근본으
로 삼고 만물의 이치를 깊이 이해하고 있다.

성인의 수행과 역할

동양에서 가장 완벽한 인간으로 생각되는 존재는 성인이다. 성인의 '성
聖'은 최고의 이상적인 뜻을 지닌다. 이전에 말했듯이, 성인은 다양한 학
문 분야에서 대체로 좋은 인상을 준다.

유가와 도가의 성인 개념은 사유의 체계에서 약간의 차이를 보인다. 도
가는 자연의 순수함과 고대 사람들의 삶으로 돌아가려는 태도에서 성인
을 이해한 반면, 유가는 성인이 제시한 윤리와 생활 방식, 그리고 공동 생
존과 조화를 위한 제도적 측면에서 성인의 존재를 설명한다.[1]

> 확고한 신념을 지닌 이는 완벽한 덕을 지니고 있으며, 완벽한 덕을 지닌 이
> 는 신체도 완전하다. 신체가 완전한 이의 정신 또한 온전하다는 말이다.
> 정신이 완전한 상태가 바로 성인의 길이다.[2]

성인은 몸과 마음이 모두 건강한 사람이다. 몸은 마음을 담고 있는 그
릇이므로, 그 그릇이 제대로 되어 있어야 마음도 안정적으로 존재할 수

---

1   김충렬, 『중국철학사』, 예문서원, 1994, p. 83.
2   "執道者德全 德全者形全 形全者神全 身全者聖人之道也.", 『莊子』 「天地」.

있다. 성인은 몸을 잘 돌보며 그 바탕 위에 올바른 마음을 이루는 사람으로 볼 수 있다.

성인은 모든 갈등을 파악하고 모든 것을 하나로 생각한다. 하지만 이런 사실을 깨닫지 못하는 이유는 그것이 그의 본질이기 때문이다. 그는 천명에 따라 행동하며 자연을 스승으로 삼고, 사람들은 그를 성인이라 부른다.[3]

주자는 "성인은 하늘을 본받아 이 같은 여러 절차를 수행한다."[4]고 한다. 그는 또한 하늘의 명과 하늘의 처벌에 대해서 성인들은 결코 털끝만큼도 사의를 덧붙이지 않는다. "그들은 단지 하늘의 법을 받들어 행할 뿐이다."[5]라고 한다. 장자의 성인도 입초상황入逍狀況이라는 관점에서 처리하는 태도는 크게 다르지 않다. 그러나 그는 그 어떤 것에도 얽매이지 않고 우주의 경계를 넘어 사는 존재이다. 그래서 인간의 입장에서 보면 수많은 복잡한 문제와 갈등도 달관의 눈으로 바라볼 수 있다. 그가 달관의 경지에 있다는 것을 모르는 이유는 그가 도와 일체가 되었기 때문이다.

성인은 자연을 귀하게 여기고 도를 중요시하며 개인적인 감정과 집착을 내려놓고 고차원적인 삶을 살아가는 인물이다. 그래서 그의 외모는 일반 사람들과 닮았지만, 그의 정신적 수준은 제약이 없고 측량할 수 없다.

---

3 "聖人達綢繆 周盡一體矣 而不知其然性也 復命搖作 而以爲天師 人則從而命之也.", 『莊子』「則陽」.
4 "聖人法天 做這許多節揹出來.", 『朱子語類』.
5 "天命天討 聖人未嘗加一毫私意於其問 只是奉行天法而已.", 『朱子語類』.

성인은 하늘의 흐름을 따르며 진정한 본성을 소중히 여기는 존재이다. 그는 세상의 아름다움을 근본으로 삼고 만물의 이치를 깊이 이해하고 있다.

　　천지 이전에 존재하는 것이 과연 있을까? 그것이 과연 사물일까? 사물이 존재하기 위해 필요한 것은 그것 자체가 아니다. 사물이 존재하기 전에는 비물질적인 상태에서 태어날 수 없다. 어떤 것이 나타나려면 그곳에는 이미 사물이 있기 때문이다. 사물이 이미 존재하면 이는 무한히 많은 사물을 만들어 내며, 모든 것은 지속적으로 생성되고 발전한다. 성인도 사람들에게 변함없이 사랑을 쏟지만 궁극적으로 이 자연의 큰 흐름을 따르고 있다.[6]

　　도는 모든 것의 창조를 이끌고 우주를 형성한다. 존재하는 것은 무에서 나올 수 없다. 모든 것은 도에서 시작하고 자라난다. 이것이 도의 역할이다. 성인은 도의 본질을 이해하고 있기에 도와 함께 행동한다. 그래서 성인은 사람에 대한 사랑을 결코 포기하지 않는다. 성인 또한 도와 같이 사람들을 사랑하며 그들이 자신의 에너지를 최대한 발휘하도록 늘 노력하는 존재이다. 성인은 이론이나 여러 문서를 구별하지 않는다. 성인에게는 명예라는 개념이 없다. 이는 신체와 정신이 조화를 이루고 인류와 자연이 완벽하게 일치하는 상태를 나타낸다.

　　도와 연결된 상태에 이른 성인은 수행을 통해 만들어진다. 즉, 본래 존재하는 것이 아니라 하늘의 가르침을 통해 최종적으로 도와 연결된 존재

---

6 "有先天地生者 物邪 物物者非物 物出不得先物也 猶其有物也 猶其有物也無已 聖人愛人也 終無已者 亦乃取於是者也.",『莊子』「知北遊」.

가 성인이라 할 수 있다. 그렇다면 성인은 어떤 방식으로 수행을 통해 이루어지는가?

앞서 성인은 몸과 마음이 모두 온전한 사람이라고 언급했다. 그렇다면 성인이 되기 위해서는 신체적인 수행이 필수적이라고 볼 수 있다.

몸이 완전하게 보존되고 정신이 자연과 연결되면 자연의 조화와 하나가 된다. 하늘과 땅은 모든 것의 어머니이다. 하늘과 땅의 두 가지 원리가 결합하면 사물의 모습이 형성되고, 그 원리들이 분리되면 본래의 근원으로 돌아간다. 몸과 마음이 다치지 않고 함께 자연과 어우러져 행동하는 것으로 여겨진다. 진심을 다해 극한의 경지에 도달하면 오히려 자연을 돕는 존재가 된다.[7]

몸이 온전히 보존되는 것은 하늘과 연결되는 데 필수적이다. 신체가 존재해야만 정신 활동이 이루어질 수 있다. 정신이 하늘의 상태로 회복될 때 진정으로 하늘과 연결될 수 있다. 즉, 하늘과의 연결은 몸과 정신이 모두 온전해야 한다는 것을 의미한다.

유형의 신체는 음양 기운을 통해 자연과 결합하여 형성된다. 즉, 음의 특성을 지닌 신체와 양의 특성을 지닌 마음이 합쳐져 인간이 만들어진다. 이들의 결합은 생명을 구성하고, 이들이 분리되면 마음은 원래의 상태로 돌아간다. 기의 응집과 분산은 생명 현상의 변화를 나타내는 과정이다.

---

7 "夫形全精復 與天爲一 天地者萬物之父母也 合則成體 散則成始 形精不虧 是謂能移 精而又精 反以相天.", 『莊子』「達生」.

몸과 마음이 완벽하게 하나가 되어 손상이 없을 때 비로소 자연과 함께 생명 활동에 참여할 수 있다. 이때 수행을 통해 더 발전하고 높은 경지에 이를 수 있으며, 몸과 마음이 인간으로서 존재하지만 오히려 자연을 도와주는 수준에 이르게 된다. 이는 인간이 능동적으로 수행함으로써 자연을 돕는 역할을 할 수 있다는 점을 보여준다.

인간은 육체와 정신으로 이루어진 존재로, 『장자』에서는 이를 형과 신으로 나누어 설명한다. 형은 물리적인 형태를 나타내고, 반면 신은 "그 행동은 다른 이와 경쟁하지 않으며, 편안하게 지내고 에너지를 허비하지 않는다."[8]에서 행신은 처신과 같이 행동을 중심으로 파악된다. 즉, 인간을 생명 활동을 통해 이해하는 것이 신의 역할이다. 그래서 몸을 건강하게 유지하는 수행은 두 가지 관점에서 살펴볼 수 있다.

첫 번째는 육체에 대한 수행이다. 육체는 신체적 측면으로, 이를 제대로 수행해야 신의 활동이 원활하게 이루어질 수 있으므로 수행의 가장 기본적인 기반이 된다. 육체가 온전하다는 것은 몸이 아기처럼 되어야 한다는 의미이다. 신체적 측면에서 영아의 가장 두드러진 특성은 몸이 유연하다는 것이다. 몸의 유연함은 생명 활동의 출발점이다.

도가의 생사관은 기화론에 의거하여 인간의 삶과 죽음은 바로 기가 응집되고 흩어지는 작용에 의한 것으로 보았다. 기는 사람의 생명과 생사의 주체이고, 우주 만물이 부단한 변화를 유지하게 하는 주체로서 결국 기는 만물 변화의 주체가 되는 것으로 생각하였다.[9] 이처럼 장자는 천지만물에

---

8 "其行身也徐而不費.", 『莊子』「天下」.
9 이영주, 앞의 논문, p. 119.

서 공통적인 근원을 찾고자 하였으며 기가 물질의 근원이라고 말했다. 따라서 기가 모이고 흩어지는 작용으로 만물이 생성 소멸된다고 보았다.

뒤에서 자세히 분석하겠지만, 『장자』에서는 형벌로 인해 신체의 일부가 잘려 그로 인해 장애인이 된 인물들이 나타난다. 이들은 외형상 완전하지는 않지만 도를 깨달은 존재들이다. 이렇게 보면 형벌이 완전하다는 것은 장애인을 배제하는 것이 아니다. 따라서 형벌이 완전하다는 것은 신의 활동성을 완벽하게 담보할 수 있는 기반이 마련되어 있다는 것이다.

몸을 완전하게 만드는 수련의 두 번째는 기의 수련이다. 도가에서는 기의 수련에 대해 "기운을 통일하고 부드러움을 극대화하여 어린아이와 같아질 수 있는가?"[10]라고 묻는다. 신의 활동은 기를 통해 이루어진다. "인간이 존재하는 것은 기가 집합되기 때문이며, 기가 모일 때 삶이 생기고 기가 분산될 때 죽음이 찾아오게 된다."[11] 기는 사람의 생명 활동의 주체이다. 생명 활동을 의미하는 것은 형이 아니라 신이 된다.

기는 신과 정신을 매개하는 기능을 한다. 그래서 "대왕님 편히 앉으셔서 마음을 안정시키십시오."[12]라고 하는데 여기서 안좌정기安坐定氣의 정기는 기를 안정시킨다는 것인데 다른 의미로 마음을 안정시킨다는 것이 된다. 따라서 기가 마음의 작용에 영향을 미치고 있음을 보여준다.

생명 활동에서 형과 신은 떨어질 수 없는 관계이기 때문에 둘은 동시에 이루어진다. "당신이 정신적 활동을 잊고 몸을 없애 버리면 도에 더 가까

---

10 "專氣致柔 能如嬰兒乎.", 『道德經』 10章.
11 "人之生氣之聚也 聚則爲生 散則爲死.", 『莊子』 「知北遊」.
12 "大王安坐定氣.", 『莊子』 「說劍」.

워질 것입니다."[13]라 하여 도를 체득하기 위해서는 정신적인 측면과 동시에 육체적 측면을 함께 닦아야 할 것을 강조하였다.

성인이 되기 위해 마음을 수행하는 과정에 일정한 단계가 있음은 다음을 통해 알 수 있다.

성인의 가르침을 유능한 사람에게 전하는 일은 여전히 간단하다. 나는 신중하게 그에게 가르침을 전했다. 사흘 후, 나는 세상을 잊게 되었다. 세상을 잊으니, 나는 다시 조심스러워졌고, 7일이 지나자 사물조차 잊게 되었다. 사물조차 잊은 후, 나는 다시 조심스럽게 되었고, 9일 뒤에는 삶마저 잊게 되었다. 삶을 잊고 나서, 나는 마침내 깨달음을 얻었다. 깨달음을 얻고 나니, 나는 궁극적인 경지를 바라보게 되었고, 그 경지를 체험하니 과거와 현재를 넘어섰다. 과거와 현재를 초월하게 되자, 나는 삶과 죽음이 없는 상태에 도달하게 되었다.[14]

성인의 도는 후천적인 노력을 통해 습득되며, 이에는 외천하外天下·외물外物·외생外生·조철朝徹·견독見獨·무고금無古今·불사불생不死不生의 단계가 있다. 도를 배우기 위해서는 먼저 세상과 연결을 끊는 것이 중요하다. 이는 내가 인식하는 우주를 잊는 것을 의미하며, 세계에 대해

---

13 "汝方將忘汝神氣 墮汝形骸 而庶幾乎.",『莊子』「天地」.
14 "以聖人之道 告聖人之才 亦易矣 吾猶守而告之 參日而後能外天下 已外天下矣 吾又守之 七日而後能外物 已外物矣 吾又守之 九日而後能外生 已外生矣 而後能朝徹 朝徹而後能見獨 見獨而後能無古今 無古今而後能入於不死不生.",『莊子』「大宗師」.

평가하지 않겠다는 의지와 자신의 생각을 널리 퍼뜨리려는 인위적인 경향을 버리겠다는 뜻이기도 하다. 이러한 과정은 세상을 내 방식대로 조정하려는 고집을 포기하는 것과 연결된다.

외천하가 되고 나면 다음 단계는 외물의 단계이다. 이 단계에서는 사물을 인간의 관점에서 보는 것을 잊고, 사물 자체의 본질을 있는 그대로 바라보게 된다. 이처럼 있는 그대로 바라보는 상태에서는 사물에 대한 구별이나 분별이 사라진다.

외물의 경지를 유지하며 수행을 계속하면 다음 단계는 외생이 나타난다. 이 단계는 사물이나 자신을 잊고, 둘의 경계가 없음을 깨닫는 상태이다. 여기서는 자신과 사물이 별개의 존재가 아닌 하나로 연결되어 있음을 이해하게 된다. 외생의 경지를 지나면 조철의 단계에 도달하게 된다. 조철은 명확함을 의미한다. 아침의 빛이 강하게 비추면 그 전에 어둠 속에 숨겨져 있었던 것이 명확하게 드러나는 순간이다. 이전에 부분적으로만 인식되었던 외천하, 외물, 외생의 경지들이 한데 모여 통합적으로 보이고, 실상을 뚜렷하게 인식하게 되는 단계이다.

순자는 허虛와 일一과 정靜으로서 완전히 밝아지고 맑아진 상태를 대청명大淸明이라 불렀다. 대청명이란 소극적으로 말하면 편벽됨과 가리어짐이 없어지고 비워진 상태를 지칭하고, 적극적으로 말하면 우주의 이치를 환히 통달하여 천지의 화육에 참여할 수 있고 모든 변화에 대처할 수 있는 지극한 성인의 경지를 가리킨다.[15] 명이란 밝음을 의미하나 동시에 진

15 김승혜, 『원시유교』, 민음사, 1990, p. 254.

리를 알고 이를 바탕으로 천지 화육에 동참하는 실천성을 바탕으로 한다.

조철의 경지에 들어서 수행이 진전되면 견독의 경지에 이른다. '견見'은 드러냄을 의미한다. 따라서 견독은 독을 드러내는 행위이다. '독獨'은 정신 주체와 소요 경지를 모두 가리킨다. 여기서 말하는 '독'은 곽상郭象이 즐겨 쓰는 '독화獨化'와 같은 것이다. 따라서 이는 인간의 수양이 극치에 이르렀을 때 나타나는 순수 경험의 당체 또는 절대정신의 주체를 가리킨다고 보아야 한다.[16]

〈대종사〉 편에서는 아침 햇살에 비유하고 있다. 어둠을 뚫고 감춰진 모든 것이 드러나기 때문이다. 이는 인간의 수련에 궁극적인 상태이며, 이를 누리는 절대정신의 주체임이 확실하다. 도와 하나가 되는 상태에서는 옛날과 지금이 없다. 즉 시간이라는 개념이 사라진다. 시간은 사람이 만든 개념일 뿐이다. 도는 항상 지금 여기에서만 존재한다. 그래서 도는 과거도 없고 미래도 없다. 오직 지금 이 순간에만 존재할 뿐이다. 이러한 도의 상태는 생과 사조차 없는 경지이다. 이처럼 성인은 수행을 통해 일정한 단계를 거쳐 도와 하나가 된 상태를 이룬 사람이다.

하늘에 들어간 성인은 하늘과 함께 모든 것을 만들고 변화하는 활동에 참여한다. 성인은 유학과 다르게 자연처럼 사람들을 사랑한다. 성인은 고통받는 사람들을 외면하지 않는다.

부디 성인의 정치에 대해 알려 주세요. 모든 상황을 완벽하게 이해하고 다

---

16 김충렬, 『노장철학강의』, 앞의 책, pp. 297-298.

른 사람들이 하고자 하는 것을 따르며 행동과 말을 자연스럽게 할 때 세상은 이를 감동적으로 느낍니다. 단순히 손을 흔들거나 턱을 끌어올리기만 해도 주변의 모든 이들이 모여듭니다. 이러한 현상을 성인의 정치라고 표현합니다.[17]

성인은 아무것도 하지 않는 정치로 세상에 관여한다. 그래서 특별히 행동하지 않아도 사람들이 저마다 모여든다. 이는 성인의 정치 행위가 자연스러워서 강제로 만들지 않기 때문이다. 모든 존재는 자신의 생명력을 스스로 발휘할 수 있다. 하지만 세상에서는 압박적인 처벌과 인위적인 도덕 규범으로 사람들을 힘들게 만드는 정치가 널리 퍼져 있다. 그래서 이런 것에서 벗어나고 싶어 하는 사람들이 성인의 곁으로 모여드는 것이다.

그가 행동할 때는 하늘처럼 보이고 그가 정지해 있을 때는 땅처럼 보인다. 한 마음이 안정되면 세상의 주인이 된다. 그의 몸은 손상되지 않고 그의 마음도 지치지 않으며, 하나의 마음이 안정되면 모든 것들이 이를 따르게 된다. 무심한 고요함이 하늘과 땅에 퍼져 모든 것에 영향을 미친다. 이것이 바로 하늘의 기쁨이다. 하늘의 기쁨은 성인의 마음으로 세상을 보살피는 것이다.[18]

---

17 "願聞聖治 畢見其情事 而行其所爲 行言自爲 而天下化 手撓顧指 四方之民 莫不俱至 此之謂聖治.",『莊子』「天地」.

18 "其動也天 其靜也地 一心定而王天下 其鬼不祟 其魂不疲 一心定而萬物服 言以虛靜 推於天地 通於萬物 此之謂天樂 天樂者 聖人之心以畜天下也.",『莊子』「天道」.

성인은 천락天樂에 거하며 일심一心이 안정된 자이다. 일심은 달리 '포일抱一'이라 할 수 있다. "그러므로 성인은 하나를 안아서 천하의 법도로 삼는다."[19]고 했다. 즉, 성인은 도와의 일치를 일심 또는 포일이라고 표현한다. 따라서 성인의 일심이 안정되었다는 것은 도가 확고하게 존재한다는 것을 의미한다. 성인이 마음의 안정성을 확보하려면 육체적으로 건강해야 하며, 마음 또한 왜곡되지 않은 순수한 상태여야 한다. 이와 같은 마음은 모든 것과 연결되어 있기 때문에 성인의 마음은 반드시 세상을 이끌어 가는 원칙이 되어야 한다. 성인은 일심을 지속적으로 안정적으로 유지하며 세상을 챙기는 역할을 맡고 있다.

> 성인은 자연의 하늘에 둘러싸여 있어, 이렇게 아무런 신경을 쓰지 않으면 세상이 고요해지지. 그래서 전쟁의 혼란이 없고, 폭력에 대한 처벌이 없는 조용한 세상은 이런 무관심의 도덕에 의한 것이라네.[20]

성인은 자신의 내면을 깊이 탐구함으로써 하늘에 도달한 존재이며, 그 마음을 고요한 상태로 유지하기 때문에 다른 이들이 그 주위에 모인다. 이처럼 형성된 공동체는 평화롭고 조화로운 특징이 있다. 그래서 전쟁이나 사람에게 상처를 입히는 엄한 처벌이 없는 안정되고 균형 잡힌 사회를 만들어 간다. 이들은 은둔자의 삶을 선택한 것이 아니라, 세속적인 현실을 거부한 사람들이다. 그러므로 성인이 이끄는 세상은 도와 하나가 되려

---

19 "是以聖人抱一爲天下式.",『道德經』22章.
20 "聖人藏於天 是以天下平均 故無攻戰之亂 無殺戮之形者 由此道也.",『莊子』「達生」.

는 이상을 추구한다.

> 대성인이 세상을 다스리면 사람들의 마음을 자유롭게 열어 주어 각자가
> 올바른 길을 발견하고 행동을 교정할 수 있도록 합니다. 그들이 부정적인
> 생각을 모두 제거하고 모두가 하나의 올바른 길로 나아가는 것이 본능처
> 럼 자연스럽게 느껴지지만, 백성들은 왜 그런 행동을 하는지 이해하지 못
> 합니다.[21]

성인은 사람들이 인위적인 도덕적 규칙에 의해 제약받는 것을 반대하
고 자유를 보호한다. 이렇게 되면 사람들은 스스로 교훈을 얻고 좋은 풍
습을 발전시킬 수 있다. 이러한 노력이 자연스럽게 도를 추구하는 마음으
로 발전하여 사람들도 도를 이해하게 되는 과정으로 이끄는 사람이 성인
이며, 그것이 정치의 본질이다. 즉, 정치는 인위적인 제도와 규정을 없애
고 자율성을 토대로 사람들이 도를 이해하며 도와 함께 자신의 삶을 만들
어 갈 수 있는 환경을 조성하는 것이다.

> 옛날의 뛰어난 선비들을 살펴보면 자연의 아름다움을 지닌 신비로운 사람
> 은 거의 없다. 그래서 성덕을 마음속에 간직하고 왕도의 행동을 현실에서
> 실천하는 길은 어두워서 분명하지 않고 막혀서 드러나지 않는다.[22]

---

21 "大聖人之治天下也 搖蕩民心 使之成教易俗 舉滅其敗心 而皆進其獨心 若性之自爲 而
民不知其所由然.",『莊子』「天地」.
22 "察古人之全 寡能備於天地之美 稱神明之容 是故內聖外王之道 闇而不明 鬱而不發.",

예전부터 성인은 최고의 지도자로 인식되어 왔으며, 마음을 잘 다스리고 하늘과 연결된 행동으로 백성을 하나로 통합하는 방법을 사용해 왔다. 그 리더는 사람들이 각자의 삶을 살 수 있도록 자유와 자주성을 보장하는 내성외왕의 정치적인 방침을 이끈 인물이다.

　성인은 자기 관리를 매우 중요하게 여긴다. 스스로의 판단으로 수행을 통해 성인의 길을 배우고 하늘에 도달한 사람이 성인이다. 하늘에 도달했기 때문에 성인의 행동은 하늘의 본질과 유사하다. 하늘은 자기를 드러내지 않아서 마치 아무것도 하지 않는 것처럼 보이기도 하고, 공정성을 유지하여 무정한 존재처럼 비추어지기도 한다. 이런 식으로 땅에서 하늘의 원리를 이끌어 내는 사람이 성인이다. 그 길은 자연스럽게 펼쳐지기 때문에, 이름이 없어 은둔자로 여겨지기도 한다.

　성인은 우주와 조화를 이루는 도의 전체적 관점으로 사물을 바라보므로, 얻는 것과 잃는 것이 따로 없음을 이해한다. 삶과 죽음에서도 침착한 마음으로 흔들림 없이 살아간다. 이런 인물이 바로 우리의 스승이지만, 궁극적으로는 이러한 사람이 본받아야 할 도, 모든 것의 근원이 되는 도야말로 최고의 스승이 될 수밖에 없다.

성인의 특징

　성인은 하늘을 학문의 기준으로 삼고 자기 자신을 연마하여 결국 하늘

『莊子』「天下」.

과 같은 존재가 된 인물이다. 하늘을 학문의 기준으로 삼았기에 "올바른 것을 따르기 위해서는 잘못된 것을 따르게 되고, 잘못된 것을 따르면 올바른 것에 이르게 된다. 그러므로 성인은 그런 방식이 아닌 자연이 비추는 빛으로 살펴본다."[23] 여기서 그런 방식이란 상대적인 판단의 관점이고, 성인이 보는 것은 도의 관점에서 보는 것이다.

또한, 하늘과 땅은 어떤 사람을 특별히 사랑하거나 특정한 지역을 더 중요하게 여기지 않기 때문에 "인간이 자연 그대로의 이치에서 벗어나 인위적인 행위를 하는 순간 더 이상 성인이나 진인이 될 수 없다는 것이 장자의 성인에 대한 이해이다."[24] 천지는 모든 존재를 만들어 내지만, 각 존재가 자신의 특성을 지니도록 지원한다. 즉, 간섭을 피하고자 한다. 인간에게 음양의 불균형으로 인한 기쁨과 분노, 슬픔과 즐거움 같은 감정의 과도함만큼 두려운 것은 없다. 기가 안정되어 있을 때 인간은 화가 나더라도 억지로 감정을 표현하지 않게 되고 분노는 자연스럽게 나타나게 되며 행동이 발생하더라도 억지로 하지 않으면 행동에서 무위가 드러나게 된다. 그러므로 천지는 만물을 생하여 스스로 자신의 생명성을 펼쳐 나가도록 하기에 불인不仁하고 이런 역할을 하는 '성인은 무명'[25]이 된다. 성인은 자연과 조화를 이루기 때문에 그 업적이 명확하게 드러나지 않는다. 따라서 성인의 가장 큰 특징 중 하나는 모든 것을 조화롭게 하고 변화시키는 일을 하면서도 그 행동의 주체가 누군지 사람들이 인식하지 못한다

---

23 "因是因非 因非因是 是以聖人不由而照之於天.",『莊子』「齊物論」.
24 양재호,「圓佛教 聖人觀 研究」, 원광대 박사논문, 2018, p. 80.
25 "聖人無名.",『莊子』「逍遙遊」.

는 점이다.

성인이란 모든 것의 본질에 능숙하며 자연의 섭리를 따르는 사람을 의미
합니다. 자연의 순수한 마음이 외부로 드러나지 않더라도 감각은 모두 제
대로 작동하며, 조용히 있더라도 마음은 행복합니다. 이를 하늘의 즐거움
이라고 합니다.[26]

수행을 통해 지혜를 얻은 성인은 모든 것의 본질을 깨닫고 있으며 자연
과 함께 존재한다. 그러므로 성인의 마음은 자연스럽고 드러나지 않으며
자신의 의견이 포함된 말을 하지 않고 조용히 있으면서도 그 마음은 하늘
과 연결되어 천락天樂의 상태를 유지하고 있다.

만물을 파괴하더라도 그것을 거칠게 여기지 않으며, 은택이 오랜 시간 동
안 지속되더라도 그것이 어진 것이라고 여기지 않고, 예전부터 있었더라
도 오래 산다고 보지 않으며, 하늘을 지탱하고 땅을 덮으며 다양한 형태를
만들어도 그것이 교묘하다고 생각하지 않는다고 하였다. 그러나 이것이
바로 하늘의 기쁨이다. 그러므로 하늘의 기쁨을 이해하는 이는 생존하는
동안 자연스럽게 행동하고, 죽을 때는 모든 것의 변화에 따라 움직이며, 조
용히 있을 때는 음기에 맞추고, 활동할 때는 양기에 맞추어 행동한다.[27]

---

26 "聖也者 達於情而遂於命也 天機不張而吾官皆備 無言而心說 此之謂天樂.",『莊子』「天
運」.
27 "齏萬物而不爲戾 澤及萬世而不爲仁 長於上古而不爲壽 覆載天地 刻彫衆形 而不爲巧

천락의 경지는 도와 함께하는 경지이다. 이 때문에 모든 것이 서로 조화를 이루는 모습이며, 인위적인 행동이 없는 상태이다. 천락에 있는 이들은 삶과 죽음에서 자연의 조화를 따르며, 일상 속에서도 모든 일을 자연에 맞추어 살아간다. 결과적으로 모든 삶의 과정이 자연과 어긋나지 않는다. 천락의 성인은 자연 본연의 가능성이 실현되고, 그러한 가능성을 이루기 위한 조화가 형성된 곳에 존재한다.

> 성인은 자신의 생각을 자유롭게 이동시킨다. 또한, 지식을 불행의 출발점
> 으로 보고 예의에 관한 규칙을 가볍게 여긴다. 성인은 덕을 사람들과 소통
> 하는 방식으로 이해하고, 기교를 상업적 기술로 간주한다. 성인은 속이지
> 않기에 지식이 왜 필요하겠는가.[28]

성인은 유학과 같은 학습을 통해 관리자 역할을 맡으려는 지식을 받아들이지 않는다. 그 이유는 그러한 지식이 좋고 나쁜 것을 나누고 인간의 행동을 제약하는 비자연적이며 도덕적인 규범적 지식이기 때문이다. 이로 인해 비윤리적인 것 또는 옳지 않은 것은 배제되며, 이는 개인 간의 갈등을 유발하거나 국가 간 전쟁의 원인이 될 수 있다. 따라서 이것이 갈등의 근본 원인으로 간주된다.

성인이 지식을 거부했다고 무지한 사람은 아니다. 성인은 수행으로 '하

此之謂天樂 故曰 知天樂者 其生也天行 其死也物化 靜而與陰同德 動而與陽波.",『莊子』「天道」.

28 "故聖人有所遊 而知爲孽 約爲膠, 德爲接 工爲商 聖人不謀 惡用知.",『莊子』「德充符」.

늘의 자연에 머물고 있어서'[29] 인위적인 것이 전혀 없다. 성인은 하늘에 올라간 존재로, 하늘의 빛에 비추어 판단과 행동을 하므로 그에게는 속임수가 없고 숨김이 없다. 또한 성인은 보편적인 지식에 대해 부정적인 시각을 가지며, 정신적인 회복에 중점을 둔다.

장자가 제시한 명明의 획득 방법은 사思·학學 등의 유가적 방법론이 아니라 정신 회복에 목표를 둔다. 성인은 모든 구속을 벗어나 두루 만물과 하나가 된다. 장자 철학은 '우리는 왜 자유롭지 못한가'라는 문제의식에서 출발한다.[30] 이 물음에 대해 그는 '제물齊物' 즉 만사만물을 평등하게 온전한 관점으로 받아들이는 정신적 자유의 경지에 도달할 것을 주장한다.

29 "聖人藏於天.", 『莊子』 「達生」.
30 심우섭, 「장자 철학사상에 관한 연구」, 『성신연구논문집』 37, 성신대학교, 2001, p. 2.

6. 전인全人 · 덕인德人 · 천인天人

장자 시대의 사회에서는 통치자가 자신의 욕구를 충족
시키기 위해 거리낌 없이 전쟁을 감행했다. 영토와 국
민을 확보하려는 욕망에 흔들려 전쟁을 일으키는 경우
가 많았다. 장자는 이런 세상을 이상적인 인물인 천인
을 통해 개선하고, 그의 이념을 널리 퍼뜨리려 했다.

전인

『장자』에서는 전인全人에 대해 특별히 많이 다루고 있지 않다. 전인은 문자 그대로 완전한 존재를 의미한다. 이는 인격적으로 최상의 상태에 도달한 것을 의미한다.

성인은 자연에 대해서는 지식이 풍부하지만 사람에 대해서는 미숙하다. 하늘에 대한 깊은 이해를 갖고 사람에게도 착한 것은 오직 전인만이 이룰 수 있는 것이다. 짐승이 자신의 본성을 그대로 따를 경우 하늘과 일체가 된다. 전인이 하늘을 싫어하는 것은 자연과 분리된 인간 본성을 싫어하는 것이라 할 수 있다. 더욱이 하늘을 자신의 것이라고 주장하고 그것을 자신의 본성으로 여기는 것은 어떻게 설명할 수 있을까? [1]

여기서 전인은 성인을 초월한 존재로 묘사된다. 전인은 인간과 하늘 간의 분리를 못 견디며, 이 둘의 갈라짐은 도와 인간을 갈라놓는 행위로 여긴다. 전인은 도에서 파생된 존재가 도와 거리가 생기는 상황을 비난한

---

1 "聖人工乎天 而拙乎人 夫工乎天而俍乎人者 唯全人能之 有蟲能蟲 唯蟲能天 全人惡天 惡人之天 而況吾天乎人乎.",『莊子』「庚桑楚」.

다. 또한, 하늘을 앞세워 도덕규범을 세우고 이를 전파하는 관념을 반대한다. 특정 학파나 개인들이 하늘을 사적으로 소유하고 독점하는 것은 도의 입장에서 용납될 수 없다.

도는 모든 존재의 근원이라는 신념을 지니고 있으며, 이를 부정하고 자신만이 하늘을 안다고 주장하거나 자신이 세운 도덕 기준이 하늘의 기준이 되어야 한다고 말하는 것은 하늘과 전혀 관계가 없음을 드러낸다. 전인은 하늘을 독점하려는 시도를 비난한다. 하늘은 인간을 포함한 모든 존재에게 공평하게 영향을 미치지만, 인간이 이를 독자적으로 차지하여 특정 사상을 만들고 그것을 하늘이라고 부르는 독단적인 태도를 비판한다.

『장자』에서는 전인이 도덕적으로 완벽한 사람만을 의미하지 않고, 신체적으로 온전한 사람을 가리키는 경우도 있다.

인기지리무신闉跂支離無脤이 위나라 영공에게 의견을 전달하자 영공이 기뻐했다. 전인을 살펴보니 그의 목이 야위고 가냘프게 보였다.[2]

여기서 전인은 완전한 모습의 사람을 의미한다. 인기지리무신闉跂支離無脤은 장애인을 지칭하며, 상대적으로 전인은 비장애인을 나타낸다. 앞서 언급한 것처럼 『장자』에서는 장애인을 도를 지닌 인격체로 간주하고 있다.

그 시기에 엄격한 법 아래 권력에 의해 불합리한 처벌을 받는 경우가 많았기에, 장자는 그들을 따뜻한 시선으로 바라보며 그들 역시 도를 익히

---

2 "闉跂支離無脤 說衛靈公 靈公說之 而視全人 其脰肩肩.",『莊子』「德充符」.

고 뛰어난 인격을 지닐 수 있는 존재임을 강조하게 된 것이다.

덕인

덕인은 세상에 긍정적인 영향을 미치는 사람으로 여겨진다. 덕은 조화를 이루는 것이다. 이는 모든 존재가 서로 어우러진 환경에서 좋은 덕을 발휘할 수 있도록 조건을 마련하는 것을 의미한다. 덕인은 자신의 욕구로부터 자유로운 사람이다. 욕구에서 벗어난 덕분에 모든 것을 받아들이고 조화를 이룰 수 있다.

덕인은 조용히 있더라도 생각이 없고, 움직이더라도 아무런 생각이 없으며, 좋은 것과 나쁜 것에 대한 감정을 마음속에 두지 않고 모든 사람들과 함께 이롭게 되는 것을 기뻐하며 만족스러움을 편안히 느낍니다. 아무 힘 없이 어머니를 잃은 어린아이처럼 한숨을 내쉬고, 길을 잃은 방랑자와 같은 모습으로 보입니다. 재산이 항상 풍부하지만 그것이 어디서 온 것인지 모르고, 음식도 충분히 있지만 그것의 출처를 알지 못합니다. 이것이 덕인의 모습입니다.[3]

덕인의 특성은 행동이 있든 없든 사고가 없는 상태를 지속하는 것이다.

---

3 "德人者 居無思 行無慮 不藏是非美惡 四海之內 共利之之爲悅 共給之之爲安 怊乎若嬰 兒之失其母也 儻乎若行而失其道也 財用有餘 而不足其所自來 飲食取足 而不知其所從 此謂德人之容.", 『莊子』 「天地」.

사고가 없다는 것은 단순히 멍한 상태가 아니라, 마음속에 욕구가 생기지 않는 상태를 가리킨다. 욕망이 나타나지 않기 때문에 마음이 흔들리지 않고, 그래서 사고가 생기지 않는다. 인간의 마음은 종종 욕망을 충족하기 위해 여러 방법을 고민하면서 계속해서 생각한다. 하지만 사고가 없다는 것은 마음이 외부의 영향에 휘둘리지 않는 상태를 의미한다. 덕인은 자신의 마음 수양을 통해 사고가 없는 경지에 도달했다고 생각하지만, 그 생각은 욕망을 이룩하기 위한 것이 아니라 도에 대한 사고로 구성되어 있다.

외부에 욕망을 두지 않는 덕인은 사고가 없기에 마음속에서 옳고 그름에 대한 구분이 없어 좋고 나쁨에 대한 인식이 없다. 옳고 그름 또는 아름다움과 추함은 모두 구별과 차별을 바탕으로 하며, 이는 대립적이고 갈등을 야기하는 행동을 불러일으킨다. 이러한 차별적인 마음은 도에서 멀어지게 한다. 사고를 일으키지 않는 덕인은 이러한 구분이나 차별이 일어나지 않는 사람이다.

도를 실천하는 덕인은 온 세상 사람을 품는다. 그래서 모두가 이로움을 이루는 세상을 지향한다. 즉 덕인은 공리를 추구한다. 공리적인 세상은 모두가 이익을 실현하는 세상이다. 이익이 된다는 것은 곧 자기 생명의 가능성을 실현해 나가는 것이다. 그러기 위해서는 모두가 화합의 토대 위에 있어야 한다. 전쟁이나 인위적인 예로 백성을 이끌어 가는 것은 『장자』에서 강조하는 모두가 자신의 생명성을 확보해 나가는 공리적 세계와는 거리가 멀다.[4] 따라서 공리적인 세상은 모두가 자기의 가능성을 실현

---

4   류성태 · 박종걸, 「장자의 지식과 득도론 연구」, 『원불교사상과 종교문화』95, 원광대학교 원불교사상연구원, 2023, p. 311.

할 수 있는 화합되는 세상을 의미한다.

그렇게 되면 모든 사람이 행복한 나눔의 세계가 형성된다. 덕인은 그러한 세상을 창조하는 인물이다. 모든 사람이 기뻐하는 이유는 특정한 누군가가 이익을 독차지하지 않기 때문이다. 모두가 수긍할 수 있는 공정한 분배가 이루어진다면, 누구나 이를 받아들이고 수용할 수 있다. 덕인은 모든 사람에게 유익한 체계와 차별이 없는 분배가 이루어지는 체계를 이상적인 사회의 구조로 간주했다. 차별 없는 분배는 단순한 평등이 아니라 개인의 상황에 맞춘 균형을 의미한다.

덕인은 어떤 것에 과도하게 매달리지 않는 사람이다. 이와 같은 상태는 어머니를 잃은 아이와 길을 찾지 못하는 여행자에 비유할 수 있다. 어린아이는 생존을 위해 어머니가 필요하고 그래서 어머니에게 의존하게 된다. 어머니를 잃은 아이는 이제 생존을 위한 의존 대상을 잃어버리게 된다. 길을 잃은 나그네도 유사한 상황이다. 길을 잃는 것은 목표를 잃는 것이며, 이는 목표를 향한 태도를 잃는 결과로 이어진다. 즉, 원하는 것을 이루려는 목표가 사라진 셈이다. 어머니를 잃은 어린아이와 길을 잃은 나그네의 삶은 모두 목표 중심의 삶에서 비목표 중심의 삶으로 변화하게 된다. 이는 욕망을 실현하려는 의지를 포기한 상황을 의미한다. 결과적으로 이는 욕망에서 벗어난 상태라고 할 수 있다. 이러한 자유로운 상태가 바로 도와 하나가 되는 유遊의 경지이다.

도와 하나가 되면 자유롭게 살아가는 경지에 있는 사람은 더 이상 욕망이 없게 된다. 따라서 재물을 사용할 때 여유로운 태도를 유지할 수 있다. 이는 재물이 많아서 여유가 생기는 것이 아니라, 욕망을 줄임으로써 재물이 생기는 여유를 가지게 되는 것이다. 음식 또한 같은 이치이다. 충분히 먹는다는 것은, 음식에 대한 욕망을 내려놓았기에 어떤 음식을 선택하든 생존에 필요한 만큼만 섭취하게 되어 풍족함을 느낄 수 있다는 것이다.

이처럼 덕인은 욕망에서 해방된 상태에 머무는 사람이다. 욕망에서 해방되었다는 것은 '슬픔이나 즐거움이란 덕을 거짓되게 하는 것'[5]임을 알기 때문이다. 감각적인 갈망은 사람들을 도덕과 멀어지게 만든다. 일시적이고 쾌락을 찾는 감각에서 벗어난 사람이 바로 도덕적인 사람이다. 이러한 도덕적인 사람은 모든 개인이 생명의 공간에서 자신의 잠재력을 실현할 수 있는 토대를 마련하려는 행동을 서로 도와 함께 이루어 내는 존재이다.

천인

『장자』에는 천인天人 · 천자天子 · 천민天民 · 천天 등의 단어가 자주 등장한다. 천은 능력 있는 존재로 설명되어 "하늘이 모든 사람을 낳으면 반드시 그들에게 임무를 주는 법이다."[6]라고 말하는데, 여기서 하늘은 능력 있는 존재이기 때문에 만물과 만민을 생하면서 동시에 모두에게 임무를 내리는 존재이다. 그렇다면 하늘은 바로 도라고 할 수 있고, 동시에 자연이라고도 할 수 있다. 자연이나 도는 같은 뜻의 다른 말이며 모든 것의 시작이 되기 때문이다.

하늘은 능력 있는 존재로서 해야 할 역할을 하지만 그 행위는 "갑자기

---

5 "悲樂者德之邪.",『莊子』「刻意」.
6 "天生萬民 必授之職.",『莊子』「天地」.

아무것도 하지 않으면서 어떤 일을 하는 것을 하늘이라 한다."[7]고 할 수 있다. 하늘은 아무것도 하지 않는 것처럼 느껴지고 무관심하게 보인다. 하지만 그 안에서는 이루어지지 않는 것이 없는 행동을 하고 있다. 이러한 행동이 바로 도의 행동이 된다. 도의 행동은 모든 것을 이루어 주고 동시에 모든 것을 없애는 근본적인 작용을 하늘이 아무런 힘을 들이지 않고 실행한다.

『장자』는 천인은 '도의 본원에서 떠나지 않는 자'[8]라 했다. 이렇듯 천인은 도의 종宗에 거하는 인물이다. 인간이 도를 체득하여 도와 함께하는 최상의 경지에 이른 사람이 천인이다. 그렇기에 "장자는 자연과 인간이 서로 대립하지 않는다는 것으로부터 자연과 인간은 일체라는 관념을 도출해 낸다."[9] 도와 하나 될 가능성을 지닌 존재이면서 그것을 실현한 사람이 천인이다. 이러한 천인은 하늘과 더불어 무위의 위를 행하는 존재이다.

천인은 하늘 됨을 실현한 사람인데 그렇게 되기 위해서는 하늘을 스승으로 삼아 수행해야 한다. "하늘을 스승으로 삼으려 하면서 하늘을 스승으로 삼지 못함은 외물에 사로잡혀 있기 때문이오."[10] 하늘을 스승으로 삼아 수행하려는 자는 무엇보다 먼저 외물에 집착하는 마음을 살펴 들어내야 한다. 외물에 사로잡히게 되면 마음은 밖으로 달려 나가게 된다.

<hr>

7 "無爲爲之之謂天.",『莊子』「天地」.
8 "不離於宗 謂之天人.",『莊子』「天下」.
9 陳鼓應 著, 최진석 譯, 앞의 책, p. 293.
10 "夫師天而不得師天 與物皆殉.", ·『莊子』「則陽」.

걷지 않는 것은 간단하지만 땅을 밟지 않고 걷는 것은 매우 어렵다. 사람을 일하게 하는 것은 쉽지만 하늘을 속여서 일하게 하는 것은 힘들다. 우리는 대조되는 세계에 살고 있지만, 그 텅 빈 것을 주의 깊게 보아라. 아무것도 없는 빈방에 눈부신 햇빛이 들어와서 밝고 쾌적하지 않느냐. 행복은 외롭고 비어 있는 공간에 존재하는 것이다. 하지만 그곳에 머물지 않으면 이는 의미가 없다고 여겨진다.[11]

하늘을 가르침의 근원으로 삼으려면 마음이 있어야 할 특별한 장소가 필요하다. 그 장소는 빈 마음이 존재하는 곳이다. 이는 외부의 영향에 흔들리는 마음을 들어내고 비워 내야 한다는 사실을 의미한다. 마음이 비게 되면 하늘의 청명한 빛이 그곳에 가득 채워지게 된다. 만약 마음이 욕망으로 가득 차 있으면 외부에서 오는 밝은 빛조차 침투할 수 없다. 마음이 외부의 욕망으로부터 자유로워져 비어지면, 그때 비로소 하늘의 순수한 빛이 들어오고 이를 통해 모든 것의 진리가 명확하게 드러나게 된다. 모든 것의 진리를 인식하면 하늘의 방식을 이해하게 되는데, 이를 '길상吉祥'이라고 부른다. 만약 마음이 고양된 상태에 이르지 못하면, 마음이 외부로 나가게 되어 항상 마음을 비우는 수행이 필요하다, 즉 마음이 외부의 영향을 받지 않도록 해야 한다.

마음을 안정시키는 데에는 감각적인 요소도 중요하다. 예를 들어 노자는 "말을 타고 달리고 사냥을 하는 것은 사람의 마음을 광폭하게 만든

---

11 "絶迹易 無行地難 爲人使易以僞 爲天使難以僞, 瞻彼闋者 虛室生白 吉祥止止 夫且不止 是之謂坐馳.",『莊子』「人間世」.

다."[12]고 했다. 감각적인 욕망을 자극하는 행동은 사람의 마음을 광폭하도록 만들 수 있기 때문이다.

> 그러므로 소인처럼 행동하지 말고 돌아가서 자신의 본성을 따르며 군자가
> 되지 말고 자연의 규칙을 따라야 한다. 일의 옳고 그름을 따지지 않고 자
> 연의 넓은 길과 조화를 맞추며 사방을 잘 살펴보면 시간이 지나면서 사라
> 지기도 한다. 일의 좋은 점과 나쁜 점을 따지지 말고 본래의 평온한 마음
> 으로 임하며 자신의 선택을 독자적으로 하여 자연의 넓은 길과 함께 변화
> 해야 한다. 자신의 행동을 간단히 정리하거나 사람의 도리를 따르려 하지
> 말아야 한다. 그렇게 하면 자신의 진정한 본질을 잃게 될 것이다.[13]

하늘을 스승으로 삼고자 하는 사람은 소인과 군자가 되려고 하지 말아야 한다. 소인과 군자는 유학의 이념에서 주로 나타나는 인물들이다. 소인은 자신의 이익을 추구하는 사람으로 현실 속에서 경제적 이익을 위해 자신의 삶을 사는 사람이다. 그에 반해 군자는 이익을 보면 그것이 도덕적인지를 먼저 살펴보는 지식인이다. 이 군자는 자신의 지식을 바탕으로 정치에 참여하여 사람들을 바르게 하려는 목표를 지닌 사람이다. 즉 관료 지향적인 인물이다. 이러한 소인과 군자는 현실적인 목적에 충실하기 때

---

12 "馳騁田獵 令人心發狂.",『道德經』12章.
13 "故曰 無爲小人 反殉而天 無爲君子 從天之理 若枉若直 相而天極 面觀四方 與時消息
   若是若非 執而圓機 獨成而意 與道徘徊 無轉而行 無成而義 將失而所爲.",『莊子』「盜
   跖」.

문에 도를 깨달을 수 없다. 그래서 하늘을 스승으로 삼지 못한다.

하늘을 스승으로 삼아 하늘이 되고자 하는 사람은 일의 옳고 그름과 이치를 따지지 말아야 한다. 옳고 그름을 구별하는 것은 나누는 것을 전제로 한다. 이치도 마찬가지이다. 옳고 그름을 구별하는 것은 차별과 갈등을 초래한다. 이는 모든 것을 생기게 하지만, 그것에 우열을 두지 않고 차별하지 않는 하늘의 행동과는 맞지 않는다. 그래서 일의 옳고 그름과 이치가 마음속에서 생기지 않게 해야 한다.

천인이 되기 위해서는 마음이 원전무애圓轉無礙해야 한다. '원전'은 둘러싸인 것을 의미하며, 이는 도의 상징이다. 도와 하나가 되었기에 그는 자신의 행동에 집착하지 않는다. 인의에 대해 깊이 생각하게 되면 그 행동은 도에서 멀어진다. 인의는 인위적인 도덕적 행동이지만 이를 고집해서 인의에서 벗어난 행동을 거부한다면, 이는 도의 경지에서 이루어지는 행동이 아니다. 그래서 하늘을 스승으로 삼고 하늘과 하나가 되기 위해서는 육체적인 감각이나 행동에서 그리고 마음속에서 구분을 짓지 않아야 마음을 비우고 좋은 일이 일어날 수 있다. 그것을 이루는 사람이 천인이다.

천인은 하늘과 합일된 사람이기에 무엇에 집착하는 바가 없다. 세상에서 말하는 도덕적 규범과 지식을 거부한다. 인간적인 측면에서의 관점을 벗어난 사람이다.

하늘에는 태양과 달 그리고 별들이 정해진 길을 가고 있고, 땅에는 눈과 귀와 코와 입이 있어 사물을 이해할 수 있지만, 이 생명과 죽음의 문제를 나는 어디서 찾아야 할까. 죽은 후에는 그 끝이 어디인지 알 수 없으니 하늘의 뜻이 어찌 없다고 할 수 있겠는가. 그러나 또 생명이 시작되는 곳을 모

르는 이상 하늘의 뜻이 어찌 있다고 할 수 있겠는가.[14]

　사람의 행동을 판단하는 기준은 하늘이다. 하늘과 하나가 되었기 때문에 천명이 존재하는지 모른다. 천명이 있다고 말하는 것은 천명이란 존재를 알고 있는 사람이 있다는 뜻이다. 이는 인간과 천명이 분리된 것이라는 의미이다. 하지만 천인은 하늘과 합쳐져 있어서 천명이 있는지 없는지를 알지 못한다. 천명이 있는지 없는지를 모른다는 것은 곧 성견成見이 없음을 의미하기도 한다.

　무릇 일정한 기준에 따라 그것을 스승으로 삼는다면 스승 없는 사람이 있겠는가. … 어리석은 사람에게도 스승이 있는 법이다. 마음에 기준이 없는데 선과 악을 판단한다는 것은 오늘 월나라로 떠나 어제 거기에 도착했다는 것과 같으며 이는 있을 수 없는 일을 있을 수 있다고 여기는 셈이다.[15]

　성견은 확고한 의견이다. 확고하다는 것은 더 이상 받아들일 수 없다는 뜻이다. 이는 비판적 사고가 부족한 상태이다. 자신의 고집이 보이는 것을 스승으로 삼는다면, 어리석은 사람조차 스승이 될 수 있다. 성견이 없는 마음에서는 모든 것을 받아들이기에 논란이 발생하지 않는다.

---

14 "天有曆數 地有人據 吾惡乎求之 莫知其所終 若之何其無命也 若之何其有命也.", 『莊子』「寓言」.

15 "夫隨其成心而師之 雖獨且無師乎 … 愚者與有焉 未成乎心而有是非 是今日適越而昔至也 是以無有爲有.", 『莊子』「齊物論」.

천인 또한 동일하다. 뛰어난 판단력이 없기 때문에 구분과 차별이 생기지 않는 상태에 놓이게 된다. 이러한 상태는 하늘과 연결되어 있지만 이를 알지 못한다. 그래서 "사물을 잊고 하늘을 잊는 것을 망아忘我라고 하며, 망아의 사람이야말로 하늘의 경지에 도달한 사람이라고 할 수 있다."[16] 천인은 하늘과 함께하는 존재이며, 하늘조차도 잊어버린 사람이다. 하늘을 잊기 위해서는 유순한 상태가 되어야 한다.

자아는 집착에서 벗어나야 한다. 내가 정해지는 순간, 나와 대상이 나뉘고 구별이 생기며 차별이 발생한다. 이를 극복하려면 나라는 고집에서 벗어나야 한다. 천인은 유순함을 통해 하늘의 본질을 갖춘 사람이다. 하늘과 일체가 된 사람은 세상에서 벗어나 혼자 그 경지를 즐기지 않는다. 그는 구체적인 현실 속에서 자신에게 주어진 역할을 수행한다.

> 그러므로 하늘과 땅과 자연에서 뛰어난 것은 덕이며, 모든 것에 폭넓게 영향을 미치는 것은 도이다. 높은 지위에서 사람들을 이끄는 것이 정사政事이고, 일을 바르게 처리하는 것이 기술이다. 기술은 정사와 함께 있고, 정사는 의와 연관되며, 의는 덕과 연결되어 있고, 덕은 도와 함께하며 도는 자연과 공존한다.[17]

천인은 도와 결합되고 도는 덕과 결합되며 덕은 의와 결합되고 의는 정

---

16 "忘乎物 忘乎天 其名爲忘己 忘其之人 是之謂入於天.",『莊子』「天地」.
17 "故通於天地者 德也 行於萬物者 道也 上治人者 事也 能有所藝者 技也 技兼於事 事兼於義 義兼於德 德兼於道 道兼於天.",『莊子』「天地」.

사政事와 결합된다. 천인은 하늘과 결합된 존재로, 동시에 정치를 이끄는 주체이기도 하다. 하늘 안에는 미덕, 정의, 그리고 정치가 포함되어 있기 때문이다. 여기서 장자는 세계가 하늘의 기준에 따라 운영되기를 바라고 있음을 알 수 있다. 하늘은 생명의 근원이다. 모든 것을 낳고 키우는 것이 하늘의 역할이다.

하늘(天)은 일一과 육六의 결합으로도 볼 수 있다. 일과 육은 오행에서 수水에 해당하고, 방위로는 북北에 해당한다. 또한 생명의 시작점이기도 하다. 이런 점에서 천인은 하늘과 같이 생명을 낳고 낳는 역할을 지상에서 펼쳐 내는 역할을 한다.

> 타고난 품격이 안정적이고 평온한 사람은 자연의 본래 빛을 내뿜는다. 빛을 내는 사람은 인간의 진정한 본 모습을 보여준다. 진정한 자아를 드러내어 다른 이들과 유대를 쌓은 사람은 흔들림이 없다. 흔들림이 없는 사람은 많은 사람들이 그 곁에 모여들게 된다. 그리고 하늘이 그를 지지한다. 사람들과 함께하는 사람은 천민天民이라고 불리며, 하늘의 도움을 받는 사람은 천자天子라고 일컬어진다.[18]

하늘과 연결된 사람은 외부의 영향을 받지 않아 마음이 안정적이고 차분하다. 그런 이들은 마음속의 평온함을 유지하며 외부의 영향을 받지 않기 때문에, 다른 이들이 그에게로 와서 머무르고 싶어 한다. 이런 사람은

---

18 "宇泰定者 發乎天光 發乎天光者 人見其人 人有修者 乃今有恆 有恆者 人舍之 天助之 人之所舍 謂之天民 天之所助 謂之天子.",『莊子』「庚桑楚」.

'천민'이라고 불린다. 반면, 하늘에 들어갔지만 그 사실을 인식하지 못하는 사람은 하늘의 도움을 받으면서도 이를 모르고 지낸다. 이러한 사람은 '천자'라고 한다. 천자는 하늘에 속한 인물로, 하늘이 그를 지원한다. 그런 천자에게는 자연스레 백성이 모여든다. 이를 통해 장자는 지도자는 반드시 천인과 같은 자여야 한다고 강조한다.

장자 시대의 사회에서는 통치자가 자신의 욕구를 충족시키기 위해 거리낌 없이 전쟁을 감행했다. 영토와 국민을 확보하려는 욕망에 흔들려 전쟁을 일으키는 경우가 많았다. 장자는 이런 세상을 이상적인 인물인 천인을 통해 개선하고, 그의 이념을 널리 퍼뜨리려 했다.

7. 기인畸人

『장자』의 기인은 신체적 결함이 있거나 외적으로 보기 힘든 인물이고, 그들의 행동과 언행 또한 비정상적이어서 일반적인 사람으로 간주하기 어렵다. 『장자』에 등장하는 덕이 있는 인물들은 대부분 신체적 결함을 지닌 사람들이며, 사회에서 약자로 여겨지는 이들을 주목하고, 그들의 독특한 인도적 사상을 표현한다.

장자는 신체를 정치적, 도덕적, 관습적으로 구성된 것이 아니라 자연스럽고 생명력이 넘치는 존재로 보았다. 그는 또한 신체에 문제가 있어 정상인과 다른 모습을 가진 사람을 '기인畸人'이라고 언급했다.

소크라테스Socrates도 장자와 마찬가지로 괴이한 외모적 특징을 약화시켰다. 소크라테스는 대개 눈이 튀어나오고 코가 평평하다는 등 외모가 좋지 않다고 알려져 있다. 그럼에도 불구하고 그는 자신의 큰 눈과 납작한 코가 유용하다고 말하였다. 즉, 다른 사람들과 비교할 때 큰 눈은 더 많은 것을 지켜볼 수 있고, 평평한 코는 시야의 방해가 되지 않으며, 하늘을 향한 콧구멍은 더 많은 냄새를 맡을 수 있다는 것이다.

사마천司馬遷(B.C.145경-B.C.86경)이 『장자』에 대해 "그의 저서는 10여 만 자나 되는데 대개 우언寓言에서 본떴다."[1]라고 평가할 만큼 『장자』는 주로 우화를 통해 교훈을 주고 있다. 우화는 작가가 현실과 이상적인 정신세계를 표현하기 위해 구체적인 이미지나 이야기를 활용하는 방식이다. 이러한 우화적인 글쓰기는 장자의 독특한 표현 양식이며, 기인은 『장자』에서 특별한 인물 유형으로 소개된다. 즉, 『장자』에서 기인은 지리소支離疏, 우사右師, 애태타哀駘它, 인지지이무신闉跂支離無脤, 옹앙대영甕盎大

---

1 "故其著書十餘萬言 大抵率寓言也.",『史記』「老莊韓非列傳」.

310 ·········· 장자의 인간학

癭, 왕태王駘, 신도가申徒嘉, 숙산무지叔山無趾 등과 같은 독특한 유형의 인물로 나타난다. 이는 장자가 추구하는 신인, 지인, 진인의 이상적인 인격 이미지와 상호 보완적인 관계를 형성한다. 장자는 사람들이 모든 생명을 동등하게 대우하고, 내적 정신적 가치를 이해하며, 세속적인 선입견과 '형체아形體我'[2]의 집착을 깨야 할 것을 기대하였다.

『장자』는 한편으로는 우화적인 요소를 포함하고 있지만, 동시에 심각한 현실적 배경이 드러나기도 한다. 장자가 살던 시대는 원시사회에서 점차 발전하여 인간 중심의 이성적인 인식이 시작되는 변화의 시기였다. 이 시기에 장자는 기인에 대한 신화적 이미지와 주제를 독창적으로 변형하여, 보통 사람들보다 더 높은 차원에서 다루었다. 기인의 모습 또한 그 당시 격변하는 시대와 혼란스러운 가치 체계를 반영한다고 볼 수 있다.

장자가 인식한 '기인'

'기인'이라는 표현은 유교와 세속 사회에서 좋지 않은 의미로 활용되었다. 보통 이 표현은 사회 관습에 맞지 않는 사람을 지칭하는 용어이다. 그러나 장자는 기인이라는 단어에 새로운 긍정적인 의미를 부여했다. 특히 하늘의 이치에 따르며, 의도적으로 유교의 예를 반대하는 도교를 의미하는 말로 기인을 사용했다.

기인의 의미를 살펴보기 전에, 기인과 유사한 의미로 사용되는 몇 가지

---

2 勞思光,『新編中國哲學史』, 桂林: 廣西師範大學出版社, 2005, p. 190.

유형을 소개하고자 한다.

먼저 사전적 의미에서 '기형畸形(malformation)'은 개체발생 과정에 여러 가지 이상異常에 의해서 생기는 개체변이의 범위를 벗어난 정도의 '형태적 이상'이 나타난 것이다. 때로는 기능적 이상을 겸한다.[3]

다음으로 '괴이怪異(demon)'는 영귀靈鬼 관념의 일종으로 이종異種 이형異形의 동식물이 존재한다는 관념이다. 감각적 경험에 의하여 주어지지 아니한 것이 보통 동식물 숭배와는 다르다.[4] 간단히 말하면 기형은 정상의 형상과는 다르다는 것이고, 괴이는 알 수 없을 만큼 이상하다는 것이다.

그 밖에도 '기괴奇怪', '괴탄怪誕' 등이 유사한 의미로 사용된다. 여기서 공통적으로 보이는 '괴'에 대하여 『논어』에서는 "공자는 괴이한 일과 힘을 쓰는 일과 어지러운 일과 귀신에 대해서는 말하지 않았다."[5]라고 하였고, 『장자』에서는 "제해齊諧라고 하는 사람은 괴이한 일을 잘 알고 있는 사람이다."[6]라고 하여, 괴이하고 평범하지 않다는 의미를 나타낸다.[7] 특히 유법민劉法民[8]은 '괴탄'을 『장자』에서 최초로 제시된 철학 사상으로 이해하였다. 석찬[9]은 이를 미학적 관점에서 접근하여 중국 괴탄 이론을 정리한

---

3 金益達 편집, 『哲學大事典』, 학원사, 1973, p. 150.
4 위의 책, p. 86.
5 "子不語怪力亂神.",『論語』「述而」.
6 "齊諧者 志怪者也.",『莊子』「逍遙遊」. 『장자』에는 '怪'가 「소요유」편을 비롯하여 「齊物論」, 「德充符」, 「大宗師」, 「應帝王」, 「庚桑楚」, 「徐无鬼」, 「漁父」, 「天下」 등에 13번 등장한다.
7 顏世琼, 「怪誕揷圖藝術研究」, 北京印刷學院碩士論文, 2013, p. 6.
8 劉法民, 『怪誕 : 美的現代擴張』, 北京: 中國社會出版社, 2000, pp. 21-22; 劉法民, 『怪誕的本来面目』, 北京: 社會科學文獻出版社, 2000, pp. 131-132.
9 석찬, 「중국 애니메이션에 구현된 장자의 괴탄 사상에 관한 연구」, 한서대 박사논문,

바 있다. 어쨌든 기형은 정상과는 다른 형상을 보여주는 의미로 해석된다.

『장자』에서 '기인'에 대한 설명은 자공이 공자에게 기인이 무엇인지를 묻자 공자가 답한 내용에서 찾을 수 있다.

> 기인은 일반 사람들과는 구별되지만 하늘과는 닮아 있다. 그래서 "하늘의 소인은 인간 세상의 군자이고, 하늘의 군자는 인간 세상의 소인이다."라고 말하는 것이다.[10]

장자는 기인을 하늘에 비유해서 이야기했다. 유가에서는 그들을 소인으로, 도가에서는 군자로 인식하였다. 그 시점에서는 기인이란 유가에서 경멸하는 대상이었다. 유가의 전통적인 견해에 따르면, 그들은 인의나 세속을 따르지 않거나 본성을 따르는 이유로 비정상적인 존재로 간주된다.[11] "'비정상'은 흔히 광기, 일탈, 범죄, 정신병, 부도덕, 악, 동물성(짐승) 등의 범주로 분류되어 일반적으로 혐오의 대상이 된다. 즉, '비정상'은 자칭 자신들이 '정상'이라고 굳건히 믿는 자들에 의해 폄훼와 비난, 그리고 회피와 배제의 대상이 된다."[12] 그러나 정상과 비정상을 가르는 기준은 사

　　2020.

10 "畸人者 畸於人而侔於天 故曰 天之小人 人之君子 人之君子 天之小人也.",『莊子』「大宗師」.

11 孫明君,「莊子'畸人'說及其天命觀」,『世界宗教文化』2021年 第2期, 中國社會科學院世界宗教研究所, 2021, p.18.

12 김광기,「정상과 비정상, 그리고 이방인」,『사회이론』33, 한국사회이론학회, 2008, pp. 297-298.

물의 본질에 내재되어 있는 것이 아니라 '사회적이고 도덕적으로 구성'[13]
된 것이다. 신체적 장애는 사회적인 또는 정치적인 편협과 억압의 산물[14]
일 뿐이다.

'기畸'는 세속의 기준에 부합되지 못한다는, 곧 예교에 부합되지 못한다
는 뜻으로, '모자라다', '결핍되다'의 뜻을 함축하고 있다. 『사기』「노자열
전」에서 사마천은 장자를 기인의 대표로 꼽았다. "유가 예교의 입장에서
보면 장자는 기인이었음에 틀림없다."[15]고 하여, 유가의 입장에서 장자는
세속의 기준에 미치지 못하는 기인이라고 보았다. 이른바 기인은 예의와
통속적인 가치 기준과는 다르지만 '자연 그대로인 천성을 따르는 사람'을
말하며, 노자가 말하는 '영아', '적자', 즉 천성이 순진한 사람[16]이다.

그렇다면 장자는 왜 기인이라는 독특한 존재를 이야기의 중심인물로
선택했을까? 장자는 매우 어려운 삶을 살아온 터라 자신의 생각과 경험을
반영하여 기인의 이미지를 형성했다. 또한, 그 당시 유자들에 대한 비판
을 통해 그 이유를 찾을 수 있다. 유자들은 높은 지위를 추구하며 사는 명
성 있는 사람들인데, 장자는 이에 동의하지 않았다. 그의 반대 이유는 그
들의 삶이 인위적이라는 점 때문이었다. 그는 자신의 빈곤함보다는 인위
적으로 성공을 추구하는 사람들을 비꼬아 비판했다. 게다가 춘추전국시

---

13 김광기, 위의 논문, p. 285.
14 리처드 슈스터만 지음, 허정선 · 김진엽 옮김, 『삶의 미학: 예술의 종언 이후 미학적 대
   안』, 이학사, 2012, p. 225.
15 "從儒家禮敎入場來看 莊子無疑是一个畸人.", 『史記』「老子列傳」.
16 "영아나 적자는 養神과 抱神을 가장 잘 체현한 존재이다.", 이봉호, 「'老莊'에서 아기(
   赤子) 메타포(metaphor): 온전한 삶(全生)을 살기 위한 방법」, 『도교문화연구』36, 한
   국도교문화학회, 2012, p. 97.

대였기 때문에 유능한 인물들은 모두 군에 차출되어 생명을 잃는 상황이었다. 기인들은 전쟁에 징집되지 않고 자신의 생을 마감한 측면에서, 장자는 기인과 같은 부족한 사람들을 자주 이야기 속에 등장시켰다.

기인은 지인, 신인, 성인, 진인보다 장자 본인의 생활상에 더 가까운 인물상이다. 따라서 지인, 신인, 성인, 진인은 장자의 이상적 인격의 표현이고, 기인은 장자의 현실적 인격을 나타내는 표현으로 이해할 수 있다. 특히 진인에 대해서는 엄격한 이해가 요구된다.

> 옛날의 진인은 적다고 해서 거절하지 않으며, 공을 이루어도 뽐내지 아니하며, 인위적으로 일을 도모하지 않았다. 그 같은 사람은 실패하여도 후회하지 아니하며, 일이 합당하게 이루어져도 우쭐거리지 않는다. 그 같은 사람은 높은 데 올라가도 두려워 떨지 아니하고, 물속에 들어가도 젖지 아니하며, 불 속에 들어가도 뜨겁지 아니하니, 이것은 지식이 도의 경지에 오름과 같은 것이다. 옛날의 진인은 잠잘 때에는 꿈을 꾸지 않았고, 깨어 있을 때에는 근심이 없었으며, 먹을 때에는 달게 여기지 아니하였으며, 숨은 길고 깊었다. 진인의 숨은 발뒤꿈치까지 미치는데, 보통 사람의 숨은 목구멍까지 미칠 뿐이다. … 옛날의 진인은 생을 기뻐할 줄 모르고 죽음을 싫어할 줄도 몰라서, 태어남을 기뻐하지도 아니하며 죽음을 거부하지도 아니하여 홀가분하게 떠나며, 홀가분하게 태어날 따름이다. … 옛날의 진인은 그 모습이 높이 솟은 산처럼 당당하면서도 무너지지 아니하며, 부족한 것 같지만 남에게서 받지 않으며, 몸가짐이 법도에 꼭 맞아 태도가 단정하면서도

고집하지 않으며, 넓고 크게 마음을 비운 듯하면서도 꾸미지 않았다.[17]

이를 일명 '진인사론眞人四論'이라고 부른다. 진인은 장자의 이상적인 인물 모델이다. 이상적인 인물은 도덕적으로 완벽한 모범을 제시한다. 유가에서의 이상적인 인물상은 성인으로, 성인은 덕행과 지위가 있어서 백성에게 널리 은혜를 베풀고 세상을 구하는 인물이다. 노자 또한 『노자』 2장과 81장에서 성인을 이상적인 인물로 지칭한다. 공자가 말하는 성인은 인과 도덕을 따르는 본보기의 사람이고, 노자가 말하는 성인은 도법의 자연을 표현하는 전형적인 존재이다. 이처럼 노자와 공자의 시대에는 이상적 인물을 뜻하는 '성인'이라는 용어가 널리 사용되었다. 하지만 전국시대에 접어들면서 장자는 이러한 관습을 깨뜨렸다. 장자는 성인이라는 용어 외에도 '지인', '신인', '진인' 같은 다른 명칭을 추가한 것이다.

'진인사론'은 이전의 지인, 신인, 성인과 마찬가지로 장자의 이상적인 인격의 화신이라고 할 수 있다. 단지 '지인', '신인', '성인'은 모두 추상적이고 이상적인 인격이며, '진인'은 구체적인 시대적 제약이 있다. 『장자』에서 '지인', '신인', '성인'이라고 할 때 '고지古之'라는 제한이 없지만, '진인' 앞에는 모두 '고지'라는 말을 붙여 시대적 제약을 붙였다는 말이다.[18]

---

17 "古之眞人 不逆寡 不雄成 不謨士 若然者 過而弗悔 當而不自得也 若然者 登高不慄 入水不濡 入火不熱 是知之能登假於道者也 若此 古之眞人 其寢不夢 其覺無憂 其食不甘 其息深深 眞人之息 以踵 衆人之息 以喉. (中略) 古之眞人 不知說生 不知惡死 其出不訢 其入不距 翛然而往 翛然而來而已矣. (中略) 古之眞人 其狀 義而不朋 若不足而不承 與乎其觚而不堅也 張乎其虛而不華也.", 『莊子』「大宗師」.

18 이는 「대종사」편 뿐만 아니라, 「田子方」, 「徐無鬼」, 「天下」편에서도 동일하게 나타난다.

〈대종사〉편의 전반부에서는 진인을 묘사하였고, 후반부에서는 기인을 묘사하였다.

또한 『장자』에서는 "하늘과 사람이 서로 이기지 않을 때 이런 사람을 일러 진인이라고 한다."[19]고 하여 하늘의 역할은 하늘에게, 사람의 역할은 사람에게 있고, 서로의 역할에 관여하지 않는 사람을 진인으로 평가하였다. 이것이 곧 진인의 중요한 징표이며, 기인의 행동 지침이다. 진인은 천도를 스승으로 삼고, 기인은 진인을 스승으로 삼아야 한다. 옛날 진인은 상고시대에 존재한 득도자였으나, 장자의 시대에는 그 득도자가 사라졌다. 따라서 장자의 시대에 옛 진인의 사상을 이어받고 있는 것이 바로 기인이다.

'기인'의 유형

'추함'은 기형에 가깝지만 이를 '타락'으로 보아서는 안 된다. 카를 로젠크란츠Karl F. Rosenkranz는 "한 인간이 기형으로 자라서 불규칙적인 얼굴 윤곽을 하고 부스럼의 흔적이 생길 정도로 육체적으로 아주 추해질 수 있지만, 육체가 상징적 가치만을 가짐으로 인해서 이 모든 것은 망각될 수 있을 뿐 아니라, 이 불행한 형태들은 내면의 표현을 통해서 생명력을 가질 수 있고 그 매력은 우리가 저항할 수 없을 정도로 빠져들게 만든다."[20]고 하여 추함의 미학을 말한 바 있다.

---

19 "天與人 不相勝也 是之謂眞人.",『莊子』「大宗師」.
20 카를 로젠크란츠 지음, 조경식 옮김,『추의 미학』, 나남, 2008, p. 47.

추한 모습도 아름답고 순수한 감정을 표현할 수 있다. 이는 인간의 이상적인 정신세계에서 비롯된다.[21] 장자가 기인의 모습을 묘사할 때는 추한 이미지를 활용하여 정신적 아름다움을 강조하는 독특한 방식을 채택했다. 진정한 아름다움은 곧 추함이며, 추함의 최종 지점이 아름다움의 한계이기 때문이다. 외모나 정신적으로 불형이기도 한 것들도 아름답다고 할 수 있는 본질을 지닌다. 하지만 '기형'을 통상의 미적 기준으로 평가해서는 안 되며, 장자 사상의 '아름다움'을 올바로 이해하기 위해서는 일반적인 아름다움과 추함을 서로 바꾸어 생각해야 한다.

『장자』에 수록된 신화 이야기나 우화 이야기의 대부분은 황당하고 기이하며 등장하는 인물들도 대부분 비정상적으로 표현되었다.[22] 장자의 철학에서 독특한 부분은 주로 원초적인 사고방식으로만 이해할 수 있다. 예를 들어, 인간과 사물은 꿈을 통해 서로 대화한다고 여겨진다. 이는 이성적인 사고가 개입되면 이상하게 느껴질 수도 있다.

『장자』에서 나타나는 기인은 모두 육체적 장애를 가진 인물로 묘사되고 있다. 장애는 선천적인 장애와 후천적인 장애로 나눌 수 있다.

---

21 方勇, 『莊子學史』, 北京: 人民出版社, 2008, p. 17.
22 석찬 · 김홍균, 「장자(莊子)의 괴탄(怪誕) 사상으로 표현된 기형미적 특성에 관한 연구」, 『만화애니메이션연구』 53, 한국만화애니메이션학회, 2018, pp. 6-7.

1) 선천적 기인

① 지리소支離疏

지리소는 턱이 배꼽보다 낮은 곳에 숨겨져 있고, 어깨는 머리 꼭대기보다 높게 위치해 있으며, 뒤쪽 머리카락은 하늘을 향해 있다. 게다가 다섯 가지 감각기관은 모두 위쪽으로 향해 있고, 양쪽 허벅지와 갈비뼈가 서로 맞닿아 있다. 즉, 절망적인 상태의 장애인으로 묘사되는 인물이다.

> 지리소는 턱이 배꼽 아래에 숨겨져 있으며, 어깨는 이마보다 높고, 상투는 하늘을 향하고, 내부 장기는 위쪽에 있으며, 두 넓적다리는 옆구리를 향해 있다. 바느질과 세탁으로 충분히 생계를 유지할 수 있고, 키를 조절해서 쌀을 걸러 내어 열 명을 충분히 먹일 수 있는 곡식을 얻는다. 만약 나라에서 군인을 모집하면 지리소는 팔뚝을 걷어 올리고 그 사이에서 활동하며, 나라에서 노동이 필요해도 지리소는 특정 질병을 이유로 일을 하지 않으며, 나라에서 병자에게 곡식을 나누어 줄 때면 곡식 세 가지와 땔나무 열 단을 받는다. 자신의 몸을 관리하는 사람도 자신의 생명을 잘 유지해 장수할 수 있으니, 하물며 덕을 지닌 사람에게는 더할 나위 없지 않겠는가.[23]

---

23 "支離疏者 頤隱於臍 肩高於頂 會撮指天 五管在上 兩髀爲脅 挫鍼治繲 足以餬口 鼓筴播精 足以食十人 上徵武士 則支離攘臂而遊於其間 上有大役 則支離以有常疾 不受功 上與病者粟 則受三鍾 與十束薪 夫支離其形者 猶足以養其身 終其天年 又況支離其德者乎.", 『莊子』 「人間世」.

이처럼 지리소의 모습은 인간으로 보기 힘들 만큼 이상하게 그려져 있다. 하지만 지리소는 무용無用을 몸을 지키는 수단으로 채택하여 사회적 연결에서 벗어나 생존의 안전을 추구하는 인물이다.

생명력을 기르는 것은 몸만으로는 부족하다. "몸을 완전하게 하는 것이 곧 양생이다."[24] 그리고 몸이 곧 생명을 의미한다.[25] 그 몸을 움직이는 데 필요한 것이 '덕'이다. 신체는 변화에 영향을 받지만, 덕은 변화를 능가하기 때문이다. 도와 자연은 인간을 통해 그 의미를 나타내는데, 도와 자연의 의미를 실현하는 것이 '덕'이다.[26]

『장자』에서는 지리소라는 인물을 통해 자신의 몸을 잘 관리한 사람도 오랫동안 생을 누리는데, 그 중심이 된 덕을 갖춘 사람이라면 더욱 그러할 것이라는 메시지를 전달했다. 비록 지리소의 모습은 불완전하고 매력적이지 않지만, 바느질이나 빨래, 농사 등을 통해 가족 열 명을 부양하는 강한 생명력을 나타낸다. 지리소는 자신의 몸을 잘 가꾸어 긴 생을 누린 인물이다. 지리소라는 캐릭터에는 현실에서 벗어나 자유로운 인격과 이상을 추구하는 장자의 바람이 담겨 있다.

② 우사右師

우사는 태어날 때부터 한쪽 다리가 없었다. 그의 장애에 대해 궁금해하는 이들에게 그는 이렇게 설명했다.

---

24 "完身養生也.", 『莊子』 「讓王」.
25 박현숙, 「장자의 몸의 미학: 생명·생태·삶의 미학」, 성균관대 박사논문, 2019, p. 52.
26 夢培元, 김용섭 옮김, 『중국철학과 중국인의 사유방식』, 철학과현실사, 2005, pp. 73-76.

320 ············ 장자의 인간학

하늘이 이렇게 한 것이지 사람이 이렇게 한 것이 아니다. 하늘이 나를 태어나게 하여 외발이 되도록 한 것이다. 모든 사람의 모습은 다 하늘이 주신 것이다. 따라서 내가 외발이 된 것은 하늘의 의도 때문이지 사람의 의도 때문이 아님을 이해할 수 있다.[27]

우사는 자신의 장애가 태어날 때부터 있는 것이라고 이야기하고 있다. 하늘은 그에게 한 다리만 주었고, 인간의 모습은 하늘이 창조한 것이기 때문에 그의 장애도 자연스럽게 주어진 것이라고 확실히 언급했다. 하지만 "물가에 사는 꿩은 열 걸음을 걸어서 한 입분의 먹이를 찾아내고, 백 걸음을 걸어서 한 모금의 물을 마시지만, 새장에 갇힌 새처럼 먹이를 받아들이려 하지 않는다."[28]고 하여 자신은 한 다리로 서 있지만, 음식을 찾는 게 힘들어도 물가에서 자유롭게 살아가는 꿩과 같다고 설명했다. 음식을 먹는 새는 건강할 수 있지만, 새의 본성은 갇히는 것을 싫어할 것이다. 우사는 그러한 본성에 충실한 자유를 지지했다.

겉으로는 비합리적으로 보일 수 있으나, 이면을 살펴보면 합리적인 부분이 있다. 장자는 슬픔과 기쁨이 정신적인 건강에 영향을 미치지 않도록 자연의 법칙을 따르고 걱정을 줄이기 위해 이런 이미지를 사용했다. 우사는 허구의 인물이지만, 장자의 세계관과 가치관을 전달한다. 장자는 모든 생명의 출현과 소멸이 자연의 규칙을 따른다고 주장했다. 주관적인 감정

---

27 "天也 非人也 天之生是 使獨也 人之貌 有與也 以是 知其天也 非人也.",『莊子』「養生主」.
28 "澤雉十步一啄 百步一飲 不蘄畜乎樊中.",『莊子』「養生主」.

을 제외하고 생명체를 객관적으로 생각하다 보면 이해할 수 있다. 인간은 자신의 본성을 지켜야 하며 외부의 장애물을 두려워해서는 안 된다.

③ 애태타哀駘它

위나라의 애태타는 태어날 때부터 매우 보기 흉하고 못생긴 사람이지만 사교성이 뛰어나 사람들을 놀라게 했다.

> 남자들 중에서 그와 함께 시간을 보낸 이들은 그를 그리워하며 떠나지 못
> 하고, 여성들은 그를 한 번 본 후에 부모에게 "다른 누군가의 아내가 되는
> 것보다 차라리 그의 첩이 되고 싶다."고 요청하는 이가 수십 명에 달하지
> 만, 그런 이들은 계속해서 나타납니다.[29]

애태타와 가깝게 지내는 성인 남성조차 애태타를 떠나고 싶어 하지 않았고, 애태타를 만난 여성들은 다른 이의 아내가 되기보다는 애태타와 사랑에 빠지기를 원했다. 남성과 여성 모두 그를 매력적으로 보아 왔다. 이러한 매력은 애태타의 사회적 매력 덕분이었다.

인간의 본성은 외부의 영향을 받지 않으면서 도덕의 최고 경지에 이를 수 있는 방법으로 미덕을 드러내지 않도록 한다. 애태타의 사회적 매력은 그의 개성에서 기인한다. 그는 다른 사람들의 의견을 잘 듣고, 자신의 신념에 강한 집착을 보이지 않는다. 장자는 권력이나 돈, 생명과 죽음, 아름

---

29 "丈夫與之處者 思而不能去也 婦人 見之 請於父母 曰與爲人妻 寧爲夫子妾者 十數而未
　止也.", 『莊子』「德充符」.

다음, 선과 악에 대한 욕망을 버려야 한다고 말하였다. 이 주장은 마음을 정화하고, 욕심을 줄이고, 환경에 적응하며 만족하는 사고방식을 지니라는 도가사상의 핵심과 연결된다.

④ 인지지이무신闉跂支離無脤·옹앙대영甕盎大癭

인지지이무신闉跂支離無脤은 태어날 때부터 외모가 좋지 않고 다리도 휘어 있으며 입술이 없다. 옹앙대영甕盎大癭은 태어날 때부터 얼굴 크기의 종양을 몸에 품고 있다. 신체적 결함과 외모가 좋지 않은 이 두 사람은 각각 위령공衛靈公과 제환공齊桓公에게 찾아가 유세를 했고, 두 군주 모두 그들에게 긍정적인 인상을 받았다. 두 군주 모두 "정상적인 사람들을 보면 목이 가늘고 길어 이상하게 느꼈다."[30] 인지지이무신과 옹앙대영이라는 두 인물은 무서운 이미지를 지녔지만, 도덕적인 면에서는 일반 사람들보다 뛰어났다. 위령공과 제환공은 외모가 특이하고 신체적 결함이 있으나, 그들의 고상한 성격 덕분에 외관을 무시하고 그들을 아름답고 완벽하다고 여기게 되었다. 반면에, 건강하거나 뛰어난 외모를 가진 평범한 사람이 내면에 고귀함이 결여되어 있다면 오히려 그 모습이 추하고 불완전하다고 여길 수 있다고 강조했다.

인지지이무신과 옹앙대영을 통해 알 수 있는 것은, 외적인 결함이 있더라도 많은 덕을 쌓으면 사람들이 그 결함을 잊게 된다는 점이다. 일반적인 관점에서 추한 사람은 무의미하고 아름답지 않은 존재로 간주되지만,

---

30 "而視全人 其脰肩肩.", 『莊子』「德充符」.

장자는 이를 부정하고 그 존재의 가치를 인정하는 '무용지용'의 관점을 제시했다. 추함은 '무용하다'는 이유로 다른 존재에 종속되는 주체의 구속을 벗어나 정신적인 자유와 해방성을 얻고, 미적 존재로서의 가치를 확보할 수 있도록 되었다. 이러한 장자의 '무용론'의 영향을 받아 그동안 인정받지 못했던 추함이 미적 범주에 포함되었다.

2) 후천적 기인

① 왕태王駘

『장자』에서는 "노나라에 형벌로 인해 한쪽 다리를 잃은 왕태란 사람이 있었다."[31]라고 하여 왕태가 인위에 의해 장애를 입은 인물로 표현된다. 왕태는 사람들이 자신의 본질을 잃지 않고 외부의 변화에 의해 영향을 받아서는 안 되며, 마음의 평화가 이루어진 자연의 무작위 상태에 도달해야 한다고 주장하는 인물이다.

왕태는 다리 하나를 잃었음에도 불구하고, 그를 따르는 사람들이 공자의 제자들처럼 많았다. 어느 제자가 왕태에 대한 이해가 부족했을 때, 공자는 "그분은 성인이다. 나는 단지 시기를 놓쳐서 아직 그의 경지에 이르지 못했을 뿐이다. 나도 그를 스승으로 모시고 싶어 하는데, 나와 같지 않은 사람들은 물론 얼마나 더 그렇겠는가? 노나라 사람들만이 아니라, 나는 세상 모든 이들을 이끌고 그에게서 배우고 싶다."[32]라고 설명하였다.

---

31 "魯有兀者王駘.", 『莊子』「德充符」.
32 "夫子 聖人也 丘也直後而未往耳 丘將以爲師 而況不若丘者乎.", 『莊子』「德充符」.

공자는 왕태와 유사한 인물은 "생사의 중대한 문제에도 흔들리지 않으며, 하늘이 무너지고 땅이 꺼져도 함께 무너지지 않으며, 진정한 도리를 깊이 이해하여 사물과 함께 변하지 않고, 만물의 흐름을 받아들이며 본질적인 도리를 지킨다."[33]고 하였다. 그렇다면 왕태가 어떻게 이러한 지경에까지 이를 수 있었는지에 대해 다음과 같이 말하였다.

다른 관점에서 보면 간과 쓸개는 초나라와 월나라처럼 멀리 있지만, 같은 관점에서는 모든 것이 하나로 연결되어 있다. 이러한 사람은 이목, 즉 감각기관이 당연하다고 생각하는 것에서 벗어나, 마음을 덕의 조화로운 상태에서 즐겁게 만든다. 모든 것을 같은 시각으로 바라보면서, 다리 하나를 잃은 것에 갇히지 않으며, 자신의 다리를 잃는 것을 마치 흙덩이 하나를 던져 버리는 것처럼 여긴다.[34]

즉, 다른 시각으로 보면 간과 쓸개의 구별은 초나라와 월나라의 차이와 비슷하다. 그러나 동일한 기준으로 바라보면 모든 존재는 하나라는 의미이다. 이렇게 장자는 제자에게 가르치면서 공자의 말을 인용하여 어떤 장애가 있는 비범한 사람이라도 지식과 도덕이 뛰어날 경우 사람들의 애정과 지지를 받을 수 있다는 생각을 강조하고 '만물개일萬物皆一'이라는 도

---

33 "死生亦大矣 而不得與之變 雖天地覆墜 亦將不與之遺 審乎無假 而不與物遷 命物之化 而守其宗也.",『莊子』「德充符」.
34 "自其異者視之 肝膽楚越也 自其同者視之 萬物皆一也 夫若然者 且不知耳目之所宜 而遊心乎德之和物視其所一 而不見其所喪 視喪其足 猶遺土也.",『莊子』「德充符」.

가의 철학을 드러냈다.

② 신도가申徒嘉

신도가 또한 왕태와 마찬가지로 처벌로 인해 한쪽 다리를 잃은 사람이다. 신도가와 그의 동료 자산子産(?-B.C.522)은 스승의 가르침을 받으며 함께 공부했다. '자산은 자신이 한 국가의 집정관이자 재상이라는 지위를 높이 여기며, 신도가를 장애인으로 폄하하고 싫어하며, 사회적 지위의 고하 및 장애 유무에 따라 차별하는 인물'[35]이었다. 자산은 장애가 있는 신도가와 함께 외출하는 것을 부끄럽게 여겼지만, 신도가는 "저는 선생님과 지내온 지 19년이 되었는데, 한 번도 제가 절름발이라는 걸 신경 쓴 적이 없어요."[36]라고 하여 스승 백혼무인伯昏無人에게 19년간의 가르침을 받는 동안 스승은 단 한 번도 한쪽 다리를 잃은 자신을 부끄럽게 생각한 적이 없다고 하였다.

또한 자산이 신도가가 집정자를 마주쳐도 피하지 않는 것을 보고 신도가가 집정자와 같은 신분인지 따져 묻자, 신도가는 이렇게 설명했다.

선생의 제자 중에도 그런 식의 구분이 있는가? 당신은 자신의 힘을 믿고 다른 사람을 무시하는 사람이다. 내가 들은 바로는, "거울이 깨끗하면 먼지나 때가 붙지 않는다. 먼지나 때가 묻으면 그 거울은 밝게 비칠 수 없다."라고 하니, 오랜 시간 현명한 사람과 함께하면 자신의 결점이 사라진

---

35 김윤경, 앞의 논문, p. 162.
36 "吾與夫子遊十九年矣 而未嘗知吾兀者也.",『莊子』「德充符」.

다. 지금 당신이 큰 진리를 배우겠다고 모신 분은 바로 선생님인데, 여전히 이런 말을 한다면 역시 문제가 아닐까.[37]

장자는 내면의 선한 행동이 외적인 모습보다 더욱 중요하다고 여겼다. 세상의 인의와 도덕에 사로잡힌 많은 이들은 신을 따르는 사람들이 처벌을 받을 때, 그들이 뭔가 잘못했다는 생각을 하곤 했다. 그 때문에 처벌받는 사람에게 연민을 느끼기보다는 오히려 자신이 안전하다는 안도감을 느낀다. 신도를 믿는 사람들은 권력 구조 내에서 권력을 중시하며 경솔한 사람의 왜곡된 모습을 드러냈다. 또한, 일반 대중이 세속적이고 억압적인 상황에 갇혀 세상의 고난을 인식하지 못하고 처벌받는 이를 조롱하는 어리석은 편견을 나타냈다. 신도가의 이야기에서는 인간이 내적인 삶의 풍요로움을 추구해야 하고 외적인 형식은 중요하지 않다는 점을 알 수 있다.

③ 숙산무지叔山無趾

숙산무지도 형벌로 절름발이가 되었다. 글자의 의미를 새겨 보면, '무지無趾'는 복사뼈 아래가 없는 것을 뜻한다.

숙산무지는 자신의 뒤꿈치를 보고 전에 조심하지 않아서 그러한 우환을 만난 것[38]이라고 한 공자를 비판하면서, "하늘은 덮어 주지 아니함이

---

37 "先生之門 固有執政焉 如此哉 子而說子之執政 而後人者也 聞之曰 鑑明則塵垢不止 止則不明也 久與賢人處 則無過 今子之所取大者 先生也 而猶出言若是 不亦過乎.",『莊子』「德充符」.
38 "子不謹 前既犯患若是矣.",『莊子』「德充符」.

없으며, 땅은 실어 주지 아니함이 없습니다."[39]라며 일침을 가하였다. 꾸
중을 들은 공자가 다시 숙산무지에게 가르침을 청하였으나, 숙산무지는
"또 수수께끼나 속임수와 같은 명성으로 알려지기를 원하지만, 지인은 그
런 명성을 자신의 굴레로 느끼고 있다는 것을 인식하지 못하고 있습니
다."[40]라고 하며 돌아가 버렸다. 이는 공자가 자신의 명성을 추구하며 명
예를 소홀히 하는 '지인'과는 완전히 다른 사람으로 간주된 것이다. 숙사
무지의 이야기는 생과 사, 옳고 그름 사이의 경계가 없음을 나타내며, 허
황된 명성을 쫓는 것은 자신을 제약하는 것과 같은 의미임을 보여준다.

3) '기인'의 자질

앞서 언급한 왕태는 어떤 상황에서도 비관적인 시각을 가지지 않았으
며, 차분하면서도 긍정적인 태도로 현실을 받아들였다. 그는 생명과 죽
음을 중시하고 사물의 본질을 이해하며 모든 일에 상냥한 자세로 임해 왔
다. 왕태는 제자들에게 자신을 거울로 사용하여 자기를 인식하고 사물의
기본적인 상태를 이해하도록 지도했다. 제자들은 왕태를 가까이 관찰하
며 그의 행동을 배우고 사고를 이해하게 되어 새로운 삶을 시작할 수 있
었다. 왕태의 행동은 제자들의 사유와 행동에도 좋은 영향을 미쳤다.
　신도가와 자산의 이야기에서는 높은 경지에 도달하는 것은 외부 요인
이 아니라 온전히 개인의 덕성과 관련이 있다는 점을 강조했다. 이를『장

---

39 "夫天無不覆 地無不載.",『莊子』「德充符」.
40 "彼且蘄以諔詭幻怪之名聞 不知至人之以是 爲己桎梏邪.",『莊子』「德充符」.

자』에서는 다음과 같이 언급하였다.

자신의 잘못을 변명하는 사람이 다리의 일부가 잘려 나가는 것이 부당하다고 느끼는 경우는 많지만, 자신의 실수를 숨기지 않고 다리가 남아 있는 것이 불공정하다고 여기는 사람은 드물다. 어쩔 수 없는 상황을 인식하고 운명처럼 받아들이는 것은 오직 덕이 있는 사람들만 할 수 있는 일이다.[41]

여기서 언급되는 '덕'은 일반적으로 알고 있는 도덕이나 미덕과는 다른 일종의 정신적 상태를 의미한다. 긍정적인 정신 상태를 유지하면 장자가 말한 '물아양망物我兩忘'의 경지에 이를 수 있다는 것이다. 또한 "현재 당신은 나와 육체의 내부에서 연결되어 있는데, 당신은 나를 육체의 외부에서 드러나는 모습으로만 찾고 있으니, 이것도 잘못된 것이 아닐까."[42]라고 하여 학문은 정신적 차원의 문제이지 외적인 신체와 아무런 관련이 없기 때문에 누가 잘못된 편견을 갖고 있는지 바로 알 수 있다고 하였다. 장자는 정신적 '장애'가 신체적 장애보다 더 부끄러운 것이라고 생각하였던 것이다.

장자는 숙산무지라는 인물을 통해 자신이 생각하는 '도'를 표현하였다. 많은 이들은 신체적 장애로 인해 스스로 또는 다른 사람에 의해 여러 가지 제약을 받게 된다. 이러한 생각을 버려야 진정한 선과 아름다움을 얻

---

41 "自狀其過 以不當亡者衆 不狀其過 以不當存者寡 知不可奈何 而安之若命 唯有德者能之.",『莊子』「德充符」.
42 "今子與我 遊與形骸之內 而子索我與形骸之外 不亦過乎.",『莊子』「德充符」.

고 타인에게 존경받을 수 있다.

덕의 본체는 '도'에 있으며, '덕'은 '도'의 구체적인 구현이다. 덕은 다음과 같은 '도'에서 분화된 요소와 자질을 갖추고 있다.

첫째, 무위자연이다. 장자는 노자의 '도'에 대한 사상을 이어받아 발전시키며, 변화를 통해 실제 인간의 삶을 관찰했다. 『도덕경』의 "인간은 땅을 따라서 살고, 땅은 하늘을 따라 성장하며, 하늘은 도를 본받고, 도는 자연에서 그 규범을 찾는다."[43]에서 '자연'은 자연스럽고 참된 상태를 말한다. 이 상태의 주체는 '도' 그 자체뿐만 아니라 '도'가 우주와 모든 존재에 미치는 영향도 포함된다. 장자가 창조한 기인의 모습은 자연스럽고 편안하게 살아가는 태도와 마음가짐을 설명한다. 모든 생명체는 자연의 섭리에 따라 살아야 한다. '도'는 자연의 원리에 따라 모든 것이 스스로 발전하며, 인간에게는 행동하지 않는 것이 기본이다. 이에 대해 장자는 천지의 도와 성인의 덕에 관하여 다음과 같이 언급하였다.

만약 뜻을 깊이 생각하지 않더라도 자연스럽게 고귀해지고, 인의에 대한 주장을 하지 않아도 저절로 마음이 정화되며, 무리하게 명성을 쌓으려 하지 않아도 국가는 저절로 잘 다스려지고, 은둔할 만한 아름다운 곳인 큰 강이나 바다로 피신하지 않아도 마음의 여유가 저절로 생기고, 굳이 성인을 따르지 않아도 장수를 누릴 수 있는 이런 경지에 도달한 사람은 모든 것을 잊지 않기 때문에 오히려 모든 것을 소유할 수 있다. 그러므로 침착하게

---

43 "人法地 地法天 天法道 道法自然.",『道德經』 25章.

끊없는 활동을 하다 보면 모든 아름다움이 따르게 될 것이니, 이것이 바로 자연의 이치이자 성인이 지닌 덕이다.[44]

무심無心과 무위無爲가 도의 핵심이며 결국 피할 수 없는 길임을 알 수 있다. 이러한 인물의 이미지는 거의 대부분 자연의 무위 원칙을 따르는 것으로 묘사된다. 왕태는 가르치는 것을 지양하지만 그의 가르침을 배우려는 이들은 항상 그를 존경하고 있다. 신도가는 자신의 길을 따르며 여유롭게 대응한다. 숙산무지는 공자의 비판에 반대하여 자신의 무위를 주장한다. 그래서 "도가 형태를 제공하고 하늘이 존재를 부여했으니 어떻게 사람이라 불리지 않겠는가."[45]라고 한 것은 주관적인 감정과 행동을 더하지 않고 항상 자연의 도를 따라 무리하게 삶을 연장시키려고 하지 않는 것을 말한 것이다.

둘째, 만물제동萬物齊同이다. 장자는 외적인 모습에서는 일반인보다 조금 부족할 수 있지만, 뛰어난 덕을 지니고 있다. 그는 미와 추의 경계를 허물고 제동관을 실현한 인물이다. 장자는 노자의 '도생일 일생이 이생삼 삼생만물道生一 一生二 二生三 三生萬物'이라는 사상을 이어받으며, '도'가 우주와 만물의 근본이라는 것을 인식했다. '도'는 혼돈의 원초적 상태로, 세계가 나타나기 전부터 존재해 왔으며, 독립적으로 존재하며 그 순환은 끊임없이 이어져 왔다. 그는 '도'가 모든 곳에 존재한다고 여겼다.

---

44 "若夫不刻意而高 無仁義而修 無功名而治 無江海而閒 不道引而壽 無不忘也 無不有也 淡然無極而衆美從之 此天地之道 聖人之德也.",『莊子』「刻意」.
45 "道與之貌 天与之形 惡得不謂之人.",『莊子』「德充符」.

도는 아무리 큰 것을 수용해도 다하지 아니하고 아무리 작은 것이라도 빠뜨리지 않는다. 이로 인해 모든 것이 여기에 존재하며 널찍해서 받아들이지 않는 것이 없고, 깊이가 있어서 측량할 수 없는 것이다.[46]

'도'는 무한하고 그 속에 모든 것이 포함되어 있다. 모든 것은 도에서 발생하고 변화와 성장 과정 속에서 도가 형성되므로 사물, 현상, 그리고 나 자신이 동등하다. 〈제물론〉에서 언급된 "하늘과 땅은 나와 함께 존재하며 만물도 나와 일체이다."[47]라는 만물제동의 사상은 도의 이론적 외연이면서 도로 회귀하는 방식을 보여준다.

노자는 "천하의 모든 사람이 아름다움을 아름답다고 하면 이는 추악한 것이다."[48]라고 하여 미추는 변증적이고 상호 변환이 가능하다고 보았다. 장자는 노자의 사상을 계승했기에, 겉모습이 완벽한 사람은 다른 사람을 외모로 평가하고, 외부의 것에 얽매여 있으며, 자연의 본래 성질을 잃어 덕을 지니지 못했다고 보았다. 반면, 기인은 덕을 갖춘 존재라고 여겼다.

모장毛嬙과 여희麗姬는 사람들에게 매력적인 존재로 간주되지만, 물고기는 그들을 발견하면 깊은 곳으로 숨어 버리고, 새는 그들을 보면 하늘 높이 날아오르며, 사슴은 그들을 보고 빠르게 달아난다.[49]

---

46 "夫道 於大不終 於小不遺 故萬物備 廣廣乎其無不容也 淵乎其不可測也.", 『莊子』 「天道」.
47 "天地與我並生 而萬物與我爲一.", 『莊子』 「齊物論」.
48 "天下皆知美之爲美 斯惡已.", 『道德經』 2章.
49 "毛嬙麗姬 人之所美也 魚見之深入 鳥見之高飛 麋鹿見之決驟.", 『莊子』 「齊物論」.

이는 아름다움과 추악함에 대한 명확한 정의가 없고, 이는 오로지 인간의 주관적인 인식에 의해 구분된다는 점을 강조한다. 그러므로 사람들은 자신의 고정관념을 넘어 아름다움과 추함을 도의 관점에서 바라보아야 한다. 따라서 모든 것이 조화를 이루기 위해서는 "작고 여린 풀줄기와 거대한 기둥, 병든 사람과 반듯한 미인을 비교해 볼 때 비록 다소 이상하고 기이한 대비가 나타나겠지만, 진정한 도의 관점에서는 결국 모두가 하나가 된다."[50]

미추는 '도'의 범위 안에서 통합되고 서로 소통하여 자연과 연결된다. 왕태는 사물의 통합성을 인식했기에, 발을 헛디뎌 진흙을 버리는 것과 같았다. 노자와 숙산무지의 대화 속에서는 "생명과 죽음을 동일한 원리로 바라보고, 정당함과 비정당함을 동등하게 여기며 그 얽힘을 풀어 주는 것이 바람직하다."[51]고 한 대목에서 만물제동의 사유를 엿볼 수 있다.

기인의 덕은 자연을 스승으로 삼고 삶과 죽음을 초월하려는 데에 있으며, 정신적인 자유를 갈구하는 데에도 나타난다. 그들은 정치에 무관심하거나 협력하지 않으며, 외부 세계에서는 '무익함'의 한계를 느끼고 정치 체계에 속하기를 싫어한다. 또한 기인은 권력자에게 이용당하는 수단일 뿐, 인간의 본래 목표에 대해서는 강한 생명력을 느끼고 있다. 그래서 그들은 '미치광이'처럼 세속적 가치들에 대해 비판적인 시각을 유지한다.

장자는 혼란스러운 세상에서 비정상적인 신체가 오히려 생명을 지킬 수 있다고 생각했다. 비정상적인 몸은 혼란한 시대에 다른 사람들에게 쓸

---

50 "擧莛與楹 厲與西施 恢恑憰怪 道通爲一.",『莊子』「齊物論」.
51 "以死生爲一條 以可不可 爲一貫者 解其桎梏 其可乎.",『莊子』「德充符」.

모가 없다는 것을 의미하며, 이는 오히려 자신을 방어할 수 있다. 출정을 앞둔 기인은 군 복무를 면제받기 때문에 이러한 상황이 발생한다. 기인이 육체의 결함으로 인해 외형을 중요시하지 않게 되고, 그 대신 내면의 덕을 더욱 중시할 때, 결국 형체의 결함은 도덕적 품성과 도에 대한 깊은 이해를 나타내게 된다.

덕성이 드러나는 것이 바로 덕행이다. 유교는 상대적으로 현실적인 원리로 덕행을 설명하는 반면, 도교는 공허함과 그 상태를 유지하는 것으로 덕행을 표현한다. 유교가 인간성을 존중하고 덕성을 사회에 확립할 것을 강조한 반면, 도교는 자연을 숭배하고 덕성을 내포하고 있음을 강조했다. 비록 도교가 유교의 인과 정의를 포기하고 지혜로운 접근 방식을 부정할 것을 주장했지만, 도교 또한 비도덕주의가 아닌 세속적인 도덕의 허위를 배제하라고 말한 것이다. 즉, 도교가 추구한 것은 도덕의 순수함과 절대적 가치이다.

앞에 언급된 여러 기인은 자연의 흐름에 따르는 삶을 상징한다. 인간이 지식을 추구할수록 자연의 본질과 동떨어질 수 있다는 경고를 담고 있다. 또한 장자는 '무위'라는 개념을 통해 자연스러운 상태를 유지하는 것이 진정한 지혜라고 강조했다. 인간의 개입이 최소화되면 사물은 본래의 모습을 잃지 않게 된다. 무엇보다도 인간의 지식이 모든 것을 총체적으로 이해할 수 없다는 것을 깨닫는 것이 중요하다. 때로는 알지 못하는 것이 더 우수한 결과로 이어질 수 있다. 따라서 외부의 지식이나 정보를 찾아 헤매기보다는 자신의 내면의 평화와 고요함을 찾는 것이 진정한 행복으로 나아갈 수 있는 길이라는 점을 인식해야 한다.

『장자』의 기인은 신체적 결함이 있거나 외적으로 보기 힘든 인물이고,

그들의 행동과 언행 또한 비정상적이어서 일반적인 사람으로 간주하기 어렵다. 『장자』에 등장하는 덕이 있는 인물들은 대부분 신체적 결함을 지닌 사람들이며, 사회에서 약자로 여겨지는 이들을 주목하고, 그들의 독특한 인도적 사상을 표현한다.

전국시대는 제후들이 권력을 다투고 백성들이 고통받으며 다양한 법률이 무수히 나타나는 시기였다. 이러한 기인의 외모는 그 당시 사회 상황을 반영하고, 그들의 덕행은 사회에 대한 불만과 반발을 대변한다.

『장자』의 기인들은 겉모습이 완벽하지 않지만, 그들의 덕행은 뛰어나다. 그들은 본인의 결점을 결점으로 보지 않고, '쓸모없는 것이 오히려 쓸모가 있다'고 여긴다. 결국, '무용'이라는 특징 덕분에 주체가 객체에 의존하지 않으면서, 정신적 자유와 해방감, 그리고 미적으로 소중한 가치를 누릴 수 있게 된다. 『장자』의 무용론은 삶을 보호하고 해로운 것들을 피해야 한다는 가르침을 제시하지만, 동시에 제약에서 벗어나 자유로운 인격과 이상을 추구하라는 메시지를 포함하고 있다.

기인은 자유와 해탈의 상징이다. 『장자』에서 기인은 사회 제약을 넘어 자유롭게 살며, 진정한 자아를 찾는 존재로 그려진다. 이는 인간이 사회적 규범에 얽매이지 않고 자연 본연의 상태로 돌아가야 함을 강조한다.

또한 기인은 상대주의에 대한 이해를 가능하게 한다. 기인의 존재는 진리와 도덕이 절대적이지 않음을 나타낸다. 비록 기인이 사회에서 비정상적인 존재로 여겨지지만, 그 자체로 고유한 가치를 지니고 있어 다양한 관점과 삶의 방식이 공존할 수 있음을 보여준다.

더불어 기인은 비극적인 삶을 긍정적으로 조명하는 데 기여한다. 기인은 종종 고난과 역경을 겪으며 이러한 경험을 통해 통찰을 얻게 된다. 이는 삶의 고난이 진정한 지혜와 깨달음을 가져올 수 있음을 의미한다.

결국, 장자에서 기인은 인간존재의 복잡성과 다양성을 드러내며, 전통적인 가치관을 비판하고 함께 새로운 삶의 방식을 제안하는 역할을 한다.

제4부

난세를 극복하는 방법은 무엇인가?

1. 허기虛己

장자가 말하는 빈 배의 방식으로 허기를 실행하면 사
람들이 나에게 분노하지 않을 것이다. 허기를 느끼는
것은 자신의 가치, 용도, 예의 등을 비우는 것과 유사
하다. 이는 뒤에서 다룰 '쓸모없는 것의 쓸모[無用之用]'
를 통해 더 자세히 살펴볼 수 있다.

동양 사상의 주된 개념은 '변화'를 이해하는 것에서 시작된다. 여러 철학적 기반, 예를 들어 제행무상이라거나 역경의 원리, 음양오행 이론, 그리고 태극 이론 등은 대부분 변화에 대한 사고에 뿌리를 두고 있다. 변화하는 것들 속에서 변하지 않는 요소를 찾아내는 것이 가장 중요하다. 현실은 단지 과거 사건의 연속일 뿐이다. 하지만 과거는 수정할 수 없고, 현실은 얼마든지 바꿀 수 있다. 문제는 현실을 변화시킬 수 있는 지혜를 갖추었는가 하는 것이다.

이상옥은 "인간은 '자기'와 '우리'에 대한 편견과 집착을 끊어 버리고 초연한 자세로 세계와 만상을 공정하게 대하며 모든 다양성을 포용할 때만, 비로소 자기해방도 함께 맞이할 수 있는 패러독스를 내포한 존재"[1]라고 하였다. 그러나 실제로 사람들은 자아에 대한 집착을 놓고 자유를 찾기 위해 얼마나 힘쓰고 있는지 의문이다. 많은 사람들은 끊임없이 원하는 것에 다가가는 것이 성공적으로 이어진다고 생각한다. 이 과정에서 지식의 습득이 중요한 부분을 차지한다.

따라서 인간의 지식은 인간의 소유욕을 채우는 수단이 된다. 그러나 장자는 이러한 지식을 단호히 거부한다. 장자의 본의는 상대적 지식 추구가

---

1 이상옥, 「하이데거의 철학 방법으로 해석한 도가 철학사상의 존재」, 『道教文化研究』 32, 한국도교문화학회, 2010, p. 163.

아닌 '진지眞知'로서 대도에 합류하는 대지大知와 무지無知를 유도한다.

장자가 "또한 진인이 있은 이후에 비로소 참다운 앎이 있는 것이다."[2]라고 하여 진인만이 진지를 밝힐 수 있다고 한 이유는 '참다운 앎'이란 인간의 삶과 유리된 것이 아니라 인간이 속한 현실 속에서 구현되어야 하는 것이기 때문이다. 진인은 자연과의 조화로 본성을 본래의 상태로 회복함과 동시에 사물과 본인의 경계를 잇는 경지에 든 사람이다. 즉, '자연 운행의 이치를 알고 사람의 도리를 아는 사람이 지극한 존재'[3]이다.

인간에게 분별적 지식이 필요 없다고 말하는 장자의 입장은 〈선성〉편에 잘 드러나 있다.

> 옛날 사람들은 혼란 속에 살며 어둠 속에서 모든 사람들과 함께 평화로운 정적을 경험했다. 그런 시절에는 음과 양이 조화를 이루고 조용했으며, 영혼들이 무분별하게 움직이지 않았고, 사계절은 순조롭게 흐르며 모든 생명이 손상을 입지 않았고, 모든 생물은 자연적 수명을 누렸으며 사람들은 지혜를 가졌다 해도 그 지혜를 활용할 곳이 없었다. 이것이 진정한 도와 완전한 조화라고 불린다.[4]

여기서 혼돈 중에 있는 사람들에게 지혜가 있어도 그 지혜를 쓸 데가

---

2 "且有眞人而後有眞知.",『莊子』「大宗師」.
3 "知天之所爲 知人之所爲者 至矣.",『莊子』「大宗師」.
4 "古之人 在混芒之中 與一世而得澹漠焉 當是時也 陰陽和靜 鬼神不擾 四時得節萬物不傷 群生不夭 人雖有知 無所用之 此之謂至一.",『莊子』「繕性」.

없는 것을 '지일至一'이라고 했다. 고대에는 도와 하나 되는 삶을 살았기 때문에 간교한 지식이 필요 없었다는 것이다. 이 지식이 인간에게 고통을 주는 것 중 하나라고 보았다. 장자는 이러한 고통에 '네 가지 걱정거리[四患]'를 제시했는데 명예[叨], 탐심[貪], 악행[很], 독선[矜]이 그것이다.

> 이른바 네 가지 걱정거리는, 즐겨 큰일을 하고자 하며 범상한 것을 고치고 바꾸어서 공명을 올리려는 것을 도叨라 하고, 지식을 내두르며 멋대로 행동하고 남의 것을 침범하여 차지하는 것을 탐貪이라 하며, 제 잘못을 알면서도 고치지 않고 충고를 듣고도 오히려 나쁜 짓을 더욱 심하게 하는 것을 흔很이라 하고, 남의 의견이 자기 것과 같으면 좋아하고 같지 않으면 그것이 선이라 해도 인정치 않는 것을 긍矜이라 한다. 이것이 네 가지 걱정이다.[5]

이 중에서 '지식을 내두르며 멋대로 행동하고 남의 것을 침범하여 차지하는' 탐심을 조장하는 것을 지식으로 보았다. 즉, 인간의 욕심을 키워 가는 것이 지식이라는 말이다. 류성태는 "장자가 지식을 부정적으로 본 동기는 지식 자체의 한계뿐만 아니라 당시 사상적 갈등을 빚었던 유가 및 묵가의 사상을 비판하는 것과도 연계된다."[6]고 보았다.

그러나 지식이라 하더라도 참된 지식[眞知]은 소인의 지식이 아니고 대

---

5 "所謂四患者 好經大事 變更易常 以挂功名謂之叨 專知擅事 侵人自用謂之貪 見過不更 聞諫愈甚謂之很 人同於己則可 不同於己 雖善不善謂之矜 此四患也.",『莊子』「漁父」.

6 류성태,「장자의 지식관」,『범한철학』16, 범한철학회, 1998, p. 63.

인 혹은 진인의 지식이다.[7] 장자는 도를 터득한 진인은 결국 타인에게까지 긍정적인 힘[德]을 발휘하여 일반적 편견에 사로잡힌 대중을 감화시킬 수 있고, 그들 또한 내성적 성찰에 집중할 수 있도록 변화시킴으로써 최종적으로 난세가 평정될 수 있을 것이라고 생각하였다. 따라서 진지란 지식적 해석을 초월하여 도의 심오한 합일을 통해 얻은 인생의 경지에서 말하는 지혜인 것이다.[8] 장자의 "작은 지혜는 큰 지혜에 미치지 못한다.",[9] "큰 지혜는 한가로우나 작은 지식은 사소한 것도 따지려 든다."[10]는 언급은 상대적 지식을 부정하고 절대적 무지에 머물러 있는 것이 최고의 지식이라는 점을 강조한 것이다.

그렇다면 장자가 말한 진지의 세계는 과연 우리가 도달할 수 있는 세계인가? 이 질문에 대해 홍경표는 "장자의 회의와 부정을 통해 도달된 진지의 세계는 일상적 상대지相對知에 의해 도달될 수 없다."[11]고 본다. 현실 세계에 사는 우리가 진지의 세계에 도달하려면 학자들이 추구하는 세속적 변별지를 극복하지 않고는 불가능하다. 장자는 소인이 추구하는 세속적 변별지가 아닌 진인이 추구하는 진지를 갈구했다. 결국 장자는 진지의 세계에 도달하기 위해서는 진인이 되라고 말한 것으로 이해할 수 있다.

만약 천지의 참된 운행을 타고 자연의 기의 변화를 타서 무궁한 세계에

---

7 "진인 이후에 진지가 있다(眞人以後有眞知).", 『莊子』 「大宗師」.
8 徐復觀, 유일환 옮김, 『중국인성론사: 선진편: 도가·법가 인성론』, 을유문화사, 1995, p. 108.
9 "小知不及大知.", 『莊子』 「逍遙遊」.
10 "大知閑閑 小知間間.", 『莊子』 「齊物論」.
11 홍경표, 「장자의 도에 대한 득도방법」, 『석림』 22, 동국대학교 석림회, 1989, p. 171.

서 놀 수 있는 자가 있다면 그 사람은 아무런 것에도 의지할 것이 없는 큰 인물이라고 말할 수 있다. 이리하여 "지인은 자기가 없고, 신인은 공적이 없고, 성인은 명예가 없다."[12]고 한 것이다. 여기서 '무기無己'·'무공無功'·'무명無名'의 이른바 삼무는 장자가 〈소요유〉에서 내세운 가장 중요한 주장이다. 상대의 좁은 세계를 떠나 차원을 바꾼 사상에 입각해서 천지우주의 운행을 타고 무한한 세계에 유영하는 것이야말로 소요유인 것이다.

덩리안허鄧聯合가 "장자가 장자인 까닭은 모두 '소요유'에 있다."[13]라고 평가할 만큼 〈소요유〉는 장자 사상의 핵심을 담고 있다. 여기서 지인至人은 '자기가 없다[無己]'는 것은 스스로를 비워 허정한 상태로 만드는 것을 의미한다.[14] 그러나 무기는 현실의 자아를 없애는 것이 아니라 나와 타인의 관계 속에서 나라는 독선과 집착함이 없어짐을 추구하는 것을 의미한다. 이것은 자신이 어떠한 일을 이루어야 한다는 지향과 그 지향을 뒷받침하는 지식이나 가치를 없애는 것이다. 정신을 해방시키면 어느 순간 대상과 자신의 구별을 잊고 자기가 여기에 있어 무엇을 한다는 생각조차 잊어버릴 수 있다는 의미이다.

---

12 "至人無己 神人無功 聖人無名.", 『莊子』 「逍遙遊」.

13 鄧聯合, 『逍遙游釋論: 莊子的 哲學精神及其多元流變』, 北京: 北京大學出版社, 2010, p. 10.

14 주보쿤(朱伯崑)도 '無己'를 「소요유」의 핵심으로 보았다. 그가 본 무기의 의미는 자기 스스로 정신적 고통에서 벗어나려는 것이다.(朱伯崑 저, · 전용명 외 옮김, 『중국고대 윤리학』, 이론과실천, 1990, pp.362-370 참조). '無己'에 대한 더욱 심도 깊은 연구는 다음을 참조. 羅祥相, 「莊子'無己'思想闡微」, 『中國哲學史』 2023年第3期, 中國哲學史學會, 2023, pp.36-43.

〈천지〉편에서는 "자기를 잊는 사람은 하늘로 들어간다."[15]고 하여 자신을 잊고 대도와 하나 되는 삶을 지향했다. '자기를 잊는다'는 것은 무기와 더불어 장자 철학의 핵심인 심재, 좌망을 의미한다. 심재는 마음을 허로 향하여 하나로 통일하는 수양법으로 한마디로 말하면, '마음 비우기'이다.[16] 세속의 지식과 가치 기준으로 가득 찬 마음을 비워야 도에 응집할 수 있다는 것이다.

좌망은 유교에서 말하는 세속적 이념이나 규범 등을 비판하며 이를 텅 비우고자 하는 데 목적을 두고 있다. 즉, 신체적·지식적인 모든 집착을 버림으로써 결국 자신을 잊고 도와 하나 되는 경지이다. 이러한 경지를 로버트 앨린슨Robert E. Allinson은 〈제물론〉의 호접몽 이야기처럼 꿈의 유비에 의해 인식 주체의 비실체성을 깨닫는 것과 모든 가치들의 상대성에 의거한 논증으로 이해하여 "꿈의 논증과 모든 가치들의 상대성에 의거한 논증 둘 다의 본질은 '나'라는 개념의 상실이다."[17]라고 꼬집었다.

특히 〈산목〉편에서는 세속의 번잡함에서 벗어나기 위한 방법으로 '자신을 비우는 것[虛己]'[18]을 가르치고 있다. 그것을 다음과 같은 빈 배 이야

---

15 "忘己之人 是之謂入於天.",『莊子』「天地」.

16 "너는 잡념을 없애고 마음을 통일하라. 귀로 듣지 말고 마음으로 듣도록 하고, 마음으로 듣지 말고 氣로 듣도록 하라. 귀는 소리를 들을 뿐이고 마음은 밖으로 들어온 것에 맞추어 깨달을 뿐이지만, 기란 공허하여 무엇이나 다 받아들인다. 오직 도 만이 허를 모여들게 하고, 텅비게 되는 것이 곧 심재이다.(若一志無聽之以耳而聽之以心 無聽之以心而聽之以氣 聽止於耳 心止於符 氣也者 虛而待物者也 唯道集虛 虛者心齋也.",『莊子』「人間世」.

17 로버트 앨린슨, 김경희 옮김,『장자, 영혼의 변화를 위한 철학』, 그린비, 2004, p. 305.

18 여기서 자기를 비운다는 의미는 지식을 버린다는 의미로 논지를 전개할 것이다. 자기의 마음을 비운다는 의미는 '虛心'으로『장자』에서는 '마음을 비우고 외물에 응한다(虛

기에 담아내었다.

예를 들어 배를 타고 강을 건널 때 한쪽에는 빈 배가 있고 자신이 탄 배에 충돌했다면 아무리 급한 성격이라도 화내지는 않을 것입니다. 하지만 그 배에 누군가가 있다면 그들에게 소리쳐 피하거나 물러가라고 할 것입니다. 한 번 외쳐도 듣지 못하면 다시 외치고, 세 번째 외치게 되면 반드시 욕을 하게 될 것입니다. 처음에는 화내지 않았지만 두 번째에는 화내는 이유는 첫 번째는 빈 배였고 지금은 사람이 있다는 점입니다. 이처럼 사람도 자신을 비우고 세상을 살면 어떤 것도 그에게 위협이 되지 않을 것입니다.[19]

『장자』〈산목〉편에서는 빈 배를 '허선虛船'으로 나타냈다. 그러나 장자는 동일한 문단 내에서 배를 의미하는 '주舟'를 표현했다. 선과 주가 같은 의미이기 때문에 굳이 글자에 국한할 필요는 없다고 본다.

위 인용문에서 장자는 '타자'에 따라 내 마음이 변하는 현상을 지적했다. 강에서 다른 배가 와서 내 배와 부딪쳤을 때, 만약 배 안에 사람이 없는 빈 배라면 누구도 그 배를 향하여 화를 내지 않는다. 그러나 그 배에 사람이 타고 있다면 사람들은 배에 탄 사람을 향해 분명 화를 내게 된다. 화

心應物)'이라 하였고, 그와 같이 마음을 비운 상태를 '오상아(吾喪我)'라고도 한다. 虛己論에 대한 본격적인 연구는 다음을 참조. 韓林合, 『莊子哲學研究: 虛己以游世』, 北京: 北京大學出版社, 2006.

19 "方舟而濟於河 有虛船來觸舟 雖有惼心之人不怒 有一人在其上 則呼張歙之 一呼而不聞 再呼而不聞 於是三呼邪 則必以惡聲隨之 向也不怒而今也怒 向也虛而今也實 人能虛己以遊世 其孰能害之.", 『莊子』「山木」.

를 나게 하는 것은 상대방 배에 사람이 있기 때문이다. 따라서 내 마음을 빈 배와 같이 할 수 있다면 나를 대하는 타자는 나에 대해서 화를 내지 않을 것이라는 것이 장자가 주장하는 허기의 논리이다.

문명사회의 앎은 대상을 나누고 쪼개어 차별적으로 대우하는 것이다. 그렇게 하면 자신도 남에 의해 '타자'로 취급된다. 장자는 인간이 감각기관을 통해 대상을 이해하려고 할 경우, 대상의 실상을 있는 그대로 파악하지 못하며, 본래의 모습을 알지 못한다고 보았다. 그래서 장자는 앎을 버리라 하였고 허기를 강조한 것이다.

〈열어구〉에도 이와 유사한 이야기가 실려 있다.

> 일에 재능이 있는 사람은 열심히 노력하고, 많은 것을 아는 사람은 걱정이 많기 마련이다. 반면에 능력이 없는 사람은 아무것도 추구하지 않고, 풍족하게 만족하며 즐겁게 시간을 보내는 것이다. 마치 구속받지 않는 배가 물 위에서 편안히 떠다니듯이, 그들은 무관심하게 지내는 법이다.[20]

〈열어구〉는 인위적인 앎[知]을 떠나 무위자연의 신지神知를 터득하는 것을 주제로 한다. 여기서 배가 부르도록 먹고 마음껏 놀면서 얽매임 없이 떠다니는 배와 같이 스스로를 비우고 자유롭게 소요하는 사람은 지식이 많은 사람이 아니라 오히려 무능한 사람이라고 하였다. 바로 빈 배 이야기에서 말한 허기와 같은 의미로 읽을 수 있다. 필요 없는 것을 애써 담

---

20 "巧者勞而知者憂 無能者無所求 飽食而敖遊 汎若不繫之舟 虛而敖遊者也.",『莊子』「列禦寇」.

으려 하지 말고 비우는 삶을 추구하라는 말이다.

죽음에 임박한 사람들은 지금까지 자신이 쌓아 온 부와 명예가 허망한 것임을 토로한다. 그러면서 왜 그렇게까지 아등바등 살아왔는지 후회하기도 한다. 끊임없는 현실의 욕구를 충족시키기 위해 자신의 삶을 낭비하면서 살아왔다는 후회는 정신과 육체를 욕망의 도구로 이용한 것이었음을 자인한 것이다. 장자는 바로 이 점에 주목하여 허기를 위해서는 앎을 버리라고 가르친다.

인간의 앎과 그에 따른 욕망은 사람들에게 이분법적 갈등과 분열을 일으키게 한다. 이강수는 인간이 슬픔과 근심에서 헤어나지 못하는 이유는 인간이 무한 욕망을 충족하고자 외물外物을 쫓아다니기 때문[21]이라고 보았다. 앎을 통해 욕망을 키워 가려는 인간 심리가 없어지지 않는 한 갈등과 분열은 지속된다는 의미이다.

미국의 철학자 에이브러햄 매슬로Abraham H. Maslow(1908-1970)는 일체의 이분법적 갈등이나 분열이 사라진 초인간적 무욕의 초탈 상태에서는 혼란과 갈등이 사라지고 평화의 충일한 마음이 나타난다[22]고 하였다. 이러한 무지와 무욕의 삶이 자본주의 사회에서 개인의 삶을 얼마나 풍요롭게 해 줄 수 있을지는 가늠이 서지 않지만, 전쟁과 갈등, 분열을 극복하기 위해 앎을 얻기 위한 욕망을 절제하라는 장자의 가르침은 일견 설득력이 있다.

---

21 이강수, 『도가사상의 연구』, 고려대학교 민족문화연구소, 1984, p. 16.
22 Abraham Maslow, *Religions, Values, and Peak-experiences*, New York: King Press, 1973, p. 37.

"인간의 감각기관인 몸이야말로 욕망의 근원이 된다."[23] 욕망의 근원인 인간의 몸, 그리고 이를 충족하려는 인간의 앎은 인류 사회에서 충돌의 근원이 된다. 이를 극복하는 방안으로 장자는 무지와 무욕을 강조한 것이다. 그리고 무지와 무욕을 극복하기 위해서는 허기를 해야 한다는 점을 주장하였다. 바로 '앎은 다투기 위한 도구'[24]일 뿐이라고 본 것이 장자의 관점이다.

또한 '오직 도만이 허를 모여들게 하고, 텅 비게 되는 것이 곧 심재'[25]라고 하였다. 즉, 심재란 감각에 의존하지 말고 마음을 깨끗이 비움으로써 궁극적으로 허의 세계에 도달함을 목표로 한다. 이 비움의 경지에 이르면 자연히 나와 대상과의 간격이 없어지는 물아양망物我兩忘, 물아일체物我一體의 상태가 실현된다고 보았다.[26] 수행의 단계에서는 심재의 단계에서 더 나아가 좌망에 이르고 수일守一로 발전하게 되는 것이다.[27]

한편, 임종을 맞은 장자에게 제자들이 후하게 장사지내고 싶다고 하자 장자는 "천지를 관곽으로 삼고 일월을 한 쌍의 옥으로 삼고, 성신을 구슬로 삼고, 만물을 저승길 선물로 삼을 것이다."[28]라고 하며 제자들의 제의를 거절하였다. 이러한 장자의 철학과 지혜를 터득하는 일은 오늘의 과

23 김영기,「노자의 天人觀 연구」,『범한철학』15, 범한철학회, 1997, p. 81.
24 "知也者爭之器也.",『莊子』「人間世」.
25 "唯道集虛 虛者 心齋也.",『莊子』「人間世」.
26 이호영,「노장사상에서 나타나는 마음관련 용어」,『철학탐구』33, 중앙대학교 중앙철학연구소, 2013, p. 44.
27 池田知久,『莊子』上, 東京: 學習研究社, 1983, pp. 176-179.
28 "莊子將死 弟子欲厚葬之 莊子曰 吾以天地爲棺槨 以日月爲連璧 星辰爲珠璣 萬物爲齎送.",『莊子』「列禦寇」.

제로로 등장한다.[29] 이상과 같이 앎을 버리는 것은 자타의 구분을 하지 않고 차별을 하지 않는 것이다. "앎은 몸과 결합함으로써 본격적으로 나와 너를 불평등하게 구별하고 차별한다."[30]

한편, 빈 배를 무심의 경지로 본 시각도 있다. 조선 중기 동인東人의 질시를 받아 서인西人의 모주라고 불린 구봉 송익필龜峰 宋翼弼(1534-1599)은 "만 리가 한 하늘이니 모두가 낙토이고, 빈 배는 어디인들 편안히 흘러가지 아니하리."[31]라고 읊었다. 여기서 '만 리'란 우주 전체를 가리킨다. 우주가 한 하늘이라는 것은 모든 개별적 존재의 평등을 논한 것이다. 이종성은 "이것은 자연의 이법대로 산다는 것을 의미하는 것으로서, 마치 빈 배의 마음으로 살아가는 것이다."[32]라고 평가하였다. 굳이 계교計巧를 부리며 어렵게 살아가지 말고 무심의 경지에 들어 외물을 대하면 마음이 편안해질 것이다.

빈 배는 조타수가 없는 배로, 목표가 설정되지 않은 상태이다. 특정 목표가 없으므로 자유롭게 행동할 수 있다. 또한 목표가 결여되어 있기에 나와 타인을 비교할 필요도 없고, 불필요한 지식을 적용할 필요도 없다. 이는 '의지할 곳이 없는 배'라는 부정적인 그림으로 해석될 가능성도 있지만, 장자가 빈 배 이야기를 통해 전하려는 바는 허기를 통해 현실을 극

---

29 류성태, 『장자철학의 지혜』, 학고방, 2011, pp. 122-123.
30 신동호, 「先秦 道家의 人間觀」, 『동서철학연구』 3, 동서철학연구회, 1984, p. 9.
31 "萬里一天皆樂土 虛舟何處不安流.", 『龜峰集』卷2, 「七言排律・聞故人遠謫, 奉寄十四韻」.
32 이종성, 「구봉 송익필의 도가사상에 나타난 이상적 인격과 삶의 지평」, 『철학논총』 94, 새한철학회, 2018, p. 472.

복하는 지혜를 보여주는 것이다. 따라서 장자가 말하는 빈 배의 방식으로 허기를 실행하면 사람들이 나에게 분노하지 않을 것이다. 허기를 느끼는 것은 자신의 가치, 용도, 예의 등을 비우는 것과 유사하다. 이는 뒤에서 다룰 '쓸모없는 것의 쓸모[無用之用]'를 통해 더 자세히 살펴볼 수 있다.

2. 무용지용無用之用

모든 사람들이 세상과 단절되어 숲속에 살 수 있는 환경이 조성되는 것은 아니다. 장자는 다양한 사람들을 만나서 그들 모두가 재난에 빠져 벗어나지 못하는 상황을 목격했다. 그래서 장자는 사람들이 세상에 살면서도 재앙을 피할 수 있도록 각자의 처지에 맞는 구체적인 해결책을 제시한 것이다.

장자는 현상은 모두 상대적 존재라고 인식하는 것으로부터 그의 철학을 전개해 나간다. 음양의 상대적 원리에 입각해서 모든 존재 현상을 해석하려는 것이 역경易經의 논리이며, 유무有無의 상대 원리에 입각해서 무의 의의와 가치를 설명하려는 것이 노자의 사고이다. 장자의 논리도 그러한 상대 인식에서 벗어나는 것은 아니다. 오히려 그 상대 인식은『장자』전편에 걸친 사고를 통해 철저하다. 그러나 장자는 현상의 존재가 모두 상대적인 것이라면 차라리 존재는 모두가 상대의 것밖에는 아니라고 하는 의식을 통해서 현상에 구애받는 일 없이 다른 차원의 세계에 서야 할 것이라고 보았다. 즉, 상대 사회를 초극해서 삶을 영위하는 곳에 어떤 것에도 구애받지 않는 참된 자유로운 삶의 본연의 자세가 열린다는 것이 장자의 사고이다.[1]

현실적으로 장자가 살던 시기는 사회질서의 붕괴, 철기의 등장, 끊임없는 전쟁, 사상의 혼란 등으로 대단히 불안하고 혼탁했다. 이 시기를 춘추전국시대라고 하는데, 장자의 시대는 전국시대에 속한다. 전국시대는 춘추시대에 비해 혼란이 더욱 심했고 전쟁도 훨씬 격렬했다.[2] 장자는 세상의 소음에서 벗어나 신선과 같이 여유롭게 살면서도, 고통스러운 현실을

---

1 황승국 편저,『장자와 선사상』, 문조사, 1988, pp. 51-52 참조.
2 조성환,『장자』, 씽크하우스, 2012, p. 18.

피하지 않고 그 속으로 뛰어들어 진정한 자유와 행복을 얻기 위해 노력했다. 그는 정치와 같은 사회적 분야에서도 지식인으로서의 책임을 깊이 고민하고 탐구했다. 이렇게 살았던 장자의 시대에 대한 그의 인식은 다음 문장에서도 조금 확인할 수 있다.

> 선비가 도덕을 실천하지 않는 것은 힘든 일이지만, 옷이 찢기고 신발이 망가진 것은 가난의 문제이지 힘듦과는 다릅니다. 이는 일명 적절한 때를 놓친 상황입니다.[3]

위 인용구를 보면, 장자의 시대는 평화와 번영으로 가득 차 있지 않았다는 것이 명확하다. 그 시기는 재앙이 많고 복은 적은 혼란스러운 시기였음을 보여준다. 특히 사士계급은 피할 수 없는 고난을 겪는 시대였다.

장자는 가혹한 현실을 인식했을 뿐만 아니라, 그 원인에 대해서도 다음과 같이 분석하였다.

> 무엇보다도 풍부한 털을 가진 여우와 아름다운 무늬가 있는 표범이 숲속 깊은 곳에 살면서 바위 구멍에 몸을 숨기는 것은 평화로움을 유지하는 방식이며, 밤에는 돌아다니고 낮에는 가만히 있는 것은 경계를 나타내는 행동입니다. 비록 굶주리고 목마르며 어려운 상황에 처하더라도 큰 강이나 넓은 호수에서 멀리 떨어져 먹이를 찾으려는 것은 안정성을 유지하기 위

---

3 "士有道德不能行憊也 衣弊履穿貧也 非憊也 此所謂非遭時也.",『莊子』「山木」.

한 태도입니다. 하지만 그물이나 덫에 걸려 죽을까 두려워하는 이들이니, 도대체 그들에게 무슨 잘못이 있을까요? 그저 그들의 가죽이 재앙을 불러올 뿐입니다. 현재 노나라는 바로 그 왕의 가죽과도 같지 않습니까?[4]

노후魯侯는 자신의 행동으로 선왕의 가르침을 열심히 배우고, 선군의 업적을 이루었지만, 여전히 불행을 피하지 못해 매우 걱정하고 있었다. 아무리 조심스럽고 영리한 여우와 표범이라도 그물과 덫으로부터 자유로울 수 없다는 이야기가 있다. 그 이유가 그들의 아름다운 털 때문이라고 했다. 이 말은 왕이든 신하든 성인이든 상관없이 다른 사람을 걱정하는 '가죽'이 있는 한, 그 크기와 상관없이 절대적으로 불행을 피할 수 없다는 것을 나타낸다.

이와 같이 『장자』에는 '쓸모없는 것의 쓸모[無用之用][5]라는 이론이 실려 있다.[6] 먼저 〈인간세〉편에 나오는 남백자기와 지리소의 이야기를 통해 무용지용의 생명 보전의 지혜를 제시한다. 여기서 지리소는 구제 불능의

---

4 "夫豐狐文豹 棲於山林 伏於巖穴靜也 夜行晝居戒也 雖飢渴隱約 猶且胥疏於江湖之上 而求食焉定也 然且不免於罔羅機辟之患 是何罪之有哉 其皮爲之災也 今魯國獨非君之 皮邪.", 『莊子』 「山木」.
5 장자의 무용지용에 대한 본격적 연구는 다음을 참조. 김시천, 「有用과 無用의 사이에 서: 『莊子』에서 '用'의 역설과 그 철학적 함의」, 『철학연구』 60, 고려대학교 철학연구소, 2019; 김현수, 「莊子哲學의 "小知不及大知"와 無用之大用」, 『도교문화연구』 40, 한국도 교문화학회, 2014; 박현주, 「『장자』의 '無用之用'에 함축된 철학적 의미 분석」, 『동양철 학연구』 117, 동양철학연구회, 2024.
6 무용지용론은 『노자』에서도 볼 수 있다. 『老子』 11장에서는 "유가 유인 까닭은 무가 쓰이게 되기 때문이다(有之以爲利 無之以爲用)." 라고 하여 유가 유로서 존재하기 위해서는 유만으로는 불충분하고 무를 부정적으로 개입시켜 비로소 가능케 하였다.

불구자로 묘사되는 인물이다.

지리소라는 남자는 턱이 배꼽에 가려지고, 어깨는 머리보다 높으며, 상투
는 하늘로 향해 있고, 장기는 머리 위로 올라가 있으며, 허벅지는 옆구리에
착 달라붙어 있다. 하지만 옷을 수선하거나 오래된 옷을 세탁하면 충분히
생계를 유지할 수 있으며, 키를 후려치면 열 명의 식구를 양육할 수 있었
다. 국가가 군인을 모집하면 그는 기분이 좋아져서 그곳을 돌아다녔다. 국
가에 노동이 필요해도 아프다는 이유로 일을 하지 않아도 된다. 나라가 아
픈 이에게 곡식을 제공할 때는 곡식 세 가지와 땔나무 열 단을 받아 간다.
육체가 완전하지 않은 사람도 자신의 몸을 보양하여 목숨을 다할 수 있음
에 반해, 마음의 덕이 부족한 사람은 그보다 더욱 큰 문제가 된다.[7]

지리소의 모습은 그림으로 표현하기 어려울 정도로 심각한 왜소함으
로 묘사되어 있다. 그의 장애로 인해 군 복무나 국가 노동에 나가지 않아
도 되었고, 구호품이나 장작의 혜택을 우선적으로 누릴 수 있었다. 비정
상적인 외관이 오히려 그의 삶에 유리한 요소가 되었던 것이다. 장자는
자연의 모든 존재가 유용성을 추구하는 데 집중하며, 자신의 가치에 대한
무시로 인해 인간이 자신에게 해를 끼칠 수 있는 여지를 제공한다고 비판

---

7 "支離疏者 頤隱於臍 肩高於頂 會撮指天 五管在上 兩髀爲脅 挫鍼治繲 足以餬口 鼓筴播
精 足以食十人 上徵武士則支離攘臂而遊於其間 上有大役則支離以有常疾不受功 上與
病者粟則受三鐘與十束薪 夫支離其形者 猶足以養其身 終其天年 又況支離其德者乎.",
『莊子』「人間世」.

하였다.[8]

『장자』에서 무용지용론을 설명하는 나무 이야기의 원형이 처음으로 등장하는 곳은 〈소요유〉 편이다.

> 혜자가 장자에게 말했다. "내게 사람들이 저樗라고 부르는 종류의 큰 나무가 하나 있소. 그 줄기는 너무 비틀리고 울퉁불퉁해서 직선을 대기 힘들고, 가지들 또한 구불구불하게 뒤틀려 있어서 자를 대기 어렵단 말이지. 도로에 두면 목수가 아예 신경조차 쓰지 않을 거야. 하지만 선생님의 말씀은 그 나무가 크기만 하지 쓸모가 없어서 모두가 외면하고 있다는 것이지."[9]

여기서 '저樗'는 가죽나무를 의미한다. 건축에는 사용하기 어려운 재목이어서 목수들에게 외면받는 나무이다. 즉, 이 나무는 건축에는 무가치하고 무용하다는 이유로 베어지지 않는다. 사실, 나무 이야기의 기본적인 논점은 무용한 것이 아주 유용한 것으로 판명된다는 것이다.[10]

이어 『장자』 〈인간세〉에서는 대목大木들을 상대로 '쓸모가 있는가 없는가'를 논한 적이 있다.

---

8   陆建华, 『新道家的自然世界 : 从庄子的角度看』, 合肥 : 黄山书社, 2018, p. 111.
9   "吾有大樹 人謂之樗 其大本擁腫而不中繩墨 其小枝卷曲而不中規矩 立之塗 匠者不顧 今子之言 大而無用 衆所同去也.", 『莊子』 「逍遙遊」.
10 로버트 앨린슨 지음, 앞의 책, p. 131.

산목은 배라면 가라앉고, 관곽으로 사용되면 금방 썩으며, 그릇으로 쓰면 쉽게 깨지고, 문호는 나무의 진액이 흐르게 하며, 기둥을 세우면 좀벌레가 생기게 된다. 재목이 아니라서 쓸모가 없으니 오랫동안 존재할 수 있을 것이다. 장인 석이 돌아와서 사의 상수리나무가 꿈에 나타나 이렇게 물었다. "그대는 나를 무엇과 비교하려 하는가. 혹시 나를 문목과 비교하려 하는가?"[11]

장자는 아무런 가치가 없는 나무가 사람들에게 베어지지 않고 안전하게 남아 있을 수 있다고 믿었다.

이와 같은 주제는 〈산목〉편에서 다음과 같이 나타난다.

장자가 숲속을 산책하던 중, 가지와 잎이 풍성한 큰 나무를 발견했다. 그런데 그 나무 곁에 벌목인들이 있었지만, 그들은 나무를 베지 않았다. 그이유를 묻자 "유용한 부분이 없다."고 대답했다. 장자는 "이 나무가 유용하지 않아서 오래 살 수 있는 것이구나."라고 말했다.[12]

위 인용문은 앞에서 본 〈인간세〉와 동일한 문제의식을 보여주는 구절이다. 장자는 세속을 만족시킬 수 있느냐는 차원에서 나무의 종류를 산목

---

11 "散木也 以為舟則沈 以為棺槨則速腐 以為器則速毀 以為門戶則液樠 以為柱則蠹 是不材之木也 無所可用 故能若是之壽 匠石歸 櫟社見夢曰 女將惡乎比予哉 若將比予於文木邪.",『莊子』「人間世」.

12 "莊子行於山中見大木 枝葉盛茂 伐木者止其旁而不取也 問其故 曰無所可用 莊子此木以不材 得終其天年.",『莊子』「山木」.

散木과 문목文木으로 나누었다. 전자는 세속에 맞지 않는다고 해서 산목이라고 불렀고, 후자는 세속에 맞는다고 해서 문목이라고 불렀다.[13] 장자가 말하는 쓸모없음이란 특정한 목적이나 대상이 되지 않는다는 말이다. 그것은 쓸모 있음의 반대 의미가 아니라 어떤 사물에 대해서도 대상적 파악을 하지 않는다는 의미이다.[14] 그래서 장자는 "나는 그 쓸모 있음과 없음의 중간에 머물고 싶다."[15]고 하였다. 이는 재목의 절대적 기준은 정할 수 없다는 것이다.

〈산목〉과 〈인간세〉의 내용은 세상의 일반적인 인식을 바꾸어 쓸모 있고[有用] 쓸모없는[無用] 이론을 재정의했다. 즉 쓸모없는 것이 쓸모 있는 것이라는 말이다. '유용'이 '소용小用'이라면, '무용'이 진정한 '대용大用'이다. 사람이든 물건이든 '소용'하면 이용당할 수밖에 없고, 이용당하면 자신의 생명력이 소모되어 자유롭지 못하기 때문이다. 특히 이런 난세에 '유용'한 사람은 화를 자초할 수 있지만, '무용'한 사람은 화를 면할 수 있다고 본 것이다. 따라서 무용이 유용이다. 이는 장자의 처세 철학 중에서 인식론적 측면의 중요한 범주가 되었다.[16]

그러나 '유용'은 추상적인 개념일 뿐이고, 구체적인 형태로 변형된 명리名利의 추구일 수도 있고, 자기 선입견에 집착하는 것일 수도 있다. 이

---

13 徐二花, 「莊子處世觀三介層次: 以《山木》篇首則寓言爲核心」, 『淮北師範大學學報』第42卷 第5期, 淮北師範大學, 2021, p. 49.

14 김만겸, 「장자의 언어관에서 바라본 수양론적 귀결」, 『철학논총』8, 새한철학회, 1992, p.373 참조.

15 "將處夫材與不材之間.", 『莊子』「山木」.

16 류성태는 장자의 무용지용론을 자연보호의 측면에서 논하기도 했다. 이에 관해서는 다음을 참조. 류성태, 앞의 책, pp. 161-164.

는 세상이 일반적으로 인정하는 '유용함'이며, 성인들도 피할 수 없다. 그래서 〈인간세〉에서는 "옛날 요는 총·기·서·오를 공격했고, 우는 유호를 공격해서 이 나라들은 폐허가 되어 군주들은 형벌을 받아 도륙되었다. 그들이 전쟁을 그치지 않고 끝없이 실리를 탐했기 때문이다. 이 다섯 나라 모두 명예와 실리를 구하다가 끝이 났는데 어찌 그대만 유독 그것을 듣지 못하는가. 명예와 실리는 성인도 감당 못 하는 요물일진대 하물며 그대는 어떻겠는가."[17]라고 하였다. 이것은 노자가 '절성기지絶聖棄智'[18]를 제창한 이유와도 같은 것이다. 여기서 '절성기지'는 총명함과 지혜를 버린다는 말로서, '성'은 성인을 의미하는 것이 아니라 '스스로 총명하다'는 의미로 읽어야 한다.

이와 같이 인간에게 재앙을 초래하는 것은 화려한 털가죽 또는 유용성이기 때문에 인간은 자신의 유용성을 피해야만 재앙을 면하고 생존할 수 있다는 것이 장자가 본 난세를 피하는 방법이다. 그리고 자신의 유용성을 피하는 가장 근본적인 방법은 세속을 떠나 산림에 은거하는 것이다. 그래서 시남자市南子(熊宜僚)는 다음과 같이 말한다.

저는 왕께서 왕의 지위를 포기하고 노나라라는 껍질을 버리셔서 마음을

---

17 "昔者堯攻叢枝胥敖 禹攻有扈 國為虛厲 身為刑戮 其用兵不止 其求實無已 是皆求名實者也 而獨不聞之乎 名實者 聖人之所不能勝也 而況若乎.", 『莊子』「人間世」.

18 "성을 끊고 지를 버리면 백성의 이익이 백 배 되고, 인을 끊고 의를 버리면 도적이 있는 일이 없다. 이 셋으로는 글6이 부족하다 생각된다. 그러므로 이은 바가 있게 한다. 소를 나타내고 박을 품어 사를 적게 하고 욕심을 적게 해야 한다(絶聖棄智 民利百倍 絶仁棄義 民復孝慈 絶巧棄利 盜賊無有 此三者以爲文不足 故令有所屬 見素抱樸 少私寡欲).", 『道德經』 19章 참조.

정화하고 욕심을 저버리며 아무도 없는 자연 속에서 자유롭게 지내시기를 바라겠습니다. 남월이라는 지역에 덕을 쌓은 사람들의 나라가 있는데, 그곳의 주민들은 순수하고 단순하여 개인적인 욕망이 적고 욕심을 줄이며 조용히 일만 하고 자신의 것을 저축하는 법을 모르며, 다른 이에게 나누어 줄 뿐 대가를 기대하지 않고, 도리를 준수하지도 않고, 예를 따르지도 않지만, 그럼에도 불구하고 큰길에서 벗어나지 않아서 삶을 만끽할 수 있고 죽음도 소중히 여길 수 있는 방식으로 살아가고 있습니다. 그래서 저는 왕께서 나라를 떠나 세상의 번잡함을 버리고 도와 함께 서로를 도우며 사는 이 나라로 가시기를 바라며 말씀드렸습니다.[19]

이 이야기는 빈 배 이야기의 바로 앞에 나오는 것으로 욕심을 버리고 자유롭게 사는 것이 근심을 없애는 법이라는 점을 말한다. 또한 〈산목〉에서 장자는 공자와 태공임太公任의 이야기를 남겼다. 공자가 일찍이 진陳과 채蔡 사이에 포위되어 굶어 죽을 지경이었는데, 태공임이 그에게 해탈의 방법을 알려 주었고, 이에 공자는 그의 말을 따랐다.

공자는 "훌륭한 말이다."라고 말한 후, 친구들과의 만남을 거절하고 제자들을 집으로 돌려보낸 채 넓은 연못가에서 은거하게 되었다. 그는 가죽과 풀로 만든 옷을 입고 도토리를 먹으며 살아갔다. 시간이 지나면서 그가 짐

---

19 "市南子曰 … 吾願君刳形去皮 洒心去欲 而遊於無人之野 南越有邑焉 名爲建德之國 其民愚而朴 少私而寡欲 知作而不知藏 與而不求其報 不知義之所適 不知禮之所將 猖狂妄行 乃蹈乎大方 其生可樂 其死可葬 吾願君去國捐俗 與道相輔而行.",『莊子』「山木」.

승들 사이에 있어도 무리가 어지럽혀지지 않았고, 새들 사이에서도 질서
가 유지되었다. 짐승들과 새들이 그를 싫어하지 않는데, 하물며 인간이 그
에게 적대적일 이유가 있겠는가.[20]

　이와 같이 하여 공자는 결국 화를 면했다는 고사이다. 물론 이것은 장
자가 만든 이야기일 뿐, 실제로 공자는 숲에 숨어 있거나 바다의 사람들
과 함께 지내지 않았으며, 여러 나라를 돌아다니던 중 뜻이 어긋나고 나
서 경서 정리 및 편찬에 착수했다.

　모든 사람들이 세상과 단절되어 숲속에 살 수 있는 환경이 조성되는 것
은 아니다. 장자는 다양한 사람들을 만나서 그들 모두가 재난에 빠져 벗
어나지 못하는 상황을 목격했다. 그래서 장자는 사람들이 세상에 살면서
도 재앙을 피할 수 있도록 각자의 처지에 맞는 구체적인 해결책을 제시한
것이다.

---

20 "孔子曰 善哉 辭其交遊 去其弟子 逃於大澤 衣裘褐 食杼栗 入獸不亂群 入鳥不亂行 鳥
　獸不惡 而況人乎.", 『莊子』「山木」.

에필로그

성인은 내성외왕을 실천하고 지혜를 지닌 존재이다. 장자는 그 시대를 전쟁이 자주 일어나는 시기로 인식했다. 장자가 살던 시기를 전국시대라고 부르는 배경이 바로 이것이다. 전쟁이 자주 일어나면서 법의 적용이 더욱 엄격해졌다. 이는 형벌을 받았으나 도를 배운 장애인이 등장한 사례에서 확인할 수 있다. 그뿐만 아니라 정치적으로는 중앙집권과 관료제가 출현했으며, 경제적으로는 농기구의 발전과 우경농법 덕분에 생산력이 높아졌다. 농산물은 쉽게 보관할 수 없기 때문에 잉여 생산품은 거래되었고, 이로 인해 시장이 형성되기 시작했고 도시도 출현했다. 이러한 유통 과정에서 계층이 발생했고, 이로 인해 전통적인 선비 계층과 상공업을 통해 부를 축적한 계층 간에 갈등이 야기되었다. 국가에서는 계층 간 갈등을 근본적으로 예방하기 위해 신분제를 강화하려고 했다. 이것이 유학에서 중시하는 예의 역할이다. 예는 봉건적인 신분 사회를 유지하는 수단으로 기능했다.

사회적 부의 증가로 인해 재산을 둘러싼 갈등이 커지고, 이는 개인 · 계층 · 국가 간의 대립을 초래했다. 국가 간의 갈등은 큰 전쟁을 피하기 어렵게 만들었고, 그 결과 일반 국민들은 이유도 모른 채 전쟁터에 나서야

했다. 성인은 이러한 개인 간 및 국가 간의 갈등이 인간의 마음이 외부로 나아가려는 결과로 보아, 그 마음을 본래의 상태로 되돌릴 필요가 있다고 주장한다. 즉, 원래의 자리로 회귀하라는 것이다. 이를 자신의 삶에서 실천한 이가 성인이다.

장자는 하늘과 사람을 명확히 구별했다. 예를 들면, 자연물인 소나무나 말에 사람이 관여하면 그것은 인위적이 되고, 사람이 손을 대지 않은 상태를 '천天'이라고 부른다. 따라서 자연에서 일어나는 모든 활동은 인위적인 것으로 간주된다. 인간이라는 존재를 표현하는 것도 천天과 인人으로 구분된다.

이를 바탕으로 장자는 인품을 나타내는 용어를 다양하게 구사하였다. 그가 이상적인 인간상을 나타낼 때는 주로 성인聖人·지인至人·진인眞人·신인神人·고지인古之人·현인賢人·대인大人·전인全人·전덕지인全德之人·인인仁人·천인天人·선인善人·도인道人·군자君子 등으로 표현한다. 또한 중인衆人·서인庶人·금지인今之人·세지인世之人·세인世人·세속지인世俗之人·소인小人·세인細人·산인散人·상인常人·일곡지인一曲之人·악인惡人·민인民人·기인畸人 등은 인人으로 구분한다.

장자가 생각한 성인은 인위가 가미되지 않은 천의 경지이다. 그래서 그는 "천은 안에 있고 인은 밖에 있다."고 하였다. 장자가 천이라 하는 이상적 인간들은 자기 내면세계에서 생명을 기원케 하고 움직이게 하는 지고무상한 천을 알아차린 자들이다. 이처럼 장자는 천과 인을 구별하면서까지 인위를 배제하고, 자연에 따르기를 희망하였다. 장자는 인간 사회의 귀천貴賤, 현우賢愚, 그리고 영욕榮辱 등의 차별이 절대적인 것이 아니며, 인간존재는 그런 일면적인 규정을 뛰어넘어 한층 근원적인 세계에 놓여 있다는 메시지를 우리에게 전한다.

그러나 이들은 모두 뛰어난 인격을 지닌 인물들이며, 세상과 분리되어 살지 않았고 은둔하는 삶을 선택하지도 않았다. 그들은 세속적인 학문을 배제하고 자연과 인간에 대한 깊은 통찰을 통해 당시 사회가 겪고 있는 문제들을 명확하게 진단하고 그 해결책을 제시하였다. 단지 그들의 접근 방식은 그 시기 다른 학문들과는 다른 경로를 따랐다.

유학자들은 자기 발전과 인재 발탁을 목표로 학문하며, 자기 자신을 성장시키고 국가를 운영하는 데 주안점을 둔다. 이들은 도덕적 기준을 바탕으로 세상을 정리하고자 하였으며, 학문을 연구하는 선비들은 예절을 중요하게 여겼다. 또한, 그들은 이를 토대로 백성을 교화하려는 통합적인 목표를 가지고 있었고, 훌륭한 통치자는 정의와 악을 만들어 내며, 이를 통해 선비들이 백성에게 가르쳐 도덕적으로 발전시키고자 하였다. 이상적인 사회를 만들기 위해 도덕적으로 가르치는 것이 그들의 목표였다.

그와 반대로 장자는 인위적으로 세상을 이끌려고 하는 목적을 가진 표준화된 학문을 거부하였다. 이러한 학문은 본질적으로 자연스럽지 않으며, 동시에 인간의 욕망을 충족시키는 사고방식을 기반으로 하고 있어 인간의 본성을 회복할 수 없다고 보았다. 『장자』에서 성숙한 인격을 원하는 자는 스스로 하늘을 스승으로 삼아 하늘에 들어가고자 했다. 노자는 또한 하늘에 들어가는 것을 본성을 회복하는 것으로 보았으며, 근원으로 되돌아가려는 반본이라는 개념을 언급하며 본래 상태로 회복하고자 하였다. 원래의 자연으로 돌아가는 것이 그가 주장하는 수양의 원리이다. 그러한 자연의 숭고함을 개념으로 삼는 수행은 장자에서도 여전히 이어진다. 장자의 대표적 수행 방법으로는 정신적 수행과 육체적 수행인 심재心齋외

좌망坐忘이 있다.

좌망은 단좌하고서 물아物我, 시비是非, 차별差別을 잊어버리는 정신 상황이다. 장자에 의하면 인의仁義 예락禮樂을 잊어버린 단계를 거친 뒤에 있게 된다. 이는 자기의 길을 자기 스스로 가는 삶의 방식을 말하며, 자기의 생명을 다른 무엇의 수단으로 하지 않는 삶의 방식을 말한다. 자기가 자기를 속박하는 모든 것에서 해방된 자유로운 삶이야말로 진정 자기에게 최고의 선택이다.

심재는 정신 수양으로서 무념과 통달의 경지에 이르는 수양으로 기를 연마하여 허의 경지에 도달하게 하는 수행이다. 또한 장자는 정신 수행에서 구체적으로 단계별 수행 과정을 명확하게 제시한다.

그 순서는 외천하 · 외물 · 외생 · 조철 · 견독 · 무고금 · 불사불생의 단계이다. 이를 통해 견독, 즉 도를 드러냄의 경지에 이를 때 비로소 득도의 경지에 이르게 된다. 이러한 과정을 통해 성인은 비로소 하늘에 잠기는 경지를 실현하게 된다.

장자는 행복이 땅에 떨어진 깃털을 줍는 것보다 간단하다고 언급했다. 하지만 많은 이들은 그것을 어떻게 해야 하는지 모르고 있다. 그들은 항상 외부에 의해 흔들리며 다른 사람들에서 행복을 찾아다닌다. 이는 자신만의 삶을 제대로 살지 않고, 타인의 즐거움이 자신의 즐거움으로 변하기 때문이다. 심재의 조용한 수련을 통해 절망과 불안에 지쳐 있는 자신의 삶을 잠시라도 내려놓는 연습이 현대사회에서 주목받을 수 있는 훌륭한 방법이라고 여겨진다.

『장자』에서는 도를 깨달은 성인이 사회에서 멀어지지 않고 사람들과 어우러져 살며, 도를 세상에 전달한다고 이야기한다. 그 전하는 방식은 유학처럼 돌아다니며 자신의 학문과 지식으로 사람들을 매료시키고 자랑하는 것이 아니다. 도를 이해하고 하나가 되었다는 것은 도와 함께하는 삶을 의미한다. 그래서 성인은 도와 유사한 행동을 하며 눈에 잘 띄지 않는 모습으로 그려진다.

노자는 본질이 아닌 것과의 대립을 통해 상호 의존성에 대해 이야기하며, 장자는 기가 이동하고 모인다는 것을 설명한다. 다시 말하면, 노자는 인위적인 문화에 의지하지 말고 자연의 순수한 존재 방식을 따르자고 주장한다. 자연의 순수한 존재 방식은 모든 것이 관계와 변화를 통해 이루어짐을 인식하고, 자기 스스로 인위적인 체계로 세계와 관계 맺는 것을 부정한다. 하지만 장자는 노자와는 다르게 개별 자아의 한계를 넘어 순수한 자연성을 지키며 전체 자연과 일체가 되는 자유로운 상태를 지향한다. 우선 자신의 비본질성을 회복하고 모든 상대성을 초월하면 원래의 자연 상태를 유지하며 전체와 함께할 수 있다. 이는 비록 제약이 있는 세계에 살고 있다 하더라도 인위적인 문화와 충돌하지 않고, 정신적인 갈등 없이 자유를 누릴 수 있다고 믿기 때문이다.

도는 모든 것을 창조하고 변화시키는 힘이지만, 그 과정은 자연스럽다. 성인의 행동 또한 유사한 원칙으로 이루어진다. 성인이 정치 활동에 참여할 때, 이는 도의 작용에 의해 이루어진다. 즉, 무위의 정치 방식을 통해 시민들에게 스스로 자생할 수 있는 자율성을 부여한다. 모든 존재는 도에서 기원하였기 때문에 스스로 변화를 일으키는 능력을 내포하고 있다. 따라서 성인은 그 존재들에 간섭하지 않는다. 결과적으로 성인은 눈에 보이지 않는 정치를 펼치지만, 그 정치는 결코 무능하지 않다. 이러한 과정에서 시민들은 자발적으로 풍습을 변화시키고 스스로 성장한다. 이것이 바로 성인의 정치적 방식이다. 장자는 어떠한 상대적인 차별도 존재하지 않으며, 도가 자연스럽게 실현된 이상적인 세상이 최고의 덕목이 이룩된 세계라고 주장한다.

이러한 성인의 정치는 국민에 대한 신뢰를 바탕으로 하고 있다. 모든 사람이 도에 의해 태어난 존재이기 때문에 국민을 믿는 것이다. 또한, 이 정치의 토대는 자유와 자율성에 있으며, 이는 현재의 풀뿌리 민주주의와 유사하다. 이렇게 아무런 간섭 없이 현실을 그대로 바라보는 비통치적 행동만이 진정한 무치주의라고 볼 수 있다. 개인이 자신의 문제를 스스로 해결하기 위해 적극적으로 참여하는 것은 자유와 자율성의 기초 위에 있기 때문이다. 인간은 도에서 태어났고, 자율성과 자유를 인정받았기에, 성인의 정치라는 것은 인간의 존엄성을 보장하는 정치라고 할 수 있다.

지극한 덕이 성립된 세상을 실현 가능하게 하는 것은 도이며, 이 도의 세계가 바로 '무하유지향'이다. 그런데 장자가 언급하는 무하유지향은 허구의 환상 세계를 뜻하지 않으며, 허무의 빈 공간인 무인지경을 뜻하지도 않는다. 이는 인간의 이해 작업으로 설명되는 모든 규범에서 벗어난 세계를 나타낸다.

성인은 도를 따르며, 이는 변하지 않고 죽은 정치가 아니다. 도는 매번 변동한다. 한순간도 멈추지 않으며 장애가 없다. 도에는 과거도 없고 미래도 없다. 오직 현재만이 존재할 뿐이다. 도를 체득한 성인도 단지 지금 이곳에만 존재한다. 그래서 성인에게는 과거와 미래가 없으며 그에 대한 집착이 없다.

도와 함께 세상을 잘 운영하는 성인의 정치 철학은 현대에도 유의미한 교훈을 제공한다. 즉, 성인은 사람들이 스스로를 교육하고 사회 관습을 향상시킬 수 있는 존재라고 믿는다. 성인은 국민에게 자유와 자율성을 보장했으며, 이것이 오늘날 풀뿌리 민주주의 사회를 발전시키는 중요한 토대가 될 수 있다는 점에서 큰 의미가 있다. 또 다른 점은 통치자는 자연의 원리를 깨달은 도덕적인 인격체가 되어야 한다는 것이다. 세속적인 목적을 위한 공부가 아닌, 자연에 맞추어 자신을 규제해야 한다는 것은 오늘날 정치인에게도 여전히 중요한 메시지를 전달한다.

장자가 살았던 전국시대나 현재 AI가 사람의 역할을 대신하는 시대 모두에서 인간은 제도와 현실에 얽혀 살아가고 있다. 그런 환경 속에서 사람들은 자유를 꿈꾼다. 얽매인 삶 속에서 자유를 찾기 위한 갈망은 계속되고 있다. 그러나 결국 사람들은 자유를 찾는 데 어려움을 겪는다. 장자가 말하는 현실을 극복할 방법을 알지 못하면 자유를 얻기 힘들기 때문이다. 마음을 비우고 지식을 내려놓으며 자신을 잊는 지혜는 나와 다른 사람 사이의 경계를 허물고 모든 존재가 동등한 상태를 유지하게 한다. 모든 것이 평등한 상황에서 혼란을 이겨 낼 지혜가 제대로 꽃을 피울 수 있다.

특히 『장자』「외편」의 〈산목〉편에서는 혼란을 극복하는 방법에 대해 우화를 통해 설명한다. '빈 배' 이야기에서는 자신을 비우고 세상과 어울릴 수 있다면 누구도 그를 해칠 수 없다는 점을 강조한다. 또한 장자는 쓸모 있음과 쓸모없음 사이에 머물며 현실의 걱정과 재난을 극복하기 위해 스스로를 비우고 자연과 시세에 따르는 지혜를 가르쳐 준다.

장자는 상대적인 지식을 추구하는 것을 거부하고 절대적인 진리를 통해 현실을 파악해야 한다고 말한다. 즉, 사물들이 지닌 본래의 가치를 왜곡하지 않고 그대로 인식하라는 것이다. 이러한 발상은 〈제물론〉에서 강조되는 모든 것의 평등 개념에서 비롯되었지만, 장자 철학 전반에서도 중요한 논리로 자리 잡고 있다. 결국, 평등의 논리는 현실을 극복하고자 하는 의지를 담고 있다.

장자는 현실을 넘어서지 않는 지혜가 아닌, 현실을 변혁하려는 의도를 가지고 있다. 이를 더 쉽게 이해할 수 있도록 그는 빈 배의 이야기나 나무에 관한 여러 우화를 통해 설명한다. 혼란스러운 세상에서 생명 유지가 가장 중요한 요소일 것이다. 하지만 쓸모없는 존재가 유용한 존재보다 생명을 이어 가는 데 더 낫다고 주장하면서, 쓸모없는 존재가 되려는 노력을 하자는 것은 아니다. 그는 행동의 무의미함을 강조하려는 것이 아니라, 특정한 가치에 얽매이지 않고 사물의 본질을 있는 그대로 바라보자고 하는 것이다. 이렇게 이루어지면 서로의 차이를 인정하게 되어 차별이 사라지고 평등한 시각에서 서로를 바라볼 수 있게 된다.

물질적 풍요를 추구하면서 인간의 정신이 쇠퇴한 상황에 대해 성찰하는 것은 새로운 문제가 아니다. 그럼에도 불구하고 계속되는 개발의 현장에서 사람들은 서로의 욕구를 충족시키는 도구가 되는 경향이 있다. 특히 인간이 자연을 파괴함으로써 지구 전역에 위기를 초래하고 있다. 이러한 현실을 제대로 인식할 수 있는 통찰은 장자 철학의 허기론과 무용지용론에서 발견할 수 있을 것이다.

1. 원전

『管子』『龜峰集』『老子』『論語』
『大學』『道德經』『孟子』『禮記』
『莊子』『左傳』『中庸』『淮南子』

2. 단행본

교양교재출판위원회 편, 『개인과 국가』(II), 동국대학교출판부, 1987.

구본명 외 3인 역, 『新譯四書 孟子』, 현암사, 1965.

금장태 저, 『유교사상의 문제들』, 여강출판사, 1990.

김경수 저, 『노자역주』, 도서출판 문사철, 2011.

김승혜 저, 『원시유교』, 민음사, 1990.

김충열 저, 『노장철학강의』, 예문서원, 1995.

로버트 앨린슨, 김경희 옮김, 『장자, 영혼의 변화를 위한 철학』, 그린비, 2004.

류성태 저, 『동양의 수행론』, 학고방, 1996.

_____, 『장자철학의 지혜』, 학고방, 2011.

_____, 『중국철학사의 이해』, 학고방, 2016.

徐復觀, 유일환 옮김, 『중국인성론사: 선진편: 도가 · 법가 인성론』, 을유문화사, 1995.

서정기, 『민중유교사상』, 도서출판 조선문화, 1990.

송영배 저, 『중국사회사상사』, 한길사, 1986.

안기섭 주해, 『초간본 노자』, 학민사, 2018.

왕카이 저, 신정근 외 2인 옮김, 『소요유, 장자의 미학』, 성균관대출판부, 2013.

이강수, 『도가사상의 연구』, 고려대학교 민족문화연구소, 1984.

_____, 『노자와 장자』, 길, 1997.

이상옥 역해, 『管子』, 명문당, 1985.

장파, 백승도 옮김, 『中國美學史』, 도서출판 푸른 숲, 2012.

조성환, 『장자』, 씽크하우스, 2012.

주량즈, 신원봉 역, 『미학으로 동양 인문학을 꿰뚫다』, 알마, 2013.

朱伯崑, 전용명 외 옮김, 『중국고대윤리학』, 이론과실천, 1990.

酒井忠夫 외 지음, 최준식 옮김, 『도교란 무엇인가』, 민족사, 1990.

陳鼓應, 최진석 역, 『노장신론』, 소나무, 1997.

한국동서철학연구회 편, 『동양철학사상의 이해』, 문경출판사, 1995.

홍석주 지음, 김학목 옮김, 『홍석주의 노자』, 예문서원, 2001.

丸山敏秋 저, 박희준 옮김, 『기란 무엇인가』, 정신세계사, 1989.

황승국 편저, 『장자와 선사상』, 문조사, 1988.

池田知久, 『莊子』上, 東京: 學習研究社, 1983.

鄧聯合, 『逍遙游釋論: 莊子的 哲學精神及其多元流變』, 北京: 北京大學出版社, 2010.

陆建华, 『新道家的自然世界: 从庄子的角度看』, 合肥: 黃山书社, 2018.

韓林合, 『莊子哲學研究: 虛己以游世』, 北京: 北京大學出版社, 2006.

Abraham Maslow, Religions, Values, and Peak-experiences, New York: King Press, 1973.

3. 논문류

1) 학위논문

곽소현, 「장자의 놀이(遊)연구」, 서강대 박사논문, 2016.

김권한, 「『論語』와 『莊子』에서의 老年認識 研究」, 성균관대 박사논문, 2015.

김상희, 「『장자』 혼돈으로의 전환과 독유의 세계」, 이화여대 박사논문, 2008.

류성태, 「맹자, 장자의 수양론 비교 연구」, 원광대 박사논문, 1989.

박상조, 「장자의 인간론에 관한 연구: 정치철학적 관점을 중심으로」, 동의대 박사논문, 2015.

박종걸, 「장자의 득도론에 대한 연구」, 원광대 박사논문, 2017.

박현숙, 「장자의 몸의 미학: 생명 · 생태 · 삶의 미학」, 성균관대 박사논문, 2019.

반승현, 「장자의 철학 방법론 연구」, 충남대 박사논문, 2017.

백소향, 「장자의 생명론적 예술정신에 관한 연구」, 대구한의대 박사논문, 2022.

백승도, 「『장자』에서의 진인의 담론 방식 연구」, 연세대 박사논문, 2005.

석찬, 「중국 애니메이션에 구현된 장자의 괴탄 사상에 관한 연구」, 한서대 박사논문, 2020.

손태호, 「장자와 순자의 인간관에 대한 연구」, 부산대 박사논문, 2011.

심재권, 「老莊의 道에 대한 감산덕청의 無心論的 解釋」, 연세대 박사논문, 2008.

양재호, 「원불교 성인관 연구」, 원광대 박사논문, 2018.

예수백, 「맹자의 성선설과 정치이론」, 울산대 박사논문, 2017.

오일훈, 「곽상 『장자주』 사상 연구」, 한국학중앙연구원 박사논문, 2021.

이성희, 「장자의 실재관 연구」, 부산대 박사논문, 2001.

이순미, 「맹자 인성론의 도덕주체로서의 인간 연구」, 성균관대 박사논문, 2020.

이영주, 「장자의 수양론 연구」, 원광대 박사논문, 2022.

이종성,「莊子哲學에 있어서의 眞知에 관한 硏究」, 충남대 박사논문, 1998.

이택용,「중국선진시대의 命論 연구」, 성균관대 박사논문, 2012.

임태규,「德을 통해본 장자의 미학사상에 관한 연구」, 성균관대 박사논문, 2009.

王季香,「先秦諸子之人格類型論」, 國立中山大學 博士, 中華民國 九十三年.

顏世琼,「怪誕揷圖藝術硏究」, 北京印刷學院碩士論文, 2013.

2) 연구논문

강성조,「『莊子』에서 본 도교의 연원」,『한국도교문화의 전통』, 한국도교문화학회, 2001.

권광호・손영삼,「도가 虛靜사상의 수련전통과 그 발전적 전개」,『동서철학연구』45, 한
　　　국동서철학회, 2007.

김희,「'畸醜人'을 통해 본 장자의 사유방식」,『동양철학』26, 한국동양철학회, 2006.

김갑수,「莊子의 自然觀」,『동양철학연구』12, 동양철학연구회, 1991.

김광기,「정상과 비정상, 그리고 이방인」,『사회이론』33, 한국사회이론학회, 2008.

김낙필,「장자의 정신개념」,『사회사상연구』1, 원광대사회사상연구소, 1984.

김도영,「老莊의 수양론이 서화예술에 끼친 審美 고찰」,『서예학연구』28, 한국서예학회,
　　　2016.

김만겸,「장자의 언어관에서 바라본 수양론적 귀결」,『철학논총』8, 새한철학회, 1992.

김시천,「有用과 無用의 사이에서:『莊子』에서 '用'의 역설과 그 철학적 함의」,『철학연구』
　　　60, 고려대학교 철학연구소, 2019.

김영기,「노자의 天人觀 연구」,『범한철학』15, 범한철학회, 1997.

김용정,「도가철학과 현대문명」,『도가철학과 미래』, 한국도가철학회, 2000.

김윤경,「『장자』의 '몸' '장애' 그리고 자유:『장자』「덕충부」를 중심으로」,『한국철학논
　　　집』71, 한국철학사연구회, 2021.

김항배,「老子 道思想의 特性과 構造」,『도가철학』창간호, 한국도가철학회, 1999.

김현수,「莊子哲學의 "小知不及大知"와 無用之大用」,『도교문화연구』40, 한국도교문화학
　　　회, 2014.

_____,「莊子의 道通爲一에 근거한 트랜스퍼스널 마음치유 프로그램 개발의 가능성」,
　　　『도교문화연구』44, 한국도교문화학회, 2016.

류성태,「장자의 지식관」,『범한철학』16, 범한철학회, 1998.

류성태・박종걸,「장자의 지식과 득도론 연구」,『원불교사상과 종교문화』95, 원광대학교
　　　원불교사상연구원, 2023.

민황기,「공자의 인간관」,『철학연구』73, 대한철학회, 2000.

박병구,「내성외왕 사상의 군자정치연구」『퇴계학과 유교문화』59, 경북대학교 퇴계연구
　　　소, 2016.

박종혁,「『莊子』「德充符」 '畸人'寓言의 意味」,『도교문화연구』45, 한국도교문화학회,

2016.

박현주, 「『장자』의 '無用之用'에 함축된 철학적 의미 분석」, 『동양철학연구』117, 동양철학연구회, 2024.

배병삼, 「공자의 정치적 이상주의: 修己安人과 聖人觀을 중심으로」, 『사회과학연구』19, 경희대학교 사회과학연구원, 1993.

석찬·김홍균, 「莊子의 怪誕 사상으로 표현된 기형미적 특성에 관한 연구」, 『만화애니메이션연구』53, 한국만화애니메이션학회, 2018.

송영배, 「세계화 시대의 유교적 윤리관의 의미」, 『새로운 21세기와 유교의 禮』, 전남대학교 인문과학연구소, 1999.

송재국, 「주역의 三才 사상과 인간이해」, 『동서철학연구』17, 한국동서철학회, 1999.

_____, 「儒學의 宗敎性」, 『한국종교사연구』8, 한국종교사학회, 2000.

신동호, 「先秦 道家의 人間觀」, 『동서철학연구』3, 한국동서철학회, 1984.

신민정, 「장자의 자유정신」, 『한국철학논집』14, 한국철학사연구회, 2004.

심우섭, 「장자 철학사상에 관한 연구」, 『성신연구논문집』37, 성신대학교, 2001.

안성재, 「聖人과 君子의 修辭的 차별성에 대한 고찰: 도덕경과 논어를 중심으로」, 『수사학』37, 한국수사학회, 2020.

양순자, 「한비자의 통치술: 마음비움(虛)과 고요함(靜)을 중심으로」, 『범한철학』75, 범한철학회, 2014.

오진, 「중국사상사에서의 '聖人'개념」, 『퇴계학보』10, 퇴계학연구원, 2012.

오진탁, 「장자의 만물제동에 대한 불교적 해석」, 『철학』42, 한국철학회, 1994.

이강수, 「장자의 인생론」, 『민족문화연구』14, 1979.

이두은, 「『장자』의 외다리 형상과 그 철학적 함의: 齊物 사상을 중심으로」, 『도교문화연구』60, 한국도교문화학회, 2024.

이봉호, 「'老莊'에서 아기(赤子) 메타포(metaphor): 온전한 삶(全生)을 살기 위한 방법」, 『도교문화연구』36, 한국도교문화학회, 2012.

이상옥, 「하이데거의 철학 방법으로 해석한 도가 철학사상의 존재」, 『도교문화연구』32, 한국도교문화학회, 2010.

이상익, 「無爲而治: 좋은 정치에 대한 儒家·道家·法家의 인식」, 『현대정치연구』5, 현대정치연구소, 2012.

이성전, 「定靜의 유·도통합적 성격」, 『원불교사상과 종교문화』31, 원광대학교 원불교사상연구원, 2005.

이성희, 「莊子 철학의 미학적 구조: 物我 관계를 중심으로」, 『도가철학』2, 한국도가철학회, 2000.

이승률, 「『莊子』의 자연과 『荀子』의 性僞之分」, 『동방학지』146, 연세대학교 국학연구원, 2009.

이재봉, 「장자의 양신에 대한 고찰」, 『동양문화연구』 9, 동양문화연구회, 2013.

이종성, 「장자철학의 지혜와 현대적 의의」, 『동서철학연구』 64, 한국동서철학회, 2012.

_____, 「소요와 노닒 또는 걸림 없는 자유」, 『동서철학연구』 67, 한국동서철학회, 2013.

_____, 「구봉 송익필의 도가사상에 나타난 이상적 인격과 삶의 지평」, 『철학논총』 94, 새한철학회, 2018.

이택용, 「『노자』의 무위에 대한 연구」, 『동양철학연구』 72, 동양철학연구회, 2012.

이호영, 「노장사상에서 나타나는 마음관련 용어」, 『철학탐구』 33, 중앙대학교 중앙철학연구소, 2013.

임수무, 「장자의 공부론」, 『동서문화』 29, 동서문화사, 1997.

임채룡, 「도연명의 작품에 나타난 노장사상」, 『범한철학』 9, 범한철학회, 1994.

임채우, 「왕필 역철학의 도가 역학적 위상」, 『원불교사상과 종교문화』 40, 원광대학교 원불교사상연구원, 2008.

_____, 「莊子 陰陽 개념의 특징: 易傳과의 비교를 통해서」, 『동서철학연구』 81, 한국동서철학회, 2016.

장선아, 「虛의 관점에서 바라본 매체의 상호관계 특성연구」, 『인문과 예술』 11, 인문예술학회, 2021.

정병석, 「易傳의 道器結合的 聖人觀」, 『유교사상연구』 28, 한국유교학회, 2007.

정세근, 「불구의 성인: 장자의 성인관」, 『범한철학』 17, 범한철학회, 1998.

_____, 「장자의 정신론」, 『동서철학연구』 64, 동서철학회, 2012.

조원일, 「맹자왕도정치의 완성」, 『중국학논총』 11, 한국중국문화학회, 2001.

_____, 「孟子의 聖人觀 研究」, 『한국철학논집』 35, 한국철학사연구회, 2012.

_____, 「孔子의 聖人觀 研究」, 『동서철학연구』 67, 한국동서철학회, 2013.

조윤래, 「『장자』 寓話의 畸人」, 『도교학연구』 15, 한국도가도교학회, 1999.

천병돈, 「장자의 이상적 삶」, 『동양철학』 25, 동양철학회, 2006.

최두진, 「고대 중국의 성인관연구」, 『교사교육연구』, 부산대학교 과학교육연구소, 2018.

최진석, 「노장에게서 인간은 어떠한 존재인가? 공맹과 비교를 통하여」, 『인간연구』 6, 가톨릭대학교 인간학연구소, 2004.

하창환, 「『장자』의 무용 개념과 그 현대적 수용」, 『민족문화논총』 49, 영남대학교 민족문화연구소, 2011.

허성도, 「孟子의 形色論」, 『中國文學』 78, 한국중국어문학회, 2014.

홍경표, 「장자의 도에 대한 득도방법」, 『석림』 22, 동국대학교 석림회, 1989.

橋本敬司, 「孔子の人間觀と聖化: 王陽明の人間理解に向けて」, 『漢文敎育』 17號, 漢文敎育研究會, 1993.

水野厚志, 「『莊子』の政治思想とその展開」, 『東京国際大学論叢: 人文・社会学研究』 第2号, 東京國際大學, 2017.

仲島陽一,「儒家思想における〈共感〉の問題」,『國際地域學研究 第3号』,東洋大學學術情報, 2000.

黑木賢一,「東洋における気の思想」,『大阪経大論集』第56卷 第6号, 大阪経濟大學, 2006.

戴玉珍,「莊子天人思想與『黃帝內經』養生觀之比較研究」,『興大人文學報』第四十期, 國立中興大學, 2008.

羅祥相,「莊子'無己'思想闡微」,『中國哲學史』2023年第3期, 中國哲學史學會, 2023.

林明照,「『莊子』論處世的兩難困境與因應之道」,『東華漢學』第6期, 東華大學中國語文學, 2007.

林安梧,「關於《老子道德經》「道, 一, 二, 三及天地萬物」的幾點討論」,『東華漢學』第7期, 東華漢學, 2008.

林永勝,「作為樂道者的孔子: 論理學家對孔子形象的建構及其思想史意義」,『清華中文學報』第十三期, 國立清華大學中國文學, 2015.

謝君讚,「論『老子』及其於煉養視域中的身體觀」,『清華中文學報』第十四期, 國立清華大學中國文學, 2010.

徐二花,「莊子處世觀三介層次: 以《山木》篇首則寓言爲核心」,『淮北師範大學學報』第42卷 第5期, 淮北師範大學, 2021.

蕭裕民,「論『莊子』的「德」字意涵: 個別殊異性」,『高雄師大學報』, 國立高雄師範大學, 2005,

孫明君,「莊子畸人'說及其天命觀」,『世界宗教文化』2021年第2期, 中國社會科學院世界宗教研究所, 2021.

楊琇惠,「『老子』「無為」思想於自由意志上之展現」,『興大中文學報』第二十五期, 民國 98年.

王中江,「道与事物的自然: 老子"道法自然"实义考论」,『哲学研究』第8期, 北京大人文學部, 2010.

姚彥淇,「試論『莊子』的神人无功」,『臺北市立大學學報: 人文社會類』50卷 卷2期, 臺北市立大學, 2019.

許從聖,「虛靜·壹一·清明·水喩 -莊子與荀子的心論異同重探-」,『臺大中文學報』第六十期, 臺灣大學中國文學系, 2018.

芦莎莎·魏建丽,「从『人间世』看庄子的处世哲学」,『河北工程大学学报』第37卷 第4期, 河北工程大学马克思主义学院, 2020.

찾아보기

[ㄱ]

거피취차 166
건덕 107
견독 284, 367
겸상애 교상리 57
고자 57
고지 316
곡사 102
공리적 297
공자 38, 42, 44, 50, 128, 138, 140, 146
관자 39
광접여 127
괴이 312
괴탄 312
군자 19, 50, 51, 138, 139, 146, 153, 302,
    313
군주 119
극(棘) 91
기(氣) 15, 70, 86, 176, 281
기괴 312
기운 71
기인 310, 311, 313, 314, 315, 317, 328,
    332, 333, 335
기형 312
기화론 209
길상 301

[ㄴ]

난주자 109

남곽자기 123, 124
내구 191
내성외왕 31
「내편」 28
네 가지 걱정거리 342
노력자 118
노심자 118
노자 15, 68, 75, 79, 160, 264, 368
노장사상 263
노후 356
『논어』 138

[ㄷ]

대각 205
대동 사회 140
대막지국 107
대목 358
대미 193
대이화지 151
대인 28, 63, 151, 252, 254, 256, 257, 258,
    259
〈대종사〉 27
대지 92
대청명 283
덕 81, 119, 162, 163, 196, 323, 330
덕인 296, 298
덕·인·의·예 106
덕행 334
덕화 122
도(道) 68, 69, 88, 103, 117, 126, 130, 132,
    134, 163, 178, 192, 196, 250, 253,
    278, 287, 288, 297, 330, 331, 368,
    369

도가 105, 110
도가 철학 15
도가 학파 106
도덕 44, 187, 334
도덕력 31
도덕성 18, 50
도덕적인 인간 44
도락 212
도론 200
독(獨) 148
독선 342
독유 197, 199
독존 198, 199
동어대통 190
동제 84
득도 130, 194, 195
득의망상론 193

[ㅁ]
마음 132, 143, 216, 301
마음 비우기 345
만물개일 325
만물제동 202, 331, 332
만유재신론 96
망(忘) 190
망아 190, 305
『맹자』 146
맹자 56, 57, 61, 66, 146, 157
명(明) 109, 112, 133, 170, 274
명예 342
목민 155
무(巫) 42, 71
무공 263, 344

무극 79
무기 26, 223, 226, 257, 344
무당 42
무명 344
무심 331
무아 28
무욕 349
무용 360
무용론 324
무용지용론 371
무위 115, 168, 210, 213, 214, 216, 268,
    331
무위락 212, 216
무위이화 217
무위자연 15, 330
무지 349
무치주의 18, 369
무하유 225
무하유지향 19, 369
묵자 57
문목 360
문화 72, 75, 77
물아쌍망 190
물아양망 329, 349
물아일체 349
물화 170, 199
미추 333
민(民) 65, 66, 154
민본주의 65

[ㅂ]
반본 366
반본복초 191

발꿈치 호흡 238
버림 191
범부 25
벽곡 266
보민 155
복명 170
본성 61, 102
본연의 기 227
봉심 184
부자자효 50
불혹 143
비정상 313
빈 배 345, 347, 350, 370

[ㅅ]
사기 227
사마천 41, 310
사회적 인간 104
사회 참여 28
〈산목〉 224, 360
삼황오제 140
상호 간의 관계 49
상호 의존 179
선비 50
선인 138, 150
선천적 기인 319
섭리 113
성견 304
성선설 57, 59, 60
성심 26, 184, 203
성인 5, 16, 19, 22, 25, 30, 138, 141, 144,
    146, 152, 153, 154, 157, 160, 174,
    276, 277, 285, 286, 287, 288, 316,
364, 365
성인관 15, 20
성학 141
세속적인 지식 273, 274
소강 140
소미 192
소요 199
소요유 29, 196, 224, 344, 358
소우주 43
소인 51, 63, 252, 302
소지 92
소크라테스 310
수련 180, 195, 239, 281
수양 80, 142
수양론 188
수행 132, 176, 226, 238, 279, 280
숙산무지 327, 329, 331
순물자연 201
시남자 361
시비 203
신도가 326, 327, 331
신인 26, 151, 262, 265, 266, 267, 268, 269,
    270, 272, 273, 316
심재 29, 185, 345, 366
심재 수양 185
쓸모없음 128, 360, 370
쓸모 있음 128, 370

[ㅇ]
악(惡) 52, 144
악행 342
안좌정기 281
앎 33, 348

애태타 322
양기 188
양능 60
양민 155
양생 184, 188, 189
양신 188
양지 60
언어 165
역성혁명 50
연기론 88
열린 마음 241
〈열어구〉 347
영아 71, 79, 81, 251
예(禮) 44, 52, 364
예의 144
오미 74
오상아 123
오색 74
오음 73
오진 22
오행 73
옹앙대영 323
왕도정치 154, 155
왕태 122, 324, 325, 328
외물 283
외생 283
요임금 125, 126
욕망 74, 77, 215, 299
용(用) 128, 171
용천혈 239
우사 320, 321
우주 90
원전무애 303

유교 89
유심 122
유용 360
유학 43, 99
유항자 138
육체 85, 280
육체적 장애 318
윤편 132
은둔자 121
음양 69, 86
〈응제왕〉 224
이립 143
이상적 인간 18, 29, 30
이상적인 인간상 18, 365
이상적인 인간형 110
이순 143
인(仁) 44, 48, 52, 149
인간다움 47
인간의 앎 349
인격 수양 53
인기지리무신 295
인락 243
인위 97
인위적 인간 97
인의충신 150
인작 148
인정 155
인지지이무신 323
인지합일 146

[ㅈ]
자박 178
자부 178

자산 326
자연 97, 111, 116, 120, 134, 167, 181, 330
자연의 법칙 89
자연의 소리 139
자유 370
자유로운 삶 15
자유로운 인간 116
자율성 164, 370
자정 178
자화 178
작위 165
장자 5, 16, 17, 18, 19, 32, 84, 91, 95, 96,
    98, 100, 108, 109, 120, 131, 189, 197,
    292, 327, 340, 341, 354, 365, 367,
    368, 371
『장자』 16, 17, 88, 116, 129, 222, 252, 295,
    328, 334
적자 80, 81
전인 295
절성기지 361
절제 74
접여 127, 128, 129
정명 48, 49
정신 25, 32, 85, 279
정자정야 22
정치 174
정치 참여 40
제물 202, 292
〈제물론〉 205
제자백가 41
제후 47
조광 272
조철 283

조화 201
종심 143
좌망 29, 185, 345, 367
주체적 자율성 21
중인 160
지리소 319, 320, 357
지미 192
〈지북유〉 224
지어학 143
지인 19, 25, 26, 30, 223, 224, 225, 226,
    227, 229, 230, 231, 232, 233, 316,
    344
지자 246
지족 77
지지 77
지천명 143
진군 211
진인 15, 23, 26, 27, 30, 206, 236, 237, 238,
    241, 242, 243, 244, 246, 316, 317,
    341, 343
진인사론 316
진재 211
진지 240, 343

[ㅊ]
참된 지식 342
천(天) 43, 210, 299
천균 26
천근 201
천도 143
천락 243. 291
천명 113, 138, 139
천명사상 43

천민 147, 299
천인 15, 30, 299, 300, 303, 305
천인합일 206, 207, 208
천자 47, 48, 299, 307
천작 148
천제 84
천지 91, 119, 289
천하위공 141
초탈 121, 129
초탈자 124
춘추전국시대 354
충기 70, 71
충실이유광휘 151

허유 125, 126
허정 168, 187
현(玄) 173, 174
현상 354
현인 146
형색 149
호흡 연습 238
혼돈 103
효(孝) 44, 45
효제 45, 57
후천적 기인 324

[ㅌ]
탐심 342

[ㅍ]
평등 87
포덕양화 243
포일 286
포정 129, 130, 131

[ㅎ]
하늘 134, 279, 299, 300, 304, 306, 313
하늘의 법칙 138
하늘의 섭리 48
학문 142, 143, 329
해탈 124
허(虛) 167, 174, 184
허기 347, 349, 350
허무무위 212
허선 346

장자의 인간학

등록   1994.7.1 제1-1071
1쇄 발행   2025년 5월 31일

지은이 송두헌
펴낸이 박길수
편집장 소경희
편집·디자인 조영준
관 리 위현정
펴낸곳 도서출판 모시는사람들
        03147 서울시 종로구 삼일대로 457(경운동 수운회관) 1306호
전 화 02-735-7173 / 팩스 02-730-7173
홈페이지 http://www.mosinsaram.com/

인 쇄 피오디북(031-955-8100)
배 본 문화유통북스(031-937-6100)

값은 뒤표지에 있습니다.
ISBN   979-11-6629-234-7   93150